世界的
啟蒙者

蔡曉濱——著

代序　敬畏那些啟蒙之星

呈現在讀者面前的這十四篇文字，如果要準確歸類的話，應該叫作隨筆，或曰人物隨筆。

隨筆，在法國作家蒙田那兒達到日臻完美的境地。蒙田是一個怪人。年紀輕輕便棄官就書，一頭鑽進了父親遺留給他的中世紀的古堡之中，寄情於山水，暢遊於書海，把他對歷史、對社會、對生活的感悟，融進了他的隨筆之中。《羅馬・死亡・愛》是蒙田多冊隨筆中的一集。在這裏，有蒙田對凱薩的征伐、窮兵黷武的精細斷想，對貴族世界暴殄天物的極度厭惡，以及對生與死的獨特解釋。蒙田的隨筆寫得日益得心應手，揮灑自如。他甚至對他那幫酒肉朋友、貴族兄弟們說：「今後，你們的壽誕、婚典、狩獵、慶儀、聚會、生男育女……等等，我沒有什麼禮物可以相送了，只有寫上幾篇文字優美、寓意深邃的隨筆以示慶賀。」這蒙田倒也實在得可愛。光顧著展示他的美文佳作了，可就不怕這些經典文字明珠暗投。

隨筆能夠強烈地反映作者的主觀意願。看似不經意間的謀篇佈局，貌似隨手拈來的信史野稗，其實都是作者的刻意為之。應當說，在某種意義上講，隨筆是寫出來的，更是讀出來的。

「飽讀」是隨筆寫作的前提。散文大家余秋雨的隨筆蔚為大觀，少則一兩萬字，多則三四萬字。余秋雨自己卻說，他是在每每讀了兩三百萬，乃至四五百萬字的海量史籍之後，才能百里選一地凝煉成一篇歷史隨筆。

「飽讀」是所有學問的基石。有論者指出，讀陳寅恪《隋唐制度淵源略論稿》，你能知道這是遍閱隋唐史料、反覆考證的結果；讀黃仁宇的明史研究著述，你可以發現這是仔細翻閱《明實錄》後的一份厚重心得。

話題由此轉到了讀書。

儘管當下的社會物慾橫流，道德沉淪；儘管忙於討生計的現代人步履匆匆，心浮氣躁。在中國，總有那麼一些真正的讀書之人，堅守自己的精神家園，埋首於書卷，靜心於書齋，用他們真情而真實的文字，為國家和民族的編年史連綴著不可中斷的篇章。作家、藝術家、思想家、媒體業者，一句話，廣義上的文人學者，他們也許不能改變時代，但是，他們可以記錄時代，見證時代。

讀書人的特立獨行，便與整個人類的文明史相伴相生。

讀書人將「讀書」賦予了生命般的高貴定義。他們說，讀書是一種生活目標；他們說，讀書是一種價值追求；他們還說，讀書是一種生存狀態。

汪道涵老先生一生愛書讀書，買書藏書，書是他須臾不可離的生命元素之一。老先生對讀書的感悟只有簡潔的五個字——讀書即生活。

那一年，在飛往美國的越洋航班上，我除了吃飯和小睡了一會兒外，便是手捧書本，靜心默讀，自以為好不勤奮。太太悄悄對我說：「你不及咱們右後側的那位美國白髮老太太，她幾乎是書不釋卷，目不轉睛，磚頭似的一本大部頭，已經被她讀得差不多了。」大海邊，沙灘上，抑或綠草茵茵的街心花園，白雪皚皚的樓前條櫈；或者說，無論是轟響的飛機中還是隆隆的地鐵裏，總有愛書人靜心讀書的優美身影。你不可否認的是，在這些愛書人當中，鮮有我們的黃皮膚同胞。

周國平曾說：「只有你走進了書籍的寶庫，品嚐到了與書中優秀靈魂交談的快樂，你才會知道不讀好書是多麼大的損失。」

正是在持續的閱讀當中，我與這十四位了不起的人物邂逅於書籍的林間小道。他們不是同一類人物，他們當中有作家、藝術家、詩人、社會學家、經濟學家、政治學家，有平民百姓，有達官貴人，甚至顯赫為美國總統……不，所有的這一切都不重要。唯一能夠吸引我的，是他們的啟蒙者身分。他們彷彿是東方天際線上那顆明亮的啟明星，看到它，那就是意味著，天，就要亮了！

熊彼特是那麼簡潔而深刻地揭示了資本主義的全部活力之所在——企業家精神。正是在絕對私有化下的企業家的自我毀滅，或曰企業家的再生和創新，是資本主義生生不息的源泉。熊彼特無意之中闡明了辯證法的立場，任何一種社會制度和形態，不是哪一個社會團體，不是哪一個政黨，更不是哪一個個人可以操控和主掌的……

哈耶克的救贖精神令歷史動容。他將他擁戴的市場經濟抽象為一句話——一個負責任的法制政府和一個公平競爭的市場環境。哈耶克堅定地認為，只有觀念才能打敗觀念。只有市場經濟的觀念才能戰勝計劃經濟的觀念。經濟領域，乃至政治形態中的任何專制和獨裁，必然是通向被奴役的道路。

韋伯斷言，階級關係建立在所有權的關係之上。他與人爭論說，在社會主義所有制下的工人，比在私有的資本主義下更不自由。「由於每一次與國家官僚集團的權力鬥爭都是毫無希望的，並且由於沒有一個上訴的機構，這個機構從原則上講將注重去限制雇主的權力，這種權力存在於私有企業中。」伯林將他「自由」的哲學融進他雄辯的滔滔不絕的演說當中，他豐富而單純的情感經歷，讓人們對呆板的哲學家有了全新的認知。

傑弗遜對自由的追求，托克維爾對平等的全新認識，讓他們在現代文明史上彪炳千秋。傑弗遜的極端選擇是，如果在政府和自由之間二取其一，他寧要自由而不要政府。一個專制的政府會將人民盤剝到極至，而真正掌握了自由的人民最終會推選出一個好政府。托爾維爾更是早早斷言，平等是大勢所趨，是地球上的任何政府、任何國家、任何民族都不能阻擋的歷史潮流。赫爾岑的政治改良主張，儘管不入列寧暴力革命的法眼，但它對俄羅斯民族的啟蒙和資產階級民主革命的精神準備至關重要。

普希金和帕斯捷爾納克都是俄羅斯乃至全世界的偉大詩人。他們都得寵於最高統治者，他們都曾違心地委身於權力的淫威之下。懺悔，便成了他們心頭揮之不去的難堪。普希金選擇了決鬥，用自己鮮活的生命之血洗刷自己的羞恥。帕斯捷爾納克選擇了覺醒，一本轟動世界的長篇小說《日瓦戈醫生》，見證了那個時代知識分子的悲慘命運。

林肯，這個文盲和流浪漢的兒子，幾乎是從美國社會的最底層，邁上了合眾國總統的權力之巔。許多人沒有看好他的政治才華，甚至民主黨推舉他為總統競選人的上層人物也有些許後悔。林肯用他的悲憫，用他的忍耐，用他的包容，成功打贏了南北戰爭，維護了國家的統一。宿命是不可違拗的。那顆射殺他的罪惡子彈，對統一大局毫無損傷，卻成就了林肯美國歷史上最偉大總統的榮耀，催生了美國民族的成熟和覺醒。這個生機勃勃的美洲新大陸，總是能給世界和全人類帶來驚喜和希望。華盛頓的忍辱負重、勇於擔當，威爾遜的雍容大度、學者風範，斯蒂芬斯近乎病態的對良知的堅守，都讓這個世界在歷史的轉折關頭領略了他們的風采。

我們的近鄰日本，實在是一個最讓我們搞不明白的民族。日本平民教育家福澤諭吉的成長歷程，他對西方文明和亞洲諸國劣根性的認知，他脫亞入歐的哲學理念，會讓我們從一個側面看待日本崛起的成因和秘密。愚昧和自滿永遠沒有出路，清醒和智慧才是立於世界民族之林的不二法門。

我們幾乎是無法用文字來描繪偉大的亞伯特・愛因斯坦的。在所有書寫愛因斯坦的書卷裏，在所有描摹這位巨星般的科學家的文字裏，字裏行間，除了崇拜，還是崇拜。而愛因斯坦以他虛懷若谷的偉大情懷，回報著這個世界和所有熱愛他的人們。他說：「我每天上百次地提醒自己，我的精神生活和物質生活都依靠著別人的勞動，我必須盡力以同樣的分量來報償我所領受了的和至今還在領受著的東西。」他不認為他驚世駭俗般的偉大發現有多麼了不起，他低調地說：「所有的科學理念無非是人們每日所思所想的精華提煉。」當然，愛因斯坦天生是一個哲學家，他對人的真正價值的把握始終是清晰而準確的：一個人的真正價值首先決定於他在什麼程度上和什麼意義上從自我解放出來。因而，從自我中徹底走出來的愛因斯坦，是我們這個蔚藍星球上舉世聞名的和平主義者、民主主義者，也就沒有什麼令人奇怪的了！

讀著有關愛因斯坦的這些讓人熱血沸騰、情溢於心的美文之後，我想說的是，人類在這樣一個時刻、這樣一個節點擁有了愛因斯坦，何其有幸！何其榮耀！沒有愛因斯坦，就沒有現代文明。

寫完全書，整理這篇序言之際，我仍抑制不住感奮之情，向讀者朋友囉嗦了這樣許多。其實，最好的答案和結論，應該在每一位讀者的閱讀之後。但願我的聒噪沒有影響到你閱讀的興味。

最後，我只是想說，敬畏那些啟蒙之星。

二〇一二年初夏於青島

目次

華盛頓的
戰爭

華盛頓的戰爭

華盛頓領導的美國獨立戰爭，是人類戰爭史上的「另類」。它不可思議地以人性的光輝戰勝了濫殺和屠戮。

戰爭，是人類祖先「發明」的一種最無聊的遊戲。千百年來，人們潛心研究戰爭的起因，戰爭的過程，戰爭的結局，希圖從中找出一些規律性的東西，以避免戰爭的再度爆發。歷史已經證明，所有這些努力收效甚微。「戰爭是政治的最高形式」，「戰爭是經濟利益的直接反映」，「戰爭是一連串偶然事件的組合」，「戰爭是誤解引發的暴力衝突」……，無論以怎樣的前提書寫的結論，都在歷史的檢驗面前蒼白無力。浪漫的莎士比亞甚至把戰爭歸結為尊嚴和聲望。他說：「我們去搶奪一小塊土地，這塊地本身沒有什麼價值，但卻是聲譽所繫。」加拿大人格溫・戴爾，作為生活在現代的文明人，有相當一段時間致力於戰爭問題的研究，他甚至參與了一部關於「戰爭」的電視政論片的拍攝。戴爾認為：「戰爭是一種規模宏大、表現多樣、古老的人類創舉。它深深地烙在我們的社會、歷史和心靈上。不論我們從哪個角度來看待戰爭，最終都是盲人摸象罷了。」

「不顧一切，不惜流血地使用暴力的一方，在對方不同樣做的時候，必然會取得優勢……節制原則引入戰爭哲學是荒謬的，因為戰爭就是武力發展到極限的一種暴力行為。」克勞塞維茨在《戰爭論》中的這一結論似乎非常精闢。卡爾・馮・克勞塞維茨是參加過拿破崙戰爭的一個普魯士老兵，他的有關戰爭理論的著述成為後代士兵所崇尚的真理，他是真正的十九世紀軍事活動的代言人。然而，在《戰爭論》成書四十多年前的美國獨立戰爭，戰爭的節制性原則似乎已露端倪，即平民基本上是可以倖免於被無辜濫殺的。

仔細閱讀美國獨立戰爭的歷史，你會發現，在某種意義上，那真的堪稱軍隊與軍隊的較量，士兵與士兵的角逐，男人與男人的格殺。

獨立戰爭中閃現的人性光輝，一直在歷史的天幕上熠熠生輝。

一七七四年第一次大陸會議之後，北美殖民地的人民已經意識到與英國的戰爭不可避免，以武力爭取獨立似乎成了他們唯一的選擇。大陸會議任命華盛頓為大陸軍總司令，開始組建軍隊，召募民兵。一七七六年《獨立宣言》通過之後，英美實際上已處於了戰爭狀態。

英國貴族賀瑞斯・沃波爾在談到美洲的形勢時說：「我們才思枯竭——也不會一帆風順……美洲人至少像男人那樣行動起來了，他們立即投入了戰鬥，向所有的地方發起了猛攻，而我們的行動就像一個冒失的孩子，撿起一塊卵石擲向一條猛犬，並且驚奇地發現它一點都不害怕。」

遺憾的是，在英國的上下兩院，在英國王室，在皇家軍隊當中，極少有人有沃波爾這樣清醒的認識。從英國本土以及加拿大魁北克殖民地調往新大陸的軍隊，都是訓練有素的正規軍，他們軍裝整齊，軍姿威嚴，武器裝備整齊劃一。在許多軍官和士兵們的心目中，他們不是去打仗，而是去掃蕩一群烏合之眾，去平息一場叛民的騷亂。戰鬥易如反掌，勝利就在眼前。

英軍是有理由輕視他的對手的。這是一支匆忙組織起來的軍隊。來自十三個州的士兵，穿著不同顏色、不同制式的軍裝，甚至有人就穿著居家的常服趕來了。冬季來臨，美軍士兵們甚至連一條毯子也沒有。連續的長途跋涉和征戰，他們的靴子已經綻裂，雙腳已經凍傷，饑寒交迫之中，頑強行軍過後，皚皚白雪上到處是士兵們留下的斑斑血跡。士兵們的武器裝備更是讓美軍軍官沮喪。來自康涅狄格州的騎兵部隊遭到了指揮官格雷頓將軍的批評，他覺得這些穿著過時的士兵簡直就是一群拼湊之師，他們既沒有卡賓槍，也沒有馬刀，大部分人手中只有一支獵槍，有的槍管還特別長，看起來就像打鴨子的那種土槍。他們騎的馬，就是平時這些農民們運貨的駑馬，沒有受過專門的訓練，最糟糕的是，這些馬根本就跑不快。當然，這些農民出身的士兵們愛國熱情和戰爭勇氣，還是令人敬佩的。

英軍對這些「鄉巴佬」士兵的蔑視和嘲笑，讓他們在獨立戰爭的第一場戰鬥——班克山的戰鬥中吃到了苦頭。

美軍在班克山的半山腰挖掘戰壕，準備阻擊英軍。戰壕還未挖好，英軍的先頭部隊已經抵達山下。節儉的美軍士兵們捨不得丟棄這些挖掘工具，立即遣人將這些工具運往班克山頂。其他士兵則端著各色槍支趴在了沒有完成的戰壕裏。這些平日裏打獵的神槍手，第一次面對的是活生生的人，緊張和慌亂不言而喻。他們甚至聽不明白指揮官近距離開槍的命令，更是分不清五十碼與三十碼該怎樣確認。這讓指揮官傷透了腦筋。情急之下，指揮官想到了一個最形象的標準。他命令他的士兵：「只有看到敵人的眼白時，才能開槍。」士兵們恍然大悟，趴在戰壕裏靜待英軍走近，然後一槍一個，射殺這些驕橫跋扈的皇家士兵。班克山戰鬥，以這些「鄉巴佬」的大勝而結束。

此後，獨立戰爭進入了曠日持久的膠著狀態，英美雙方一會兒你勝，一會兒我敗，費城、紐約、波士頓都是幾經易手，反覆爭奪。這時的戰場上，雙方指揮官的人格魅力和道德底線開始顯現。

英軍的伯格因將軍知道美國平民害怕印第安人，因此，他特意派趕來增援他的印第安人去牽制美軍的行動。伯格因還打算對康涅狄格州發動大舉進攻，以奪取糧食和日用品。伯格因將軍作為一名英國貴族，生性善良，心地仁慈，他也不喜歡那些印第安人，覺得他們愚昧、野蠻，難以控制。可既然現在印第安人在這場戰爭中是自己的盟友，他就必須讓他們在戰爭中發揮作用。

獨立戰爭爆發前，大衛・鐘斯一家住在愛德華堡附近。鐘斯與當地一位名叫簡・麥克雷的女孩深深相愛了，這對情侶已經做好了結婚的準備。戰爭無情地拆散了這對鴛鴦，因為他們兩家的政治選擇截然不同。鐘斯一家是效忠派，對英國王室忠心耿耿，而麥克雷的弟弟則是一名堅定的輝格黨黨員，是一個狂熱的獨立派。英美交戰之後，鐘斯一家搬到了加拿大，鐘斯加入了英國軍隊，成為弗里澤爾將軍手下的一名中尉，並隨部隊開進美國，就駐紮在了愛德華堡附近。麥克雷小姐得到消息欣喜萬分，她還是割捨不下與鐘斯的感情，她趕到愛德華堡的奧尼爾夫人家中，準備在那裏與自己的未婚夫見上一面。麥克雷的弟弟對英軍的仇恨與日俱增。他知道了姐姐的莽撞後十分惱火，立即派人去奧尼爾夫人家裏找到麥克雷小姐，讓她馬上回來，以免英軍打過來受到無辜的傷害。麥克雷小姐起初不太在意。她覺得奧尼爾夫人效忠王室，自己的未婚夫又在英軍中服役，會有什麼問題呢？

就在麥克雷小姐毫無戒備之時，伯格因將軍派遣的印第安人闖到了這個地方，他們燒殺搶掠，無惡不作。幾個印第安人衝進了奧尼爾夫人家，劫掠了所有財物之後，還要把奧尼爾夫人和麥克雷小姐當俘虜抓回去。驚恐中的麥克雷小姐要求印第安人帶她去軍營，面見他們的英軍指揮官。但就在前去軍營的路上，一個暴怒的印第安人殺死了麥克雷小姐。

伯格因將軍很快知道了這一慘案，他頓時感到一陣恐懼。一想到印第安人還有可能做出更多更殘忍的事情，伯格因將軍就感到頭皮發麻。他召開了印第安酋長會議，反覆強調要處決那個殺害麥克雷小姐的印第安人。這引起了參加會議的印第安酋長的不滿，他堅決不同意交出兇手。當時的情形，如果伯格因再逼下去的話，印第安人有可能反叛而去。

無奈之下，伯格因將軍讓步了，他同意放過那個兇手，但他同時制定了一個嚴格的規定，今後，沒有英國軍官的帶領，印第安人不得擅自發動襲擊。

然而，已經晚了。這起暴力事件迅速傳遍了整個大陸，這給英軍的形象造成了極大的傷害，人們紛紛拿起武器保衛自己的家園，許多中立的自耕農也義無反顧地加入了美軍的行列。因為，殘殺無辜，尤其是女性，令人不齒。

華盛頓的軍隊將伯格因將軍的部隊包圍在哈德遜河不遠處薩拉托加山谷中的一個高地上。美軍將軍蓋茨指揮有方，他手下的派特南、阿諾德兩位指揮官英勇善戰、不怕犧牲，率領部隊不斷從左、右兩翼撕破英軍的防線。美軍的勝利已成定局。

糟糕的是，此刻，英軍陣地上居然還有婦女和孩子。出身名門、典雅高貴的里德澤爾男爵夫人和哈麗特・阿克蘭夫人，聽說丈夫在前線作戰吃緊、處境艱難，不顧一切地帶著孩子，從加拿大趕到軍中，與各自的丈夫會合了。

這一天下午剛剛吃過午飯，大炮的轟鳴聲便響了起來，戰鬥異常激烈。不一會兒，英軍將領弗里澤爾身受重傷，被抬了下來，沒有多長時間，弗里澤爾將軍因傷重死去了。親眼目睹弗里澤爾的犧牲，男爵夫人更加擔心自己丈夫的安危。而此刻，哈麗特夫人不幸得知，她的丈夫阿克蘭少校在前線身負重傷，被美軍俘虜了。婦女與孩子們驚恐不已、悲痛欲絕。伯格因將軍決定留下來，參加完弗里澤爾將軍的葬禮後再回指揮所調遣部隊。按照弗里澤爾的生前要求，他被葬在了一個小山丘的高坡上。傍晚時分，英軍各位將軍抬著弗里澤爾的遺體向高坡進發，美軍發現了英軍的移動，立即開炮轟擊。伯格因和他的士兵們從容鎮定，冒著美軍的炮火完成了葬禮。事後，蓋茨將軍對此深表遺憾。他說，如果他知道那是在為弗里澤爾將軍送葬的話，他一定會下令停止炮擊。

戰鬥更加激烈了。里德澤爾將軍將男爵夫人和孩子們送到戰場附近的一所民宅裏去躲避。這所民宅幾乎已經成了戰地醫院和避難所，不少婦女、兒童和傷患在此棲身。美軍發現有越來越多人往這所房子聚集，便不斷地向這裏開炮轟擊。戰鬥持久進行，傷患越來越多，孩子們的空間也越來越小了。男爵夫人帶著孩子一直待在靠近門口的地方，以防不測來臨時便於逃生。第六天了，避難所裏已經沒有飲用水了，派出去找水的士兵不是受傷了，就是被美軍打死了，一個也沒有回來。最後，一位士兵的妻子鼓起勇氣，毅然去河邊提水。她居然平安回來了。她說，美軍士兵因為看到她是女人，才沒有向她開槍。里德澤爾將軍每天都會冒著危險，穿越槍林彈雨來看望男爵夫人和孩子們。一次，菲力浦將軍陪同里德澤爾一同來到了避難所，看到尊貴的夫人和可愛的孩子們遭此磨難，菲力浦內心痛苦不堪。他發誓，他只會在戰場上更加奮勇地作戰，再也不到這個地方來了。他擔心他控制不住自己內疚的眼淚。

伯格因將軍的部隊被美軍嚴密包圍在薩拉托加。印第安人、加拿大人和親英的美國人紛紛逃亡，部隊的戰鬥力大大削弱，糧食只能維持三天了，還有不少婦女、兒童和傷患拖累，衝出美軍的重圍似乎沒有任何可能了。十月十三日，伯格因將軍召開軍事會議，討論是否向美軍投降。各路指揮官無奈地接受了現實，同意投降。

美軍對這突然而至的勝利準備不足，他們有點忘乎所以了。蓋茨將軍要求所有英軍放下武器，作為戰俘投降。英國人的最後那一點自尊心被激怒了，他們回覆，如果這樣，他們不惜戰鬥到最後一刻，直至全部犧牲。

伯格因將軍提出了一個折衷方案。他建議英軍帶著所有武器和糧食，集中到美軍的指定地點，在那裏他們將在指揮官的率領下放下武器，隨後他們可以自由地返回歐洲，並保證再不重新服役參戰。伯格因特別強調，英軍軍官的私有財產神聖不可侵犯，美軍不得搜查和扣留英軍軍官的任何物品。

面對伯格因的據理力爭，蓋茨將軍只好答應。這真是讓後世之人疑惑不解，究竟誰是敗軍之將？誰又是投降之人呢？雙方約定十七日上午簽署投降協議。

十六日深夜，伯格因將軍接到了亨利・克林頓爵士的緊急信件。克林頓爵士率領的援軍已經攻佔了高地上的要塞，正向哈德遜河上游全速挺進，薩拉托加之圍指日可解。伯格因再次召開軍事會議，討論還要不要遵守信義，簽署投降協議？會上，大多數人認為，投降談判已經結束，條款已經議妥，我們應該遵守承諾，如期簽署投降協議。十月十七日，伯格因將軍簽字投降。

英國人的誠實守信，讓蓋茨將軍大為感慨。他嚴格命令自己的部隊待在戰壕內，以免勇敢的英國人感覺到屈辱。美軍只派出了威爾金森上校在現場主持受降，最大限度地減少刺激。伯格因將軍承認，在這件事上，蓋茨將軍表現得非常人道和克制。

一七八〇年四月上旬，英軍阿巴斯諾特上將率領的戰艦抵達蘇利文島，並迅速挖掘了第一道平行戰壕，把美軍幾乎全部包圍在查爾斯頓。林肯將軍預料到英軍會來增援，但沒想到他們會來得這麼快。

英軍開始向被圍得水洩不通的查爾斯頓炮擊，規模和強度都是前所未有的。美軍面臨著嚴峻的考驗。他們必須竭盡全力保護好庫伯河邊的通道。這是美軍與外界聯繫的唯一通道。只有通過庫伯河邊的這條小道，援軍才能進來。也只有這條小道，才能在萬一美軍戰敗之後，迅速撤離查爾斯頓。副州長卡德斯德親自趕到查爾斯頓，寧願與美軍一同被圍困孤城。將近一半的州議員也駐守這個小鎮，這大大增強了當地居民萬眾一心抗擊英軍的決心。林肯將軍設置了兩個崗哨，以偵察英軍的動向。他還派出一部分常規部隊，去襲擾、搗毀英軍在上游的要塞。林肯將軍手下的休格將軍，率領一支部隊駐紮在距查爾斯頓三十英里的芒克科納，監視著來往船隻。

英軍的亨利．克林頓爵士因沒有迅速救援伯格因將軍而耿耿於懷，他決心在查爾斯頓戰鬥中建功立業。亨利打算先打掉休格駐守的芒克科納，剪除林肯將軍防禦戰線上的這個橋頭堡。亨利．克林頓將這個任務交給了塔爾頓，福爾森作為他的合作者，緊隨其後，配合作戰。塔爾頓和福爾森都是著名的能征善戰之輩，他們指揮的部隊向來以能吃苦耐勞著稱。和塔爾頓比起來，福爾森頭腦更冷靜。他很小就參加了英國的對德戰爭，並在戰鬥中迅速成長為一個神槍手。

四月十三日夜晚，塔爾頓帶著隊伍向芒克科納進發。行軍途中，他們抓住了一名黑人。巧得很，此人正是休格將軍的信使。從這名黑人身上，他們搜出了休格將軍寫的一封信，塔爾頓毫不費力地獲得了當地的形勢和休格將軍部隊的部署及行動目標。英國人收買了這名黑人，讓他做嚮導去偷襲休格的部隊。偷襲取得了完全成功，一些試圖反抗的官兵都被殺害了。休格將軍與一部分士兵趁黑夜逃到了附近的沼澤地中。芒克科納失守之後，整個查爾斯頓被徹底包圍。亨利．克林頓爵士躊躇滿志。

英軍襲擊成功之後，還搶劫了附近的村鎮，有些人還試圖劫持那裏的婦女。婦女們逃出芒克科納，在山中東躲西藏，狼狽不堪。就在此時，英軍的韋伯斯特上校趕到前線，聽說了這件事後，他力主把那些劫持婦女的英軍士兵送上軍事法庭。福爾森少校甚至主張把這些人立即處死。被譽為美國文學之父的華盛頓・歐文感慨道：「我們需要感謝韋伯斯特和福爾森。正是由於他們，戰爭才不至於演化成純粹的惡行。」公然讚賞敵方的軍事指揮官，這在人類的戰爭史上，幾乎是絕無僅有的。

一個月後，亨利・克林頓爵士終於為伯格因「復仇」成功。他迫使查爾斯頓的美軍繳械投降。幾經交涉，美軍的投降條件幾乎與伯格因的投降協議完全一樣——美軍官兵要列隊走出工事，在運河前的空地上放下武器；美軍軍官允許保留僕人，他們的私人財產也不受搜查；民兵可以回家，但他們必須承諾不再次參與戰爭。

一七八一年十月六日夜，林肯將軍完成了對約克鎮的最後合圍，美軍的炮兵們已做好了所有準備，隨時可以炮擊被圍在鎮子裏的英軍。在城外高高的山坡上，納爾遜州長指著自己的住宅對大陸軍總司令華盛頓說：「你就朝那裏開炮，那是城中最好的住宅，敵人的司令部很可能就設在那裏。」州長毀家紓難的精神，令所有人感動。納爾遜州長有一個叔叔，長期擔任政府的秘書。獨立戰爭爆發之後，他因身患痛風，無法參戰，便一直住在鎮上的家中。令人欣慰的是，英軍沒有把他當作敵人看待，而是優渥善待。儘管老人的兩個兒子，都在華盛頓將軍身邊服役，且英勇善戰，屢建戰功。美軍炮擊之前，兩個兒子懇請華盛頓解救他們年老多病的父親。華盛頓將軍命傳令兵用旗語告訴城中的英軍，希望他們允許這位老人離開即將交戰的約克鎮。英軍無法拒絕這個請求，居然同意老人離開。於是，這位德高望重的老人在僕人的陪伴下，走出就要變成火海和瓦礫的約克鎮，安全來到了兒子們的身邊。

約克鎮戰鬥的勝利，是獨立戰爭最嘹亮的休止符，也表明了英軍在美洲大陸的徹底失敗。八年抗爭，浴血奮戰，軍隊和人民死傷無算，華盛頓再也無法抑制心頭的悲哀和憤怒，他要懲治和羞辱一番這些可惡而野蠻的侵略者。他命令放下武器，手無寸鐵的英軍俘虜，在約克鎮飽經戰亂的街道上遊街示眾，街道兩旁站滿了興高彩烈、歡呼勝利的美軍士兵和當地百姓。這也許是華盛頓在八年獨立戰爭期間少有的不夠「紳士」的舉動。但這足以讓人民和歷史，甚至是他的對手原諒。

有學者指出，戰爭始終存在於人類的歷史中，遠自古埃及的戰爭與希臘的伊利亞特戰爭，近至美國對伊拉克發動的戰爭。戰爭貫穿著整個人類文明史。戰爭的產生是因為人類天性好戰，還是文明發展的必然？戰爭會不會在人類社會的發展中消失，還是人類最終難逃被戰爭滅亡的厄運？格溫·戴爾的《戰爭》一書，通過探討戰爭的成因、戰爭的方式以及戰爭的發展，試圖尋找出關於這些問題的答案。然而，書中關於第二次世界大戰中平民為戰火荼毒的資料來說明戰爭的殘酷和荒唐，給所有的閱讀者留下了沉重而痛苦的記憶。

真正意義上的戰爭是有了文明之後才發生的。戴爾指出了一個有趣的現象：為了實際利益而發生衝突的人類，往往不會致對方於死地，而是把對方趕走就了事；造成大規模死傷的戰爭往往就是為了某些虛無的東西，比如古埃及的滅亡和十字軍東征，都是因為信仰不同而爆發了大規模戰爭。由此，真正意義上的戰爭之所以只在人類身上出現，是因為人類有思想，戰爭即思想的產物。除非消除人的戰爭思想，否則就無法避免戰爭的爆發。

正是在這個意義上，在人類的思想支配戰爭進程的意義上，美國獨立戰爭中還能展現出如此眾多的人性光輝，更是難能可貴。

人類善良的本性在殘酷的戰爭中哪怕有一點點閃現，那就說明，我們多災多難的人類還有救！

主要參考文獻

【美】華盛頓・歐文著，王強譯，《華盛頓傳》，北京：中國華僑出版社，二〇〇七年一月，第一版。

【美】布盧姆等著，楊國標、張儒林譯，《美國的歷程》（上、中、下），北京：商務印書館，一九八八年十一月第一版，一九九三年八月第二次印刷。

傑弗遜的
民主

傑弗遜的民主

大約沒有多少人知道湯瑪斯·傑弗遜血液裏民主與自由的基因是多麼地充沛。這得益於他的教育背景。傑弗遜是那個時代的新大陸人少有的受過正規、系統教育的年輕人。傑弗遜的父親粗通文墨，中年時做到了維吉尼亞州的土地測繪員。他深知知識可以改變命運，到了兒子可以讀書的年紀，便下決心送小湯瑪斯入學讀書，甚至放棄了為朋友照看莊園這樣收穫頗豐的工作。其中的原因只有一個，就是朋友的莊園附近沒有一所條件像樣的學校。

湯瑪斯·傑弗遜一直讀到了大學畢業——瑪麗學院法律專業。這在那個時代，是需要極大的毅力和豐厚的資產。所幸，這兩樣東西傑弗遜都不缺少。嚴格的家庭教育，讓傑弗遜目光遠大，志向遼遠，在學習上比別人更刻苦、更自覺；父親去世後，給他留下了一筆可觀的遺產，傑弗遜正是用這筆錢完成了全部學業。

一七六五年五月的一天，佛吉尼亞議會舉行會議，辯論是否通過反對印花稅的那個著名的決議。年輕議員派翠克·亨利在這次會議上發表了一篇著名的爭取新大陸民主自由的慷慨演講：

「是不是生命真的如此重要，和平真的如此甜蜜，以至我們要為此忍受鐐銬和奴役？萬能的神啊，禁止吧！」亨利大聲疾呼：「要麼給我自由，要麼讓我死！」

這一年，二十二歲的傑弗遜還是瑪麗學院法律專業的一名學生，他站在議會大廳的走廊裏旁聽了亨利的演說。他被亨利的激情感染得熱血沸騰，熱淚盈眶。

派翠克・亨利對英王室對新大陸人民的盤剝痛恨已久。他決心做一名勇敢的反叛者。面對著臺下眾多的擁護英王統治的保守派議員，亨利大聲呼籲道：「如果說凱薩大帝有推翻他的布魯諾，查理一世有打倒他的克倫威爾，那麼英王喬治三世……」說到這裏，亨利故意停頓了一下。大廳裏，被嚇壞了的保守派議員們沒想到派翠克竟然將反抗的矛頭直接指向了英國王室，他們聲嘶力竭地喊著：「叛國！叛國！」亨利故意在激怒他們：「可以從榜樣中獲得借鑒。如果說這句話是叛國，那就讚美它吧！」

湯瑪斯・傑弗遜後來回憶道：「派翠克・亨利的確是一位非常了不起的天才演說家；他這篇漂亮的演講，我從任何其他人那兒都未聽到過。在我看來，他的講演，和荷馬的作品同樣好。」

大學畢業後，傑弗遜成為了一名執業律師。他積極投身社會活動，熱心於公益事業，很快便當選為維吉尼亞州議員。這一年，他還不足三十週歲，是維吉尼亞州最年輕的議員之一。

此後，北美大陸人民爭取獨立的鬥爭風起雲湧，席捲了整個東海岸。一七七六年春夏之際，第二次大陸會議在費城舉行。會議決定成立一個五人起草小組，正式草擬獨立宣言。只有三十三歲的湯瑪斯・傑弗遜，在眾望所歸當中，被任命為這個起草小組的主席。

這個起草小組當中，既有資深革命家亞當斯，又有大學者佛蘭克林，每一位成員都出類拔萃、德高望重。作為最年輕的小組成員，出於禮貌和常識，傑弗遜提出另外指定主席之人。亞當斯勸他擔起這副重擔。亞當斯對傑弗遜，同時也是對眾人說：「傑弗遜先生有魔筆的美譽……他已蜚聲文壇和科學界，並且在作曲方面也頗具天賦。他的著作以措詞巧妙而著稱，因而到處為人們爭相傳閱。」

當然，傑弗遜不會以一篇美文去取悅大陸會議的。這是一個性命攸關的歷史轉捩點，這是北美人民命運的最終抉擇。受命之後，傑弗遜寢食難安，他知道，一旦獨立宣言完成並被通過，一場流血的戰爭必不可免。傑弗遜在給朋友的信中說道：

為了摧毀這個帝國，只需一個真理，那就是，殖民地拔出刀劍後，接下來只能採取一個行動，而現在我們已經被迫即將採取這個行動了。這是他們逼我們這麼做的，而他們好像還在懷疑我們的決心。請相信，親愛的先生，英帝國中沒有一個人比我更熱愛與不列顛的聯盟，但我向創造我的上帝發誓，除非我死去，否則我就不會屈從於按不列顛議會的條件建立起來的聯盟，而且我相信，在這一點上，我代表了美洲人民。我們不需要勸慰，也不需要靠權力來宣佈或者堅持事實上的脫離關係，唯一需要的是意志。由於國王的一手促成，這種意志正在迅速堅定起來。流血戰爭會一勞永逸地解決我們的未來，而且我遺憾地發現，這場流血戰爭是不可避免了。

年輕的傑弗遜心中，充膺著對獨立、民主、自由的無限嚮往，千百次在頭腦中醞釀和思考的革命激情，像開閘的洪水奔湧到傑弗遜的筆尖。他幾乎是在這種熱血沸騰的激蕩之中，一氣呵成完成了「獨立宣言」：

我們認為下述真理是不言而喻的：人人生而平等，造物之主賦予他們若干不可讓與的權利，其中包括生存權、自由權和追求幸福的權利。為了保障這些權利，人類才在他們中間建立政府，而政府的正當權力，則是經被治者同意所授予的。任何形式的政府一旦對這些目標的實現起破壞作用時，人民便有權予以更換或廢除，以建立一個新的政府。

一七七六年七月四日，第二次大陸會議簽署通過了《獨立宣言》，這便是美國國慶日的由來。正如傑弗遜預言的那樣，「獨立」便意味著戰爭。殖民地人民是不畏懼流血的。傑弗遜慷慨悲歌，信筆寫道：「敵人強迫我們拿起了武器，我們要不畏艱險，堅定不移，毫不退縮，用武器保衛我們的自由。萬眾一心，寧可死而自由，不可生而為奴。」

英國從本土和加拿大殖民地調集了大量訓練有素、裝備精良的軍隊，直撲美洲大陸，妄圖一舉絞殺美國人民的獨立運動。喬治・華盛頓臨危受命，被推舉為革命軍總司令，率領著一支倉促之間組建的軍隊迎戰英軍。英國的將領們絲毫沒有把華盛頓的軍隊放在眼裏。在他們看來，一群烏合之眾，怎能抵擋住不列顛的精銳之師？英國人錯了。他們不明白，一支為自己的革命激情所鼓動、為自己的利益而戰鬥的民眾之軍，會迸發出多麼不可思議的能量與勇氣。

是的，華盛頓的軍隊鮮有戰鬥經驗和軍事素養，許多人就是從農田和森林中集結起來的農民和獵戶。指揮官讓他們將敵人放近至五十碼再開槍。這些沒有文化的農民們甚至搞不清楚五十碼究竟有多遠。哭笑不得的指揮官只好大聲教導他們，讓敵人走近，直到看見了他們的眼白再開槍。農民和獵戶們恍然大悟，沉著、膽大本就是他們與大自然鬥爭的天然本領，用來對付入侵家園的強盜，更是天經地義。他們一槍一個，打得英軍抱頭鼠竄。

戰爭期間，傑弗遜回到了家鄉佛吉尼亞的蒙蒂賽洛，擔任了該州的州長。他徵糧、徵捐、徵兵，千方百計為前方的將士籌措物資，保障供給。一天，一個英國少校率隊突襲了傑弗遜的莊園。來不及逃走的傑弗遜與全家躲進了書房下的地洞中。這個英軍少校見莊園裏只有奴隸，不見主人，在書房裏轉了一圈，嘟囔了幾句，率隊而去。這個少校實在是太大意了。如果他再搜查得仔細一點，如果他能在傑弗遜的書房中待得再長久一些，或者乾脆一把火將書房點燃，美國的歷史，也許會是另外一種寫法。

戰火停熄，和平降臨。英王終於明白，武力是征服不了渴望民主自由的人民大眾的。人們一旦為生存而戰，為自由而戰，為尊嚴而戰，他所迸發出的能量，是常理下推斷不出來的。經過八年的殘酷征戰，武器低劣，衣衫襤褸，赤著雙腳、在雪地上留下凍傷腳趾的絲絲血跡的起義軍們，終於打敗了訓練有素、裝備精良的英國政府軍。和平協定的最終簽訂，迫使英國政府極不情願地承認了北美大陸殖民地的獨立。一個嶄新的政府組織誕生了。

當然，這個新的政府組織是極端不完善的，運行方式和管理模式還在不斷探索之中。不久，實踐證明，基於完全平等、獨立、公正的邦聯式的政治體制，完全不能適應一個主權國家的政府運行方式。大量的時間和精力，耗費在了各州議會的毫無節制的辯論、表決甚至無謂的爭吵當中了。美國的開國先賢們決心坐下身來，集中精力，制定憲法，探討一個全新國家的組織、管理、運行模式。這就是美國的偉大與獨到之處。

世界上的幾乎所有國家，是在奪取天下，掌握政權之後，開始制定體現統治者意志的憲法和法律。這些憲法和法律，無一例外地是為了維護統治階級的利益，限制和壓迫反對階級權利和義務，以穩固自己的統治地位，以求權運長久，江山永在。

美國則完全與此相反。他們是在完全意義上的聯邦政府成立之前，先設計出政府的組織架框，制定好政府的運行模式，然後，依照規劃去組織聯邦政府。這有點像蓋大樓。先精心設計好圖紙，結構、材料、樣式、立面，各方取得一致意見，完全滿意了之後，再依樣建設。

美國這座「國家大廈」的最難能可貴之處，就是在設計和建造之初，就充分強調了對政府權力的限制和監督。這是保證政府在法度和人民監督下運行的最根本的先決條件。

他們發明了「總統」這一職務，取代了國王和皇帝，對國家行使最高的管理許可權。

他們發明了行政、立法、司法三權分立的管理模式，總統及國務院主管行政；國會負責立法；法院獨立裁判各類案件。三權之間，相對獨立，相互制約，誰都沒有絕對的權力和至高無尚的決定權。大法官由總統提名、國會任命。一旦獲任，便是終身制，任何人再奈何他不得。法律制定權在國會，大法官只能依照國會制定的律令裁決案件。

國會議員由選民直接選舉產生。議員的人數和產生是美國人政治智慧的精妙反映。若以州為單位確定統一的議員人數，人口眾多的大州會明顯吃虧；若以人口比例確定議員人數，人口較少的州必然議員人數少於人口較多的州，表決的公正性無從體現。先賢們經過反覆討論、磋商，達成了「偉大的妥協」，實現了「艱難的一躍」。國會分成上下兩院。上院為參議院，無論大州小州，每州選出兩名議員，以體現州的利益，大州小州一律平等。參議院表決時，若能以簡單多數獲得通過，則參議院議長不參加投票。若出現贊成票和反對票相等的情況，才由議長投下關鍵的一票。

下院為眾議院，是按照人口比例選出議員，以充分體現選民的意志。人口多的州，眾議院議員必然就多。

總統怎樣產生？最初的設想由參眾兩院選舉產生。如此，便有總統與參、眾兩院舞弊的可能。總統為討好議員們而出臺不符合廣大人民利益的政策和條令；議員們也以投票相要脅於總統，以售其奸。必須切斷所有權力之間的哪怕一絲一縷的聯繫。總統便也由選民直接選舉產生了。

這樣一些精美的設計，這樣一個系統而複雜的工作，居然在美國開國先賢們的手中艱難完成了。是的，這的確是一個艱難的過程。從一七八七年初夏開始，五十幾個人關在屋子裏，整整爭論了半年之久，在經歷了數不清的修改之後，才完成了這件曠世傑作。這半年當中，大學者班傑明•佛蘭克林的座位對面的牆上，掛著一幅油畫，畫面是波濤洶湧的大海上一輪紅紅的太陽。佛蘭克林一直看不明白，畫家畫的是旭日出海呢還是落日入水？在這部劃時代的美國憲法被全體起草者簽署同意的那一個下午，莊重地寫下自己名字的佛蘭克林，再抬頭凝視那幅油畫，他終於看明白了，那是一輪火紅的朝陽躍出水面，在波濤澎湃的大海上升騰、升騰……它預示著年輕的美利堅合眾國朝氣蓬勃，前程無量！

湯瑪斯・傑弗遜沒有參加美國憲法的起草。也就是說，傑弗遜沒有出席這次青史留名的美國建國史最著名的制憲會議。

湯瑪斯・傑弗遜哪裏去了呢？

天妒英才，上蒼實在不願意將起草《獨立宣言》和美國聯邦憲法的殊榮集中在一個人身上。制憲會議召開之時，湯瑪斯・傑弗遜正奉命出使法國，擔任美國首任駐法大使。

美國聯邦憲法的主要起草人也是位年輕人，他就是三十六歲的詹姆斯・麥迪森。後世尊稱麥迪森為「美國憲法之父」。

麥迪森與傑弗遜都是維吉尼亞州走出來的革命者，他們是好朋友和革命戰友，有著非同尋常的情誼和感情。大西洋彼岸的傑弗遜，高度關注著制憲會議的進程，他與詹姆斯・麥迪森頻繁通信，探討著憲法制定的方方面面的熱點問題。傑弗遜的心中，有一個堅定不移的目標，這就是聯邦憲法和依據這個憲法組建的政府，無論如何要保障公民的基本權利。

傑弗遜對麥迪森說，聯邦憲法一定要寫進去保障公民各種權利的條款，尤其是公民言論與出版自由的權利。

麥迪森回信說，設計國家權力的運行方式和組織架構，是「一個麵包」，保障公民的各項權利，是「半個麵包」。麥迪森的意思是，這「一個麵包」比那「半個麵包」重要得多。有了這一個麵包，就顧不上那半個麵包了。

傑弗遜說，半個麵包也比沒有麵包強。他的意思同樣非常明確，沒有保障公民權利的「半個麵包」，國家架構的那「一個麵包」早晚等於零。

傑弗遜特別重視言論自由和新聞自由，並一再申明這些自由的種種益處。他說，新聞自由和言論自由會讓美國人民更容易接受共和主義的思想，因為真理愈辯愈明。他說：「為了保持人類心靈的自由和新聞出版的自由，每一個生靈都應該準備殉難，因為只要我們願意怎樣想就怎樣想，怎樣想就怎樣說，人類的狀況就將得到改善。」傑弗遜說，政治自由，「除了靠新聞自由，是得不到保障的。限制新聞自由，就一定有失去政治自由的危險」。他特別強調新聞自由對政府所起的監督作用。他指出，為了保證一個共和政府的廉潔清正，為了保障它按照人民的意志辦事，新聞自由是必不可少的。他認為，每一個政府都需要有人來監督，而只有出版自由和新聞自由，才能產生這樣的監督者。

此時的法國，正在進行轟轟烈烈的大革命。法國人浪漫的革命情懷，大民主式的激情和衝動，正帶給傑弗遜全新的感動。

傑弗遜鞭長莫及。他不是制憲會議的代表，當然無法據理力爭，將他的這些閃光的思想寫進聯邦憲法。

不過，歷史沒有留下遺憾。一七八九年秋天，傑弗遜卸任美國駐法大使，啟程回國。十一月二十三日，當傑弗遜在維吉尼亞州諾福克港上岸的時候，讀到的第一份報紙就告訴他，依照新憲法生效後選舉產生的第一任總統華盛頓，提名他出任美國歷史上的第一任國務卿。傑弗遜本想是回家鄉蒙蒂賽洛休假的，或者就乾脆告別政壇，回家從事教育事業，組建他久有夙願的佛吉尼亞大學，但為了新生的共和國，傑弗遜義無反顧地上任了。

傑弗遜履職後，立即著手制定憲法修正案。他廣泛徵求各方意見，深入進行關於民主權利的論證和思考，經過充分的醞釀和討論，一口氣提出了十七條憲法修改條文。議會在討論時歸併為十二條予以通過。在提交各州議會審定時，有兩條修正案沒有獲得四分之三以上州的批准，遂成為最終的十條憲法修正案。因為這些修正案都是關於公民的各項民主權利的，歷史學家和社會政治學家便將它們統稱為「權利法案」。

美國憲法第一修正案是：

> 國會不准制定有關下列事項的法案，即確立一種宗教或禁止信仰自由；限制言論自由或出版自由；或限制人民和平集會的權利以及向政府請願的權利。

短短的一段話，包含著三層意思，即信仰自由、新聞自由和集會請願的自由。

兩百多年來，美國的大法官和法學教授對憲法第一修正案的闡釋多如牛毛，莫衷一是。依據此修正案做出的法律判決也千姿百態，瑕疵互現。隨著時間的推移，美國法律界和學術界對第一修正案的認識日漸趨於一致。他們普遍認為，美國憲法第一修正案，是關於「表達自由」的法案。這一法案的約束力竟是如此的強大，「國會不准制定有關下列事項的法律」，讓美國這個世界所謂最民主自由的國家，至今沒有新聞法，而且徹底失去了制定新聞法的法律依據。因為憲法修正案的基本釋義之一，就是不准制定限制公民新聞與言論自由的法律。好在美國人豁達，他們從來認為，法律是柄雙刃劍，既有保護條款，也有限制內容。沒有新聞法，正是對新聞的最大限度的寬容。

理論和觀念的準備是永無止境的。無論多麼精美的設計，只有拿到實踐中去檢驗，才能看到優劣得失。年輕的合眾國在倉促中上馬運行，百廢待興，毫無經驗，但是，這個嶄新國家的管理者，生機勃勃地工作著、努力著……

這是一個精英薈萃的政府和內閣。傑弗遜環視了一周，心情愉悅。總統是德高望重、人心所向的華盛頓，副總統是早期的堅定革命者亞當斯，傑弗遜領導國務院，漢密爾頓負責財政部，亨利•諾克斯將軍長陸軍部，艾德蒙•藍道夫是總檢察長……所有的崗位都是一時之選，瑜亮同輝。

不久，矛盾突顯了。根本的分歧在於對待權力的態度上。是將權力置於人民的監督之下，謹慎行使人民賦予的公權力呢，還是逃避監管，貪戀權棧，熱衷於一言之堂，一權之力？

財政部長漢密爾頓毫不掩飾對權力的喜愛和攫取。這是一個獨立戰爭爆發之後才從英國來到美洲大陸的年輕人。八年戰爭期間，他不怕犧牲，衝鋒在最前線，與英國殖民者進行了殊死戰鬥，取得了一個又一個重要戰役的勝利，深得華盛頓的賞識和器重，他的法律專業背景，也讓華盛頓對漢密爾頓期許深厚。組建合眾國政府，傑弗遜對漢密爾頓的政治野心表示了擔憂。華盛頓親自撫慰了傑弗遜，希望他在國家用人之時，以寬容的態度共事於嶄新的合眾國之中。

傑弗遜與漢密爾頓的爭執，不是工作方法之爭，而是管理國家的根本指導思想的分歧。

漢密爾頓一旦大權在握，便對合眾國的民主程序和三權分立的運行模式，表示了極大的輕蔑和不滿。漢密爾頓認為，民主程序過於瑣細，運行起來十分不便，動輒掣肘；而三權分立更造成效率低下，曠費時日。這也難怪，作為財政部長，有些政策的制定和決策的出臺，事關國計民生，事關國家建設，久拖不決、議而不行，的確令人上火。

什麼樣的政府是好的政府呢？傑弗遜堅定地認為，最好的政府是受人民監督的，管理最少，責任最大的政府。政府的所有決策，必須經過民主程序才能確定，政府的所有權力，必須在人民監督下合法運行。漢密爾頓則認為，最好的政府是強勢政府，是少數人統治多數人，或者乾脆就是一個人統治，就是君主。漢密爾頓甚至建議稱呼華盛頓為「總統陛下」。

觀念上的根本分歧，帶來行政上的尖銳對立。這兩個內閣重要成員，在聯邦債務、稅收政策、金融體制等涉及基本國策的重大問題上針鋒相對，劍拔弩張，互不相讓。這給華盛頓帶來了極大的煩惱，他內心裏不止一次的問自己，將兩個政見不同的人拉進同一個政府，是否明智？

漢密爾頓抱負遠大，野心勃勃，主張權力的絕對威勢和不可分立，他甚至公開鼓吹要回到英國的君主制政體。為此，他拉攏一些同好，組建了聯邦黨，以期造成更大的影響。副總統約翰•

亞當斯居然也被他拉了過去。

傑弗遜別無選擇，只好應對。他舉起民主自由的大旗，組建了民主共和黨，以「驢」為黨徽，堅定地代表著底層人民群眾的利益。

二百多年過去了，不合時宜，逆勢而動的聯邦黨早已銷聲匿跡，了無印痕。而民主共和黨簡稱為了民主黨，至今仍是代表美國中下層人民利益的輪流執政的兩大政黨之一。美國歷史上的第一位黑人總統奧巴馬，就是民主黨人。

在傑弗遜與漢密爾頓鬥爭最激烈的時候，傑弗遜給遠在義大利的朋友馬齊寫信，表達他的義憤之情：

曾經支持我們贏得戰爭的精神支柱，即對自由和共和政府崇高的愛，被英國國教的專制和貴族黨的迅速崛起取代了。當他們按不列顛政府的形式創建政府的時候，他們公然違背了我們的初衷……反對我們的有行政和司法部門，這是三個權力機構中的兩個；所有的政府官員；所有膽怯的人，他們寧願在專制主義制度下平靜度日，也不喜歡波濤洶湧的自由海洋；英國商人以及在英國首都做生意的美國人；在銀行和公共基金中獲利的投機者和持有者。他們為腐敗目的而創造了人為的制度，而且在各個方面都不斷同化我們，最終會像完備的英國模式一樣腐爛發臭。如果我告訴你投靠異端的蛻變者的姓名，一定會使你大感意外，他們在戰場上是參孫，在會議上是所羅門，但他們的頭髮都是被英國這個妓女修剪過的……

傑弗遜的義憤過於情緒化了。儘管他的自由主張和民主理想無可指摘，但與幾乎所有的人為敵，幾乎一個人站在合眾國政府的對立面，再好的施政理念也難以付諸實施。

漢密爾頓卻有條不紊地實行著他的專制計畫。華盛頓任職兩屆，在位八年，在發表了他那篇感人的告別演說後，告老還鄉。亞當斯競選為新一任美國總統。漢密爾頓居然說服國會，通過了《外國人法》和《反煽動法》。《外國人法》授權總統，只要是總統認為某些外國人對國家的和平和安全構成威脅，他就有權將這些外國人驅逐出境；《反煽動法》規定：凡發表對國會或總統「含有惡意」或「帶有誹謗性的」言論，都要受到法律的嚴懲直到拘押。新增設的罪名沒有確定的界限，行政機關被授予了不需要承擔任何責任的特權，言論自由和出版自由統統被扔進了垃圾堆。聯邦黨人所有這些惡劣行徑，讓傑弗遜五內俱焚，憂慮萬分，他決心行動起來，反擊聯邦黨人的倒行逆施。

正是在此前後，傑弗遜結識了詹姆斯．卡連德。

卡連德本是英國的一個小報記者，他心術不正，野心不小，以揭發別人隱私為樂事，文筆尖刻、無聊，也有罵人的技巧。他在英國時，寫過一本評論英國政府的小冊子《英國的政治衰落和崩潰》。這不是一部嚴肅的歷史著作，而是一本充滿著謾罵與詆毀的宣傳小冊子。他在書中罵英國國王為「惡棍」，說大多數英國國王應處以絞刑。他又說英國首相皮特為「頑固的騙子」，威爾士親王為謀殺者，稱英國憲法為「富人反對窮人的陰謀」等等。卡連德認為，這樣充滿殘暴、腐敗和獸行的國家，只能以迅速崩潰而告終。

英國政府決定起訴詹姆斯・卡連德。

驚慌失措的卡連德連忙逃到美國避難，並為撈取政治資本，迅速加入了民主共和黨。

一七九七年的某一天，傑弗遜與卡連德在費城的一家小旅館裏初次相見。「這個流氓賊頭賊腦，衣服骯髒襤褸，還有一副垂頭喪氣的眼神。」可卡連德知道傑弗遜需要什麼。他告訴傑弗遜，他正在撰寫《一七九六年的美國史》。他將在書中舉證說漢密爾頓在財政部長任內捲入了貪污腐敗，其中包括在政府證券上的非法投機。卡連德還說，漢密爾頓與詹姆斯・雷諾的妻子私通。傑弗遜如獲至寶，答應卡連德他將資助這本書的出版。果然，過後不久，傑弗遜就給卡連德送去了五十美元。《一七九六年的美國史》出版後，傑弗遜自掏腰包買了十五本，分送朋友。

一七九八年，卡連德對傑弗遜說，他寫的下一部著作，會產生「過去任何一個政府都沒有遭遇過的那種龍捲風」。傑弗遜又連忙資助了他五十美元，使卡連德的《我們的前途》迅速出版。在這本書中，卡連德連起碼的隱諱都沒有了，對現政府除了謾罵還是謾罵。他說，如果不對政府來一次大的變動，美利堅合眾國就會在腐化、犯罪和恥辱中沉沒下去。卡連德完全摸透了傑弗遜的心思，知道他需要什麼及如何表述。他故技重施，揭露漢密爾頓是一個腐敗的、親英的君主派；說華盛頓是「一個可恥的偽君子」，一個謀求私利的無賴，他在革命戰爭的黑暗日子裏，曾「允許盜竊和毀滅他自己軍隊的殘餘物資」，以謀求他自己的利益；卡連德還罵亞當斯是一個「英國間諜」，「是這個大陸上最驚人的蠢人」，「白髮蒼蒼的縱火犯」，「王室和貴族的使徒」，只配吊死在絞刑架上。

卡連德的無中生有，造謠誣衊，明眼人一看便知。傑弗遜的朋友們勸他警惕卡連德，不要掉進他的陷阱裏而不能自拔。傑弗遜鬼迷心竅，認定卡連德是他最需要的朋友，不但在經濟上接濟他，而且還幫他校對書樣，提供政府內部情況資料等等。

誠然，政治鬥爭充滿著權術和陰謀，骯髒齷齪，稍有不慎，便會招致滅頂之災。大多數政治家在自己的政治鬥爭生涯中，都會確定一個底線，以求良知的安慰。在目的決定一切，手段忽略不計的政治鬥爭的校場上，道德的力量有時顯得那麼蒼白無力，那麼孤立無助，那麼天真幼稚。傑弗遜不知出於何種目的，大步跨越了他的道德底線，違背了他作為讀書人的良知。他在這個問題上的所作所為，讓所有正直、善良的人們不齒和側目。

詹姆斯・卡連德，這個投機鑽營小人的拙劣表演，終於換來了牢獄之災。聯邦地區法院審判了他。陪審團認為他的誹謗罪成立，判他入獄九個月，並處兩百美元的罰金。

傑弗遜的執迷不悟令人吃驚。一八〇一年競選成功、剛剛就任總統的傑弗遜，便立即簽署大赦令，赦免了卡連德的刑期和罰金。卡連德走出了監獄，人身自由了，可那兩百美元罰金，在聯邦黨人檢察官藍道夫手中，藍道夫遲遲不肯歸還罰金，這讓卡連德頗為惱怒。

卡連德是計算了自己的投入產出比的。他認為他為傑弗遜所做的一切，應該得到回報，至少不會讓他吃虧。卡連德竟然跑到白宮去大吵大鬧，說他為民主共和黨工作了五年，至今落得一文不名，這不公平。傑弗遜讓秘書給卡連德送去五十美元。可此刻這個無賴小人，已經破罐子破摔，五十美元是遠遠填不滿他的貪婪的胃口的。他告訴白宮秘書，這五十美元是他應該得到的錢，他知道這是讓他閉嘴的錢，但五十美元太少了，不足以讓他閉口不言。他讓白宮秘書轉告傑弗遜，他手中握有某些材料，如果滿足不了他的要求，他會在適當的場合使用這些材料。這個卑鄙的無賴小人，居然公開與傑弗遜做起了交易。他說他要當官，要擔任里士滿郵政局的局長。他說，如果當上了這個郵政局長，他就會掙很多錢，就會結婚，在農場上定居下來，「告別這個流氓社會」。他再次警告傑弗遜，「我並不是一個容易受欺負的人」，除非答應他的全部要求，否則，他會用有趣的故事，去招待總統的「一大群仇恨很深的敵人」。

這明目張膽的訛詐，讓傑弗遜徹底認清了卡連德的無賴嘴臉，他決心與卡連德一刀兩斷。埋下邪惡的種子，必將收穫長滿荊棘的果實。卡連德果然公開了他所謂的「手中的某些東西」。他在報紙上發表了過去傑弗遜為鼓勵他誹謗亞當斯和出版《我們的前途》而寫給他的許多封信。傑弗遜在一封信中這樣寫道：「我感謝你在信中附寄來的校樣，這樣的文章一定會產生最好的效果。」

這些信件的公開，如同掀去了傑弗遜的最後一塊遮羞布，令傑弗遜十分尷尬。

卡連德還在報紙上發表文章說，傑弗遜長期與他的黑人女奴通姦，並且生了好幾個孩子。這對宣導「人人生而平等」的傑弗遜，又是一個致命的打擊。聯邦黨人的報紙幸災樂禍，爭相轉載卡連德的文章。落選總統亞當斯也旁敲側擊：「在佛吉尼亞，每一個種植場主都能在他自己的奴隸中找到自己的孩子。」

傑弗遜選擇了沉默，難堪的沉默。

傑弗遜始終認為，為了保證一個共和政府的廉潔公正，為了保障它按照人民的意志辦事，新聞和言論自由是必不可少的。他認為，每一個政府都需要有人來監督，而只有言論自由和新聞自由才能產生這樣的監督者。作為總統，他希望靠新聞自由把他帶到輿論的審判臺前，並且時常有人提醒他，不要濫用權力。在他看來，這就是新聞自由的社會政治功能。

正是在他自己制定和宣導的自由原則面前，傑弗遜選擇了沉默。他忍受著屈辱，忍受著不白之冤，忍受著聲名掃地。他知道，他是總統，他是強者。他若開口說話，聲音一定強過卡連德數倍。但是他明白，他的一點點辯解，都是對新聞和言論自由的褻瀆和傷害。他真的是在為他選擇的各類「自由」殉難去了。

也許，這是傑弗遜無奈的「沉默」。卡連德不完全是信口開河，捕風捉影。記者生涯的職業訓練，讓卡連德能夠在蛛絲馬跡中去發現他需要的材料。卡連德所指的與傑弗遜私通的女奴隸叫莎麗・海明斯，她一生在傑弗遜蒙蒂賽洛的莊園裏生活，且地位尊貴，身分特殊。湯瑪斯・傑弗遜在遺囑中明確寫道，給予莎麗・海明斯的兩個兒子艾斯頓和麥迪森・海明斯以自由之身。蒙蒂賽洛莊園裏奴隸眾多，奴隸的子女也不在少數，傑弗遜為什麼單單給莎麗・海明斯的兒子以自由民之身呢？這裏面的蹊蹺，明眼人一看便知。遺囑公開之後，艾斯頓和麥迪森・海明斯，立即改口稱傑弗遜為他們的「生父」。據說，有好事者近幾年比對了傑弗遜和海明斯兩個家族的ＤＮＡ，證明它們之間有極大的相似性。

當然，沉默並不一定都是「金子」。傑弗遜對他的政敵漢密爾頓，一直就不夠大度和寬容。

有一段時間，傑弗遜真的厭倦了政府中的無謂爭鬥，毅然辭去了國務卿之職。傑弗遜去職的第二年，漢密爾頓也掛冠而去，執意不再擔任財政部長。辭官為民的漢密爾頓，在紐約開了一家律師事務所，幹起了他的老本行。也許是某一次訴訟當中的不嚴謹言論，漢密爾頓無意之中得罪了聯邦黨人總統候選人伯爾。伯爾的一位朋友找到漢密爾頓，要求他解釋和道歉。漢密爾頓沒當回事。這竟激怒了伯爾，徑直向漢密爾頓提出決鬥。漢密爾頓居然接受了這個荒唐的挑戰。一八〇四年七月十一日清晨，在哈德遜河對岸樹木蒼翠的山崗上，漢密爾頓與伯爾持槍對決。伯爾率先開槍擊中了漢密爾頓，一天後，漢密爾頓傷重去世。舉國上下對這一悲劇深表痛惜。但作為總統的傑弗遜卻沉默不語，不置一詞。當然，我們不能說他對自己政敵的死去心存快慰，但在這人上西天的時刻，仍吝於對自己曾經的同事送上一兩句寬慰之語，的確不夠風度和襟懷。多年之後，傑弗遜才悻悻地評論道，決鬥「是最野蠻的行為」，決鬥中的真正的犧牲者是無依無靠的孤兒寡母。當然，這遲來的安慰，是不足以撫平漢密爾頓遺孀那心頭的怨懟的。

也正是善惡有報，人在做，天在看，卡連德真的不得好死。一八〇三年七月，就在漢密爾頓決鬥而死的前一年，詹姆斯・卡連德外出游泳時，居然淹死在水深不足一米的詹姆斯河中。這河與卡連德同名，這淺淺的河水竟然能淹死人。人們除了感歎冥冥中的神秘力量之外，找不出其他更合理的解釋。

大纛之下難免有陰影。以民主自由鬥士形象挺立的傑弗遜，自有他無法調合的矛盾糾結。「廢奴還是蓄奴」，就是傑弗遜一生無法平衡的心病。

作為具有現代意識的早期革命者，傑弗遜一貫宣導自由平等的社會倫理，他堅定地主張，「人人生而平等」，生命沒有貴賤高低之分。但父親去世後，遺留給他的第一筆財產，就是一百三十五名奴隸。在北美早期的農耕時代，白人莊園里若沒有奴隸，農耕、畜牧、建築、紡織，都是不可思議的事情。若給奴隸以平等身分，以工資薪金雇傭他們，在那個時代的文化背景下，更是不可理喻的天方夜譚。無奈之中的傑弗遜，也只好接受這種社會現實。但他廢奴的努力，從來沒有間斷過。

一七六九年，美國獨立之前，身為維吉尼亞州議員的傑弗遜，便在州議會中提出了解放奴隸的議案，未獲通過。

一七七八年，經傑弗遜不懈努力，維吉尼亞州通過了一項跨時代的法案：禁止輸入奴隸。傑弗遜興奮地表示，儘管這不是完全意義上的廢奴，至少是為廢除奴隸制度邁出了關鍵一步。

一七八四年，北美大陸西北地方一些州加入了聯邦。傑弗遜在西北地域法令初稿中明確規定，自西北屬地中新加入聯邦的州，「既不可蓄奴，亦不可奴役非自願為奴者」。也是在這一年，傑弗遜在維吉尼亞州照會中強烈抨擊奴隸制：「我國民生產中摻雜奴工定有令人不快之影響。主奴間所有的交易都是狂怒下的無限期做法，對其中一方為不懈怠的專制，對另一方則為卑下屈從。」

為廢奴奮鬥了幾乎一生的傑弗遜，自己莊園中的奴隸數量，卻從最初的一百三十五個擴展為後來的六百多個。這本身，就是對傑弗遜極大的諷刺。

美國歷史學家史蒂芬．安伯洛斯說：「傑弗遜明知奴隸制度不當，明知自己自此種體制中得利為不道，但在其一生中顯然看不到放棄的跡象……在傑弗遜矛盾的一生中，沒什麼比這更矛盾的了。」

可以這樣說，自傑弗遜的宣導廢奴運動，經過了差不多整整一個世紀，到林肯手中才算大功告成，徹底實現。

稱湯瑪斯．傑弗遜對民主與自由有著一種近乎病態的執著，似乎並不過分。在傑弗遜的一生中，他無數次不厭其煩地在演講、通信、文章、札記，甚至私下談話中，闡釋他對民主自由、尤其是言論自由的不懈追求，對權力的高度警惕，對監督的一往情深。他說：「我們的政府要代表人民的意見，基礎在於首先要保證意見的正確性；如果由我來決定是要沒有報紙的政府，還是沒有政府的報紙，我會毫不猶豫地選擇後者。」

甚至在傑弗遜還活著的時候，他的這些宏論也並未被社會完全接受和認同。亞當斯就嘲笑過傑弗遜的民主理想和言論自由，他寫信給傑弗遜說：「當人們討論寫作自由、言論自由或思想自由的時候，我只好大笑。根本沒有過這樣的事情，現在也沒有，不過我希望將來會有。然而，那肯定是你我再也不能說不能寫之後幾百年的事情了。」

亞當斯是過於悲觀了。在美國開國先賢的不斷宣導和推動下，在憲法第一修正案的規範和約束下，信仰自由、言論自由、出版自由，已經像不容置疑的法則一樣，在美利堅的大地上紮下根來，它規範著人們的行為，左右著社會價值判斷的標準。

一九七一年春天，《紐約時報》、《華盛頓郵報》拿出大量版面，相繼刊發了五角大樓關於越南戰爭的文件和報告。這些報導，揭露了美國政府隱瞞戰爭真相，窮兵黷武，撈取政治資本的種種黑幕。國防部以洩露國家機密為由，責令《紐約時報》、《華盛頓郵報》停止刊發越戰報告。兩報不服，上訴至美國最高法院。

九名大法官討論裁決，以六比三通過了支持《紐約時報》、《華盛頓郵報》的判決。最高法院委託雨果・布萊克大法官起草判決書。布萊克恣肆汪洋，將判決書寫成了闡釋新聞自由、維護憲法第一修正案的經典論文，是對美國自由精神的又一次絕妙弘揚。

布萊克說：「自由新聞的無尚職責是阻止政府的任何部門欺騙民眾，把民眾發配到遙遠的國度，從而死於外國的疾病、子彈和炸藥。」

布萊克說：「在揭露導致越戰的政府行為中，報紙懷著崇高的精神，準確地成為了國父們所希望和所相信會成為的樣子。」

布萊克說：「我認為，《紐約時報》、《華盛頓郵報》和其他報紙，非但不該為它們勇敢的報導而受譴責，反而應該為它們達到了國父們所明確表達的目的而受到表揚。」

布萊克用他的斬釘截鐵的結論，寫下了對這一案件的最終裁決：「每一次企圖用法庭判決去阻止報紙的新聞報導，總會導致對於憲法第一修正案的惡名昭著以及不可原諒的違背！」

新聞自由本身不是目的，而是實現自由社會的手段。任何自由都是有代價的，新聞自由也不例外。蕭伯納曾經指出，自由意味著責任。對於新聞自由而言，法律和道德的底線是不能突破的，文化和傳統的約束也是必不可少的，對良知和高尚的追求更是所有負責任媒體的奮鬥目標。新聞自由同樣是把雙刃劍，人們在小心翼翼地用它揭露黑幕、鞭笞醜惡的同時，儘量不使它的另一刃傷到善良、正直的公民。美國學者利昂・弗林特在《報紙的良知》一書中闡明：「新聞自由不是說報刊可以無所顧忌地危害公共安全，宣揚犯罪，或破壞有組織的社會。」

自由的航道已經開通，這是傑弗遜的曠世功勳。憲法第一修正案甚至超越了《獨立宣言》的歷史地位和深遠影響。《獨立宣言》畢竟是美國人自己的事情，而憲法第一修正案是照亮全人類民主自由航線的光明燈塔。信仰自由、言論自由、出版自由、請願自由，是現代人類與專制、獨裁戰鬥的最有利的武器和最堅實的盔甲。

當然，通向民主自由之路從來不是平坦的，它甚至包含了諸多風險和反覆。「思想和資訊的自由流動是自由的生命線。」這樣一條生命線，還沒有在全世界的每一個地方堅實地打造起來。對此，湯瑪斯・傑弗遜是有過充分預見的。讓他的告誡堅定我們遠航的勇氣吧：「洶湧的自由之海從來不會風平浪靜。」

主要參考文獻

【美】戴安娜・拉維奇編，林本椿等譯，《美國讀本》，生活・讀書・新知三聯書店，一九九五年一月第一版。

【美】丹尼爾·貝克著，王文斌、張文濤譯，《權力語錄》，江蘇人民出版社，二〇〇八年一月第一版。
劉祚昌著，《傑弗遜全傳》，齊魯書社，二〇〇五年七月第一版。
林達著，《一路走來一路讀》，湖南文藝出版社，二〇〇四年四月第一版。
易中天著，《艱難的一躍》，山東畫報出版社，二〇〇四年八月第一版。

普希金的
憂傷

普希金的憂傷

俄羅斯的秋天，彷彿一個碩大無朋的調色板，藍白黃綠，分外妖嬈。十月初，聖彼德堡已是深秋時節。大片大片的白樺林一派金黃，將這個典雅的俄羅斯名城裝扮得華麗無比。那黃，絕不是我們慣常見過的秋日凋零之色。那是嫩黃，鵝黃，是不勝嬌羞的豔麗之黃。風吹過，一片片黃葉無聲地飄落在厚厚的草地上，你的心也隨之一揪一緊。你在為美麗秋天的一點點銷蝕而心痛。俄羅斯人說，莫斯科和聖彼德堡最美的季節是秋天。但這金色的秋天只有短短的三個星期。十月中旬過後，萬物凋敝，大雪飄飄，廣袤的大地將被銀色的鎧甲覆蓋半年以上，直到來年的五月。

在這樣一個時節造訪聖彼德堡是幸運的。對所有的旅遊者來說，幸運的不僅僅是秋天的美景，而是徜徉在一座保存完好、精緻無比的俄羅斯名城之中。彼得大帝當年在涅瓦河南岸將他的寶劍深深地插入肥沃的土地中：「我們就在這裏建一座城堡。」於是，聖彼德堡便在涅瓦河兩岸鋪陳開來。勤勞、聰明的俄羅斯人將涅瓦河水引進城區，形成了十四條流水潺潺、波瀾不驚的溪河，小橋流水，舟楫之便，聖彼德堡便有了「北方威尼斯」的美譽。三百多年過去了，戰爭沒有毀壞她，革命沒有改變她。歲月留下的只是更加厚重的文化底蘊。千恩萬謝，專制的史達林沒有下令拆毀涅瓦河兩岸的沙皇遺跡；覆雨翻雲、朝令夕改的赫魯雪夫居然能將新城規劃在了聖彼德堡郊外。於是，美麗的俄羅斯導遊姑娘今天可以自豪地告訴我們：假如你們手中有一本托爾斯泰或是屠格涅夫的作品，他們書中描寫的渡橋、街道、官邸、公寓至今存在，甚至連門牌號碼都沒有改變。

涅倫斯基是個流氓，他住過的地方大可不必一看。安娜讓人愛恨交織。她溜出省長大人的官邸，偷偷與涅倫斯基幽會的小旅館，實在也不是什麼光彩的地方。有機會看一看其他俄羅斯名人的故居，沿著他們走過的足跡感受歷史的氛圍和變遷，倒是值得期待的。

聖彼德堡是一個英雄和才俊輩出的城市。走在這個彰顯著東北歐典雅的建築風格、鋪排著皇家貴族氣息的精緻古城之中，無論是通衢大道，還是幽靜僻巷；無論是中心廣場，還是街角花園，你總能不期然與一些精美的塑像迎面相遇。對於不諳俄羅斯文學和歷史的外國人來說，老實承認，我們只能認得出其中極少的一部分。

平心而論，上世紀五六〇年代中蘇友好時期出生的那一代中國人，對俄羅斯文學是情有獨鍾的。許多人特別喜歡普希金那張揚的個性和魔力無邊的詩句：

再見吧，自由的元素！
這是你最後一次在我的眼前

選普希金。

機會終於來了。離開聖彼德堡之前的最後一個下午，導遊姑娘把我們帶到了著名的涅瓦大街，給了我們四個小時的購物時間。天賜良機，時間足夠。走吧，去尋找我們心中的那一方聖地——普希金故居。

我們從涅瓦大街上壯麗輝煌的普希金劇場出發，繞過葉卡捷琳娜一世銅像，沿涅瓦大街一路北上，跨過格里博耶夫運河上的鐵橋，越過古羅馬風格的喀山大教堂，與精美的喋血教堂擦肩而過，一路向北、向北，來到了九曲八彎的莫伊卡河邊。

河水清澈，河道不寬，石砌的河堤堅固、齊整，漣漪蕩漾的水面上，偶爾有一艘小艇無聲地滑過。在莫伊卡河的南岸，沿逶迤的石板小路東行不遠，我們很容易地找到了莫伊卡街十二號——憑著一張在國內匆忙買來的聖彼德堡簡明地圖，我們居然真的站到了普希金故居厚重而簡樸的紅色木門之前！

確切地說，這是普希金數個故居中的一個，更嚴格地表述，莫伊卡街十二號，是普希金短暫的一生中最後安放他的痛苦的心靈，走向天國的地方。

一七九九年六月六日，普希金出生於莫斯科一個舊貴族之家。很小的時候，普希金就表現出了對於文學和詩歌的天才般的感知力。八歲的時候，他已經能用他那枝稚嫩的鵝毛筆，寫出像模像樣的詩歌了。

一八一一年，普希金被送到皇村中學讀書。皇村中學是建在聖彼德堡近郊皇家園林中的一所著名學校，專門招收貴族和特權階級的子女入學。這一年，學校舉辦初級班升高級班的入學考試。考官當中，有俄羅斯當時最有才華的愛國詩人傑爾若文。輪到普希金了，他邁進考場，站在距傑爾若文兩步之遙的地方，聲情並茂地朗誦他自己創作的詩歌《皇村的回憶》：

那憂鬱的夜的帷幕，
掛上了惺忪的天穹，
山谷和樹木安睡在一片寂靜中，
遠方的森林披著白霧；
隱約聽見有小溪流進林中的濃蔭，
隱約聞到睡在葉片上的微風在呼吸，
靜靜的月兒，像一隻莊嚴的天鵝，
在銀色的雲朵中遊弋。

詩中，對俄國偉大的統治者葉卡捷琳娜一世、二世的讚美是那樣的奔放；對浴血疆場，與瑞典、土耳其、法國血拚到底的俄羅斯將士的謳歌是那樣的昂揚。普希金朗誦的聲音剛剛停下，考場裏便響起了熱烈的掌聲。傑爾若文眼含熱淚，衝下講臺，想去親吻這個曠世奇才。普希金卻害羞地低頭跑出了教室。

傑爾若文不禁讚歎：「這就是那個將要接替傑爾若文的人！」

這一年，普希金只有十六歲。

普希金的詩歌天賦在急遽張揚，他寫得那麼快，那麼多，那麼好。老作家懷著狂喜的心情，注視著他的發展。當紅詩人茹柯夫斯基寫信給維亞柴姆斯基：「驚人的天才！是怎樣的詩呀！他的天賦像魔鬼一樣地苦惱著我！」

一八一七年六月，十八歲的普希金從皇村中學畢業了。他被授予十等文官，作為政府最低一級的小官吏，分配到了聖彼德堡外交部任職。那是一個閒差，普希金整日無所事事。詩人都是狂飆突進的。還在皇村讀書的時候，普希金就結識了一大批「十二月黨人」的骨幹分子，並加入了他們的「綠社」。他敬佩十二月黨人的勇氣和膽識，經常將自己最美好的詩歌獻給他們。在《致恰達耶夫》中，普希金寫道：

同志，相信吧；
迷人的幸福的星辰
就要上升，射出光芒，
俄羅斯要從睡夢中甦醒，
在專制暴政的廢墟上，
將會寫上我們姓名的字樣！

在《自由頌》中，普希金對那些自稱為「蒙上帝的恩惠」的統治者沙皇說道：

君主們！授予你們皇冠和寶座的
是法律——而不是大自然——
你們站在人民之上，
但高過你們的是永恆的法律。

一八二五年十二月十四日，「十二月黨人」發動了武裝起義。不幸的是，起義失敗了。沙皇野蠻地絞殺了五個起義首領，殘酷地向西伯利亞流放了一百多名革命黨人。

密探們將普希金的大量鼓吹暴力，煽動革命的詩歌交到了沙皇手中。他們說，「普希金公開地，甚至在咖啡館裏，不只是罵軍官，而且還罵政府。」

沙皇雷霆震怒，也要流放普希金。茹柯夫斯基百般求情，沙皇才改判普希金到南俄殖民總督英索夫將軍麾下服務。

一八二六年五月六日，普希金離開聖彼德堡，開始了他並不比流放西伯利亞好多少的南方之行。

南方陰雨潮濕的天氣和泥濘濕滑的道路，嚴重損害了普希金的健康，但絲毫沒有衰減普希金的革命激情，他依然用筆，在潔白的信箋上製造萬丈波瀾：「你，狂風，暴雨，掀起巨浪／摧毀那死亡的堡壘吧——／你，雷雨，那自由的象徵，正在那兒／高飛過不自由的水浪。」

沙皇卻沒有忘記普希金。這個喜怒無常、剛愎自用的君王，有一天突然心血來潮，讓侍衛立即帶普希金來見他。秋天的一個深夜，普希金正在鄰居家聚會、聊天，便被聖彼德堡來的士兵帶離而去。以至於他的老奶娘阿林娜，披頭散髮、驚慌失措地滿街尋找普希金的下落。

沙皇的侍衛趕著馬車，帶著普希金日夜兼程趕往莫斯科。沙皇正在那兒的克里姆林宮裏。風塵僕僕五天之後，他們來到了城門之下。士兵們既不讓普希金休息一下，也不讓他換下骯髒的衣服和剃一剃鬍鬚，就徑直把他送到了沙皇的書房中。

一場載入史冊的對話開始了。

沙皇問：「普希金，假如你也在聖彼德堡，你會參加十二月十四日的那次起義嗎？」

普希金大膽地回答：「一定會的，陛下。我所有的朋友都參與了，我不會不參加的。只因為我不在當地才得免於難。」

沙皇又問道：「假如現在給你自由，你能不能改變你的思想和行為。」

普希金沉思良久，點頭應允了。

沙皇顯得很高興，說道：「你現在寫什麼呢？」

「差不多什麼都沒有寫，陛下，因為檢查太嚴厲了。」

「那你為什麼要寫通不過檢查的東西呢？」沙皇不高興地追問道。

「檢查官們也不放過那些最無辜的東西。」

「好吧，我親自來當你的檢查官，把你所寫的東西都送到我這兒來。」

說著，沙皇挽起了忐忑不安、手足無措、心情複雜的普希金的手，走出了書房，向那些聚集在大客廳裏的大臣們宣佈說：「諸位先生！這是一位新的普希金，讓我們把舊的忘掉吧！」

普希金如芒刺在背，極不自在。

普希金在莫斯科定居下來。三十歲那年，在一個上流社會的聚會上，他認識了十六歲的娜塔莉婭・尼古拉耶夫娜。普希金立即被娜塔莉婭驚人的美麗擊倒了。他狂熱地愛上了她，並馬上向她求婚。娜塔莉婭的父母以女兒太小為藉口，冷淡地拒絕了普希金的求婚。

普希金幾乎在失戀中瘋狂了。第二天，他便找了個藉口奔赴高加索前線。那裏，俄羅斯的哥薩克士兵正同土耳其人激戰。普希金勇敢地離開了龍騎兵的隊伍，揮舞著長矛，獨自向土耳其的軍隊衝了過去。俄國的將士們驚呆了。費了好大的勁才把普希金拖了回來。他們不知道，普希金正是想用這種自殺式的攻擊方式結束自己的生命。

經過兩年的不懈追求，一八三一年二月十八日，普希金終於與娜塔莉婭步入了結婚的教堂。普希金興高彩烈地招呼著親朋好友，儼然一個天下最幸福的新郎。婚禮上，交換結婚戒指時，娜塔莉婭沒有拿好，竟然將普希金的戒指掉在了地上，正在這時，一陣風吹來，普希金手中的蠟燭又熄滅了。迷信的普希金嚇得臉色慘白，囁嚅道：「這不是好兆頭啊！」

普希金深愛著他的妻子，可夫妻兩人絲毫沒有精神上的交流。娜塔莉婭對文學和詩歌毫無興趣，她對於丈夫緊張的創作生活和精神世界，沒有任何的幫助和理解。當普希金充滿了創作激情，跑到她面前，把自己的新詩讀給她聽的時候，娜塔莉婭總是叫道：「我的天啊，普希金，你為什麼總是拿你的詩來煩我！」

娜塔莉婭唯一感興趣的就是時髦的裝束和上流社會的聚會。她的奢華的生活，耗掉了普希金大把的金錢，佔用了他寶貴的時光。而娜塔莉婭的時間，是在不斷娛樂、歡宴和舞會中度過的。她凌晨四五點鐘才回家，起身很遲，早晨從中午開始，晚上八點才吃午餐。午餐過後，又該換裝出門了。而這一切，都需要普希金陪同。他每晚都穿梭在舞會之間，站在牆邊，疲憊地看著跳舞的人，困倦極了，呵欠連天時，就吃霜淇淋提神。果戈理說：「除了在舞會上，什麼地方都找不到他。他就這樣消磨掉了他全部的生活。」

沙皇早就風聞了娜塔莉婭的美豔，一直割捨不下。回到聖彼德堡後，他找了個機會，將普希金調到了宮中，並親自授意，將普希金的家安在了莫伊卡街十二號。

這是一個幽靜的去處。從莫伊卡街十二號的大門出來，馬路對面就是一座精緻的小橋。走上這橋，跨過莫伊卡河，右拐幾步，便是冬宮廣場漂亮的拱門。穿過拱門，繞過亞歷山大一世紀念碑，便是皇宮那巍峨的正門了。這裏距冬宮僅一箭之遙。

普希金時常被沙皇召進宮中，又是為彼得大帝寫傳記，又是修改詩歌，常常忙得徹夜不歸。而娜塔莉婭更是請柬不斷，入宮參加盛大舞會。沙皇還佯裝散步，在普希金家門口逡巡徘徊。普希金不止一次地聽到沙皇對娜塔莉婭說，你晚上睡覺為什麼要掛上窗簾呢？

普希金完全信任自己的妻子，可娜塔莉婭的虛榮和放浪讓詩人痛苦萬分。沒有人敢指責沙皇，普希金也沒有真憑實據。他只是本能地感到，他的第三個兒子已完全沒有了詩人文弱、典雅的氣質，而是頗像慓悍、強壯的沙皇尼古拉一世。

一八三四年，年輕的法國人喬治・丹特士遊歷到了聖彼德堡。丹特士身材高大，自命不凡，活潑而又機警，算得上是個美男子，在聖彼德堡的社交圈子裏大受歡迎。丹特士與娜塔莉婭一見鍾情，擦出了愛情的火花。兩個人時常背著普希金出席各種盛裝舞會和宴飲場合，夜夜笙歌不思歸。

普希金終於找到了發洩自己一腔怨氣的出氣筒。一八三六年年底，在收到一封辱罵他為「烏龜」的匿名信後，普希金向丹特士提出，用決鬥解決他們之間的恩怨。

丹特士的義父格克倫著急了。格克倫是荷蘭駐俄公使，他知道，無論決鬥結果如何，都將嚴重影響丹特士的前程。他巧舌如簧，以丹特士正與娜塔莉婭的姐姐葉捷傑林娜談戀愛為藉口，壓下了這場決鬥。丹特士也果然在一八三七年初，與葉捷傑林娜成婚。這樣一來，丹特士與普希金就成了連襟，娜塔莉婭就是他的小姨子了。他以這層關係為藉口，更加肆無忌憚地繞著娜塔莉婭的裙子轉來轉去。

普希金的忍耐到了極限。一八三七年二月七日，普希金給格克倫、丹特士父子寫了一封激憤之信，大罵了他們兩人的無恥行徑。這個時候還縮頭不前，那非被世人恥笑不可。逼上懸崖邊的丹特士，向普希金扔出了表示決鬥的白手套，普希金坦然接受。決鬥就定在隔天舉行。

那殘酷的一刻真的來臨的時候，普希金反而心如止水，鎮定自若了。二月八日早晨，普希金早早地起了床，他的心情出奇地愉快和平靜。喝過茶之後，就坐下來繼續寫作他的《彼得大帝傳》。這時候，丹特士的決鬥助手達爾夏克差人送來了一封信，要普希金的助手去與他磋商決鬥事宜。普希金這才知道，居然還需要一個助手。他急忙出門，在潘傑萊蒙諾夫斯克大街上，他偶然遇到了中學同學、現任工兵中校唐札斯。他讓唐札斯擔任他的決鬥助手，唐札斯一口答應了。達爾夏克和唐札斯擬定了決鬥規則，形成了書面約定。瞧著唐札斯帶回來的文件，普希金看也沒看就同意了。甚至是在決鬥來臨的最後時刻，他才委託唐札斯去為他買一把手槍。

中午過後，普希金在涅瓦大街上的文學咖啡館裏從容地喝了一杯咖啡，吃了幾塊點心之後，便與唐札斯乘上雪橇，向決鬥地點——聖彼德堡郊外黑溪邊上衛戍司令官的別墅進發。丹特士幾乎與普希金同時到達。他們走進矮樹叢，選擇了一塊平坦的空地。地上落滿了厚厚的白雪，兩個助手和丹特士在雪地上踏出一條直直的小道，唐札斯和達爾夏克脫下大衣，放在小道的兩頭，作為開槍的地點。

普希金裹著熊皮大衣，坐在雪堆上，靜靜地看著他們忙活，間或，他會不耐煩地問一句：「吺，怎麼樣了，弄好了沒有？」

一切都準備好了。兩人被安排在距射擊點相等距離的位置。兩個助手把手槍遞給了普希金和丹特士，以唐札斯揮帽為號。

唐札斯把帽子舉過頭頂，用力地揮了兩下。普希金和丹特士迅速向各自的射擊點跑去。丹特士在距射擊點還有一米多遠的地方，率先開槍。普希金應聲撲倒在地，臉朝下倒在大衣上，昏死了過去。兩位助手和丹特士跑到了普希金的身前。普希金慢慢甦醒過來。槍響的一剎那，普希金感覺腰部被猛地撞了一下，馬上覺得腹部有一股熱流在蠕動。普希金抬起頭來說道：「等一等。我覺得我還有足夠的力量開槍。」

丹特士也算紳士，他走回到了他的射擊點等待著普希金，只不過他要了一個小小的花招。他是以左側身子面朝普希金的，右手護在了心臟上，左手按在了腰腹間。

普希金爬起身來跪著，半斜著身子，舉起了手槍，他瞄了好長時間，終於扣動了扳擊。槍聲響過之後，丹特士倒下了。普希金把手槍拋向空中，叫道：「好啊！」

接著便重新昏倒在雪地上。

丹特士只是被射擊的衝擊波打倒在地。子彈穿過了他肥厚的左手，又打到了褲子的銅鈕扣上。就是這個銅扣，救了他一命。

普希金再次醒過來後問達爾夏克：「我打死他了嗎？」

「沒有，你只是打傷了他。」

「真奇怪，」普希金說道，「我想，我一定可以痛快地把他打死的，……等我們恢復了的時候，那時再來。」

傍晚時分，助手們把身受重傷的普希金送回了莫伊卡街十二號。娜塔莉婭一看到丈夫的樣子，便立即暈了過去。

二月九日清晨六點，紹爾茨醫生被請去為普希金診治。一進房間，普希金就大聲清晰地問：

「請您直說，我的傷勢如何？」

紹爾茨認真檢查了傷口之後說：「我不瞞您說，您的傷很危險。」

「請告訴我，槍傷是致命的嗎？」

「我覺得有義務坦率地告訴您真相，但我們還要聽一聽阿連德和薩洛蒙兩位醫生的意見，已經派人去請他們了。」

「謝謝您對我如此坦誠。我必須安排我的家事。」

「您是否想見一見您的知己好友？」紹爾茨問。

「永別了，朋友們！」普希金望著近處的書架說道，「難道您認為我已經連一個小時也活不上了嗎？」

「不，不是。我只是覺得您見一見某一位知己朋友，會減輕您的痛苦……」

普希金的骨盆被打碎了，內臟受傷很重，以當時的醫療手段，醫生們束手無策，只等眼睜睜地看著病人因感染慢慢死去。在經歷了最初的劇痛之後，普希金不再高聲叫喊，不再呻吟，靜靜地等待著踏上天國的那一刻。近幾個月來不斷在他心裏沸騰著的惡意和憤怒，現在都消逝了。他變得安靜、溫良而平和。朋友們覺得，實際上普希金在尋求死，樂於死，他把死亡當作了擺脫他自己這種無出路絕境的一個最好的辦法。

二月十日下午兩時四十五分，在經歷了兩天痛苦的折磨之後，普希金握著他的朋友、醫生兼作家達里的手，離開了人世，走完了他三十七歲的短暫生命歷程。臨終前，普希金清楚地說了一句：「生命完結啦！」

我推開普希金故居厚重的木門，穿過長長的門洞，內裏是一個靜雅的四方小院。普希金的全身塑像立在院子的中央，塑像的銅製名牌上插著一枝鮮豔的玫瑰，顯然有人剛剛來過。普希金的故居在東邊的二層小樓中，已經過了開放的時間，故居內室是進不去了。資料介紹，故居內保存著詩人生前使用過的書桌、書架，長沙發，還有決鬥那天早晨普希金正在編輯的《現代人》雜誌的稿件和他正在閱讀的《俄國歷史童話》。客廳的衣架上，還掛著普希金決鬥時穿的熊皮大衣和坎肩。寫字臺的抽屜裏，靜靜地躺著決鬥時使用的那把手槍，最不可原諒的是那把無用的手槍。你為什麼就不能率先擊發呢？瞄準射擊時，你為什麼不能將槍口再抬高哪怕是一點點呢？

小院的南二樓上，似乎是一個聲樂培訓班，悠揚的和聲在鋼琴的伴奏下飄落下來，趕走了秋日的肅殺和故居的沉寂。一八三七年二月十日傍晚，這裏卻不是這般安靜的。得知了普希金的死訊，人們從全城的四面八方彙集到這裏，房前屋後窄窄的馬路上，居然聚集了三四萬人。人們在街上攔住馬車，只需要說一聲：「去普希金家。」馬車夫就能把你準確地送到這裏。人們憤怒了。無情地斥責著，憤憤地議論著……沙皇起初對普希金的死毫不介意，甚至有點幸災樂禍，心中竊喜。皇宮門外聚集的人群讓他心驚。他只好下令驅逐了丹特士，並安排軍士到現場值勤。當然，沙皇絕對不希望普希金之死成為人民反抗的導火索。趁著暗夜，他命令將普希金的棺木移出莫伊卡街十二號，匆匆拉到墓地安葬了。

我們無法猜測，普希金是以什麼樣的心情，在那個寒冷的冬天的正午，毅然走出莫伊卡街十二號這個小小的院落的；我們更無法推測，從身負重傷到悲慘去世的這兩天當中，詩人那睿智的大腦中閃現的是什麼樣的靈光！是的，普希金的肉體是痛苦的，但他的精神是愉悅的，他的心靈是平和的，無悔的。因為，這畢竟是他自己選擇的走向他的精神聖殿、走向尊嚴、走向天國的唯一道路。

聽，偉大的詩人在天國為我們吟唱呢：

假如生活欺騙了你，
不要悲傷，不要心急！
憂鬱日子裏須要鎮靜：
相信吧！快樂的日子將會來臨。

普希金自己卻沒有等到「快樂日子」的來臨。

究竟是誰「欺騙」了普希金呢？

在他握著手槍走向決鬥場的那一瞬間，普希金已經死了。他是被妻子娜塔莉婭的羞辱殺死的。他是被沙皇尼古拉一世的專制「殺」死的。

主要參考文獻

【俄】布蘭得利・伍德沃斯、康斯坦斯・理查茲著，李巧慧、王志堅譯，《聖彼德堡文學地圖》，上海交通大學出版社，二〇一一年七月第一版。
【俄】普希金著，查良錚譯，《普希金抒情詩選》，譯林出版社，一九九一年三月第三版。
高莽著，《俄羅斯大師故居》，中國旅遊出版社，二〇〇五年一月第一版。
童道明著，《閱讀俄羅斯》，上海三聯書店，二〇〇八年一月第一版。

托克維爾的
平等

托克維爾的平等

托克維爾也算是沽名釣譽，浪得虛名。他佔據了世界民主與平等的「名人堂」整整一百八十年。

托克維爾五十四年生命歷程中的絕大多數時間，是在焦灼和矛盾中度過的。世人對他的誤讀實在太多太多。法國人與生俱來的浪漫和膚淺，讓他自己把自己推向了尖銳的道德評判和思想抉擇的最前沿。

托克維爾出身於法國傳統貴族，幾代以來都與王室有著密切的交往，但他始終對於平民的解放和翻身，歡呼不已，讚賞有加。

托克維爾以從未有過的熱情讚揚著美國的民主，他將在美國將近一年的遊歷見聞，洋洋灑灑地成就了一本煌煌巨著《論美國的民主》。但他卻可以在這本書的同一章內、同一頁內，甚至上下不差幾行之間，既表現著對民主的不懈追求，又表露出對民主的深深恐懼。他擔心民主是一種新的暴政，是思想一統的另一種表現形式，是消溶社會活力的最大殺手。

托克維爾支援社會底層人民的革命，反對專制和王權，但當工人階級真的拿起武器進行暴力革命時，托克維爾卻驚恐萬狀，他甚至連朋友家中小保姆翻身做主人的玩笑話都不能容忍。他居然拙笨地揮舞著手槍，隨著鎮壓革命的政府軍衝向了巷戰的戰場。只是，慘烈的戰鬥和橫飛的血肉，讓他兩腿發軟，肱骨瑟瑟，除了可恥地逃脫，他實在沒有別的選擇。

托克維爾率性而為，相信直覺和眼見的事實。他本無意於學術和理論體系的創建，他甚至公開表明「厭惡體系」，但《論美國的民主》第一部發表之後，面對如潮的好評，他有點把持不住自己。他設想著在接下來的第二部中，構建他自己的民主、平等與自由的架構和譜系。他沒有經過嚴格的學術訓練，缺少學術的深入研讀和體系的艱難探索，《論美國的民主》第二部寫成了一個無所不包的大雜燴，前後矛盾，表述不一，否定與自我否定交替出現，在全書的最後幾章，甚至跑了題，東拉西扯，隨意勾連。學養和精力的嚴重不足，使托克維爾陷入了一種尷尬境地。

所有這一切不可遏止的焦灼和思想意識的尖銳矛盾，其實，都可以從托克維爾的家庭背景中尋找到答案。人是社會的產物，環境塑造性格；家庭，是每一個人鍛造成為社會公民的第一塊模具。

托克維爾家族是法蘭西的傳統貴族。幾個世紀以來，這個家族位高權重，地位顯赫，與王室保持著密切而友好的關係。托克維爾的曾祖父，甚至代表王室參與訴訟，在法庭上維護著法國皇帝的利益。法國著名浪漫主義散文家夏多勃里昂是托克維爾的親叔叔，兩人之間有著扯不斷的血緣關係。一七八九年，那場喧囂的法國大革命，是平民向貴族的第一次反抗。等級制度的桎梏，終於被革命的百姓砸碎在地。協和廣場的正中央，搭建起了巨大的行刑臺，臺上高聳著嚇人的斷頭機，在「廣場革命」一聲高過一聲的歡呼中，法王路易十六的頭顱在行刑臺上翻滾，路易十六王后那白晰而纖細的脖頸，輕易地被齊齊斬斷；托克維爾的外祖父，也在這巨大的喝彩聲中身首異處。

血腥還未遠去的一八〇五年，托克維爾來到了這個世界。那是一個舊制度還未垮臺，新世界尚未建立的過渡時期。成年後的托克維爾這樣說：「我出生之時，貴族制度已然死亡，但民主制還根本不存在；因此我的本能不能不驅使我盲目地轉向這一方或那一方……」

搖擺中的成長是痛苦的，這在托克維爾身上體現得尤為鮮明。早年，托克維爾由一名家庭教師啟蒙，然後進入梅斯皇家中學，接受修辭和哲學課程的教育。這是法國貴族必備的基本素養。一八二三年，皇家和貴族不斷地式微，托克維爾轉入了公立中學，接受傳統的古典教育，算術、幾何、代數成了必修課程，少量的希臘文，大量的拉丁文，甚至包含演講藝術和詩學，在這所有課程會考通過之後，托克維爾獲得了業士學位，相當於今天的高中畢業。獲得業士學位的同一年，托克維爾考入了巴黎大學法律系，於一八二六年畢業，獲得學士學位；隔年，被任命為凡爾賽法院的助理法官。在從高中到大學的求學期間，十六歲的托克維爾偷偷閱讀了父親豐富的藏書。他在這些珍貴的藏書中，發現了以盧梭為代表的十八世紀的哲學家們，這給了托克維爾電光火石、醍醐灌頂般的啟示。托克維爾把後來自己宗教信仰的失落，歸諸於對這些哲學家著述的閱讀和思想的啟蒙。

一八三〇年七月，法國爆發了七月革命。年輕的托克維爾投身到了這場社會變革之中，幸運地成為了七月王朝的一名眾議員。他第一次有了在議會上表決和發言的權利。這讓剛剛二十五歲的托克維爾多少有些躊躇滿志。

七月三十日清晨，托克維爾在凡爾賽宮中的外環路上，遇到了查理十世國王的幾輛馬車。馬車上的王室徽章已經被油漆有意塗掉，馬車排成一列縱隊緩緩而行，像出殯似的。見到這一淒涼的景象，托克維爾內心深處的貴族情節被瞬間觸動，他不禁淚流滿面。他知道，他遇上了遜位國王的車隊。七月革命推翻了查理十世的統治。新的國王即位，查理十世只有被逐出凡爾賽宮。

革命也好，復辟也罷，在托克維爾的心目中，法國社會動盪不寧的幾十年，貌似在尋求社會變革之路，實則並沒有找到通向現代社會的正確途徑。在一八二七年至一八三〇年的將近三年的時間裏，托克維爾與他的好朋友、同是地區法官助理的古斯塔夫・德・博蒙，開始一起閱讀歷史和政治經濟學，以填補他們學養中的某些空白。他們特別聆聽了基佐講授的文明史課程，探討社會文明進步的種種成功範式。托克維爾認識到，在這些文明社會中，「社會預備好了一切；個人付出的是出生之痛；除此而外，社會包攬了他的撫養，關注他的教育」。那時的托克維爾已經認識到，在法國，國家應該領導和「自己花錢辦教育，以確保教育避免成為他人手中的一個致命武器」。

一八三〇年年中的某一天，托克維爾和博蒙向政府提出了赴美國考察監獄制度的申請。他們二人認為，在法國，貧困階級的無知，可能成為一個「犯罪的根源」，而「通過適當的初等教育可以預防罪犯的大量增加」。他們想去美國的監獄和青少年收容所裏看一看，「透過合理安排的培訓和教育」，如何使在押人員和失足青年獲得「新生」。

那個時代，出國考察並撰寫有影響的考察報告，是使人出名和進入仕途的絕佳手段。例如，維克多·庫贊一八三一年受命考察普魯士的國民教育，他的報告《若干日爾曼國家特別是普魯士的國民教育》，啟迪了一八三三年的基佐法案，庫贊本人也在一八四〇年成為法國國民教育部長，法國貴族院議員和皇家大學委員會成員。一八三三年，巴黎大學文學院教授聖馬克·吉拉爾丹也赴德國考察，他的報告《德國南部的中間教育及其現狀》，成為基佐建立高級小學的依據。

幸運的托克維爾和博蒙，順利獲得了政府的批准。一八三一年四月二日，他們乘船離開法蘭西，橫渡大西洋，於五月九日抵達美國。在美洲大陸縱橫交錯，南北奔波了九個多月後，於一八三二年二月二十二日離美回國。

其實，托克維爾和博蒙也是奔著美國的教育制度去的。在托克維爾和博蒙考察美國時，這個年輕的合眾國已經走過了半個世紀生機勃勃的建國歷程，他們最偉大的國父之一湯瑪斯·傑弗遜不遺餘力地推出的全民教育法案，已經在北美大地上結出了成功的果實。托克維爾這樣表述他的感受：

> 我至今所見到的屬於若干社會階層的所有人員，使我感覺到不應該懷疑教育的好處。每當告訴他們說在歐洲對這個問題的看法並非普遍一致時，他們從來不乏微笑。他們一致認

為，對於一切人都有用的知識的傳播，乃是像他們那樣的自由的人民的一種絕對的必須，在他們那裏，根本不存在取得選舉權的納稅額或者獲得當選資格的納稅額限制。這是我覺得在一切人的頭腦中萌生的一個理念。……我還不瞭解在這裏被認為是半教化的弊病的東西，而在我們那裏，這樣的弊病比比皆是。但我覺得在歐洲用來反對知識過度傳播的最重要的論據在這裏不適用。因此：一、宗教道德在這裏比世界其他地方較少遭到排斥。這裏不存在宗教和科學之間的任何敵對；二、同世界其他地方相比，人們很少擔憂大量的人因教育超出了他們的機遇而給一個國家造成麻煩，或者他們的不安可能導致社會動盪。這裏，大自然提供的資源依然十分豐富，人的一切努力取之不竭，以至沒有任何道德力量、知識活動找不到便捷的食糧。

托克維爾發出這些感慨時，是一八三一年六月一日，也就是他剛剛抵達美國二十幾天的感受。他還來不及做認真的梳理，他的見聞還不廣博，他的調查還不深入。但是，美國社會對他的巨大衝擊力是顯而易見的，義務教育、平等選舉、宗教自由，乃至地大物博、物產豐饒等等，都一古腦地湧進了托克維爾這篇不長的記敘當中。

隨著考察的日漸深入，托克維爾和博蒙發現了語言對他們造成的障礙。對於英語，他們完全能夠聽得懂，但說起來卻不夠流利，常常因為詞不達意而陷入尷尬。托克維爾是認真的，他與博蒙起草了詳細的調查問卷，要求受訪者準確、如實回答，對於一些政府官員和社會名流，托克維爾還要求他們寫出書面報告。幸虧美國各級政府和社會部門，對托克維爾和博蒙的考察訪問高度重視，對於他們想要閱讀的政府文件，全數開放；對於他們的調查問卷，詳盡回答；對於他們的實地考察，儘量安排。於是，在美國廣袤的土地上，到處都留下了這兩個法國人忙碌的身影。

在關於「國民教育」專題的調查問卷中，托克維爾設計了這樣一些他急於瞭解的問題：

你接受的是哪一種國民教育體系？

在小學裏學些什麼，用什麼方法學習？

一般從哪個階級選擇學校老師？他們是教士嗎？

在小學與高等的大學教育之間存在若干中間的學校嗎？

宗教在學習中占多大部分？

在小學裏是否教孩子學習他們國家的某些歷史和法律概念？

是否有大量的人受到比初等教育更高的教育？

教育的結果都是好的嗎？

你們是否認為一個人在接受了比他的社會地位高的教育之後，就會變成一個不安分和愛鬧事的公民？

學校是否受到某種審查或監督？這種監督是怎樣行使的？它以什麼為支撐？

最後的幾個問題，明顯地有了社會思考的意味。托克維爾問：「在基礎的或者更高一級的所有國民教育設施中，教育是建立在宗教基礎上的嗎？你們認為給予最底層的民眾階級的教育不輔以宗教，也會產生好的效果，而且沒有危險嗎？」

不知從來到美國的哪一天開始，托克維爾突然對美國的民主制度產生了深厚的興趣。法國普瓦捷大學講師洛朗斯・蓋萊克說，托克維爾是在訪問了幾個月之後，才被美國征服的。如果從認識論的漸進性分析，或是對美國教育狀況的考察，引發了托克維爾的民主思考。總之，他像電光火石的爆閃，一瞬間鍾情於美國民主與平等的研究。他將考察美國教育狀況和監獄制度的「重任」，完全推到了博蒙身上，而他自己，則成了美國民主制度的忠實記錄者和思考者。

一八三二年二月二十二日，托克維爾與博蒙離美回國。在返程的航船上，他們詳細討論了訪美考察報告的結構內容之後，托克維爾幾乎便將所有的起草工作交給了博蒙。他陷入了難以自拔的激動之中，他要用他最熱烈的情感和最優美的文字，去讚頌美國的民主和平等的偉大成就，向法國人民、乃至全世界人民，介紹人類社會迄今為止無與倫比的民主制度。

三年的激情澎湃，三年的宵衣旰食，一八三五年，托克維爾《論美國的民主》上卷終於出版發行，引起了巨大的轟動。這應該在托克維爾的意料之中，因為在那時的世界上，還沒有人真正研究過美國國父們在設計國家管理和運行方面的良苦用心。

一八三五年，距美國獨立僅僅五十九年，距美國憲法制定僅僅四十六年，距美國人民按照憲法規定選舉出自己的政府，也僅僅四十四年。沒有人在這個領域中下過工夫，做過認真的思考。

敏感的托克維爾做到了。

托克維爾在《論美國的民主》開篇寫道：

我在合眾國停留期間見到一些新鮮事物，其中最引我注意的，莫過於身分平等。我沒有費力就發現這件大事對社會的進步發生的重大影響。它賦予輿論以一定的方向，法律以一定的方針，執政者以新的箴言，被治者以特有的習慣。不久，我又看到這件大事的影響遠遠大於政治措施和法律，而且它對政府的鉗制作用決不亞於在公民社會的這種作用。它不僅在製造言論，激發情感，移風易俗，而且在改變非它所產生的一切。因此，隨著我研究美國社會的逐步深入，我愈發認為身分平等是一件大事，而所有的個別事物則好像是由它產生的，所以我總把它視為我的整個考察的集中點。

至此我們可以明白，托克維爾為什麼轉變了他的關注焦點。平等，是認識美國社會的鑰匙；教育制度、公民社會、權力制衡等，離開了平等的前提，一切都無從談起。托克維爾對平等的讚美是發自內心的：

平等的逐漸發展，是事所必至，天意使然。這種發展的主要特徵是：它是普遍和持久的，它每時每刻都能擺脫人力的阻撓，所有的事和所有的人都在幫助它前進。

托克維爾尤其用法國的貴族制與美國的民主制進行比較：

民主的法制一般趨向於照顧大多數人的利益，因為它來自公民之中的多數。公民之中的多數雖然可能犯錯誤，但它沒有與自己對立的利益。貴族的法制與此相反。它趨向於使少數人壟斷財富和權力。……因此，一般可以認為民主立法的目的比貴族立法的目的更利於人類。

先賢在這一點上，倒是容易達成驚人的一致。一七八七年一月三十日，湯瑪斯・傑弗遜在致麥迪森的信中，表達過對民主與專制的極端比喻。傑弗遜說：「寧要自由的危險，也不要奴役的安靜。」

托克維爾是帶著「七月革命」後的巨大困惑前往美國的。查理十世的垮臺自有法國憲章運動的無法彌補的缺憾，但七月革命的不徹底變革，讓托克維爾對前途失去了信心。年輕的托克維爾多年來始終確信「我們正在被一股不可抵抗的力量推向無限民主」，但民主對現有政治制度造成的衝擊究竟有多麼深刻，赴美之前的托克維爾是無法預料的：

當我將這些理念（指民主制度）應用到法國的時候，禁不住想憲章註定是短命的。路易十八在政治領域建立了貴族政治制度，但是在民法典中保留了具有如此強大腐蝕力的民主原則，這必將在很短的時間內破壞他建立的大廈的基礎。查理十世的失誤無疑大大加快了整個過程，但即使沒有他，我們也已經朝著這個方向走去。

美國的考察經歷，無非是更加夯實了托克維爾頭腦中民主制度的基石。在他看來，美國是一個純粹的民主國家，沒有受到任何貴族制殘餘或者允許貴族制度原則復甦的東西污染。他曾經寫道：

我在歐洲聽到有人說，美國有貴族傾向。講這些話的人錯了，很少有比此更容易做出的論斷了。實際上，在一些州，民主正在跳躍式地飛速進步，而在另一些州，民主已經開花結果，得到可以想像的最充分的發展。它影響著傳統習俗，法律，以及大多數人的輿論。那些反對民主的人，如果還有前進之心，那麼就應該收斂他們的敵對態度，轉而舉起民主的旗幟。

《論美國的民主》上卷的巨大成功，為托克維爾戴上了無數耀眼的光環。一八三八年，他昂首邁進了法國人文與政治學院的大門；而此刻，法蘭西學院正醞釀推舉他為最年輕的院士。這一切，對於三十出頭的托克維爾來說，無疑是巨大的榮耀。

在這種亙古鮮有的榮譽面前，很少有人能準確地把握住自己。托克維爾同樣飄飄然了。

托克維爾突發奇想，要完成對民主體系的架構和分析，探討民主制度發展的趨勢和影響，他對比了蒙田和夏多勃里昂。蒙田是他崇拜的隨筆大家，年紀輕輕的時候，蒙田便辭去公職，遠離俗事，躲進父親遺留給他的城堡裏讀書寫作，在法國首度創出了「隨筆」這種影響久遠的寫作形式；夏多勃里昂是他的長輩，著名浪漫主義散文家。激情澎湃的夏多勃里昂，風雲際會般地遭遇法國大革命，像「太陽奇蹟般地升起」，他在《信使報》發表的大量犀利的文章，總會使他成為王室和社會公眾關注的焦點。但是，托克維爾清晰地感覺到，無論是蒙田還是夏多勃里昂，他們都缺少一種理論體系的架構，缺少一種系統闡釋各自思想和觀點的集大成之作。托克維爾決心在《論美國的民主》下卷中，完成他自己的體系建設。其實，就托克維爾的個人氣質和學術背景而言，他是不適宜做理論研究和體系架構的，他多愁善感，敏感警覺，對現實充滿著期待，對未來充滿著嚮往，他像所有積極入世的熱血青年一樣，企盼在社會大變革中一試身手，建功立業。

的確，正如美國麻省理工學院歷史學教授亞瑟・卡勒丁指出的那樣，托克維爾自己厭惡思想「體系」。對托克維爾的過分苛求是不公正的，儘管限於種種理論不成熟的限制，但他畢竟完成了對於闡釋一切民主文化的未來特徵的獨創性啟示。

《聖經》曰：「人類一思考，上帝就發笑。」托克維爾對民主的思索，將他自己繞進了一個解不開的怪圈之中，讓一百八十年之後的我們訕笑不已。

托克維爾承認，隨著舊的社會義務、傳統和秩序體制漸趨消失，民主促使個人擁有非常大的獨立性；但在同時，民主也隱藏著各種強大的趨勢，來建立一個更廣泛的、新的強制制度，從而大大加強「社會權力」。托克維爾說：

實際上，平等可能產生兩種傾向，一種傾向是使人們逕自獨立，並且可能使人們立即陷入無政府狀態；另一種傾向是使人們沿著一條漫長的、隱而不現的，但確實存在的道路上走上被奴役的狀態。

不知托克維爾出於何種想像，為民主制度的未來畫出了兩種前景：要麼無政府主義；要麼專制主度。這是托克維爾對民主制度的斷章取義，或者乾脆說，是他對民主制度缺乏深刻認識的必然結果。尤其是在民主的操作層面，托克維爾可以說是一無所知。

托克維爾將民主制度下生存的「個人」和在民主制度下行使權力的「政府」完全割裂開來，對立起來，並由他的主觀推斷出發，引發了對民主的恐懼和焦慮。他寫道：

我認為，到那時候將出現無數的相同而平等的人，整天為追逐他們心中所想的小小的庸俗享樂而奔波。他們每個人都離群索居，對他人的命運漠不關心……至於其他同類，即使站在他們的身旁，他們也不屑一顧。他們雖與這些人接觸，但並不以為有這些人存在。

托克維爾用擬人化的手法描繪這種社會風氣：

他用一張其中織有詳盡的、細微的、全面的和劃一的規則的密網蓋住整個社會生活。……他並不踐踏人的意志，但他軟化、馴服、指揮人的意志。……他什麼也不破壞，只是阻止新生事物。他不實行暴政，但限制和壓制人，使人精神頹靡、意志消沉和麻木不仁，最後使每個民族變成一群膽小而會幹活的牲畜，而政府則是牧人。

他又寫道：

在過去的半個世紀中間，中央集權已在各處以千百種不同的形式擴大了。戰爭、革命、征服都促進了中央集權的發展，所有的人都為擴大中央集權出了力。在此期間，一些人一個接著一個像走馬燈似的相繼主持大權，他們的思想、他們的利益、他們的感情千變萬化，各不相同，他們都想以某種方式實行中央集權。實行中央集權的本能，顯示出他們生活和思想的多端變化中的一個永恆特性。

這種驚人的偏見，與無知已不相上下，除了煽情，毫無益處。托克維爾難道不知道，美國總統是有任期的。他難道不曉得，總統和國會根本不可能隨心所欲行使權力，憲法是最高的約束，三權分立是極大的制約因素。

卡勒丁精闢分析過這種「民主恐懼症」，他指出：

衰落、頹廢及衰弱，沉淪於簡單劃一，平等主義的暴政，對於暴虐的未來或者徹底令人厭煩的未來的恐懼，凡此種種縈繞著浪漫主義思想的怪影，隨著信仰的淪喪即基督教被理性主義所毀滅而產生的對文化和社會癲狂思潮的畏懼，更得到滋養生長。

托克維爾卻令人驚訝地提出，毀滅民主的不是火，而是冰。也就是說，不是陷入無政府狀態的歧途，而毋寧說是最終使人的精神凝固的過度有序的極端。托克維爾認為，民主的「良知」與其說是勇於進行激進試驗或者革命的，毋寧說是謹小慎微，懦弱和膽怯的。

《論美國的民主》下卷並沒有獲得托克維爾期待中的巨大成功。也就是說，托克維爾試圖建構的思想體系並不成功。這令托克維爾鬱鬱寡歡，很不開心。

美國哈佛大學亨利・福特第二學院社會科學名譽教授、托克維爾研究會會長丹尼爾・貝爾，指稱托克維爾「站在歷史的十字路口」。貝爾指出：「理解托克維爾思維方式的出發點，他的考察焦點，乃是社會和政治現象之間的區別。這並不是十八世紀以前的思維模式，而來源於亞里斯多德與首先提出這種區別的孟德斯鳩之間的差異。」

亞里斯多德在《政治篇》中寫道：「人天生就是想要生活在城邦中的動物。」

孟德斯鳩在《論法的精神》中將人的集聚分析為「精神因素」和「天然因素」兩大成因。他指出：「人受各種原因影響，其中包括氣候、宗教、法律、管理的準則；還有慣例、道德和習俗，由此形成了一種突顯的普遍精神。在每個國家中，如果這些原因中有一個更有力地發生作用，那麼其他原因的作用相應將在同等程度上減弱。」

托克維爾極度景仰孟德斯鳩，在分析美國民主制度產生的成因時，他復原了孟德斯鳩的「精神」，他說：「在美國，就保持民主共和而言，法律遠比自然的原因重要，而習俗遠比法律重要。」托克維爾把「習俗」拓展為廣泛得多的「社會形態」，他寫道：

社會形態一般說來是環境的產物，有時也是那些法律的產物，而更多的是兩者聯合的產物。但是，社會形態一旦確立，它可以被認為是規制國民行為的大部分法律、習慣和思想的首要因素；凡非它所產生的，它都要加以改變。因此，要瞭解一個民族的立法和民情，就得由研究它的社會形式開始。

孟德斯鳩的氣候及社會環境決定論，本質上是唯心的，有著很大的局限性。孟德斯鳩習慣於通過氣候、宗教、道德和習俗長期積澱而形成的國民特性，來定義一個民族的精神。他宣稱，法國人坦誠，富有文化修養，勇敢，率真而具有榮譽感。英國人傲慢、粗魯、特立獨行而富有熱情。印度人則是妄自尊大而又懶散。中國人貪婪而缺乏誠信，卻敬老尊長。

《論法的精神》是孟德斯鳩貢獻給世界哲學的一部偉大的奠基之作。書中對中國人的評價，不中聽，不入耳，但卻如針砭刺人，令人驚醒。

一八四八年二月二十四日清晨。睡了一夜的托克維爾醒了過來，他走出臥室，準備洗漱。這時，他發現他們家上街買菜的保姆慌慌張張趕回家中。這位善良的中年婦女完全失去了常態，她聲淚俱下、語無倫次地向托克維爾講了一大堆誰也聽不懂的話。托克維爾耐心勸她安靜下來，慢慢說。保姆撫平氣息，告訴托克維爾一個驚天噩耗：「昨天夜裏，政府軍開槍屠殺了窮人！」

托克維爾怔住了！昨晚他睡得很早，也睡得很沉，竟然沒有聽到距他家不遠處外交部大街上的槍聲！

托克維爾立即走出家門，上街打探情況。大街上，完全是一幅與往日不同的景象。街面上空無一人，死寂般沉靜。商店沒有一個開門營業的，車水馬龍的喧囂不見了，上班的匆匆人流不見了。在一些住戶的門前，人們聚集成一小堆，小聲交談著，臉上露著驚恐和不安的神色。托克維爾好不容易遇到了一個國民自衛軍的士兵，這士兵哭喪著臉，急衝衝地走著，像是要趕赴某個地方執行任務。托克維爾拉住他詢問，他只是說，國民自衛軍開槍鎮壓了造反的工人。

托克維爾終於明白，革命，還是無可挽回地爆發了！

在完成了《論美國的民主》上下兩卷的艱巨寫作工作之後，托克維爾投身到了法國的政治生活之中，傾心踐行他的平等民主的治國理念。他是七月王朝的一名眾議員。儘管托克維爾對一八三〇年七月推翻查理十世的統治，執掌這個國家已達十八年的路易・菲利浦政權沒有絲毫好感。他厭惡七月王朝的獨裁和專制，更忌恨它嗜血成性。他希望菲利浦國王有所改變，或者乾脆就祈禱他垮臺，但決不應該是這種方式：武力的、暴亂的，抑或是革命的方式。

一段時間以來，法國的國內矛盾日漸尖銳。工人階級與政府的鬥爭一觸即發，危在旦夕。敏感的托克維爾擔心局勢不可收拾，整日憂心忡忡。一月二十七日，議會進行國內問題的辯論。極少發言的托克維爾，忍不住站了起來，發表了慷慨激昂的演說：

有人說沒有危險，因為沒有發生騷亂；又有人說具體的動亂並未顯現於社會的表面，所以革命離我們還遠著呢。

諸位先生，恕我說你們錯了！不錯，動亂尚未成為事實，但已經深入人心。請大家看一看工人階級當中發生的事情。我承認他們今天還沒有行動起來。誠然，他們還沒有像以前騷動那樣，被所謂真正的政治激情鼓動起來。但大家沒有看到他們的政治激情已經是社會性的了嗎？你們沒有看到這種情形正逐漸在他們的觀點和思想中擴散，他們要推翻現行的統治、內閣和政府，而且要推翻社會，使社會今天所賴以建立的基礎發生動搖嗎？你們沒有聽到他們每天所說的一切嗎？你們沒有聽到人們正在反覆論證騎在他們頭上的人已經沒有能力和資格統治他們，他們的財富分配是現今世界上最不公平的，財產所有權是建立在最不公正的基礎上的嗎？最後，你們不認為當這些觀點已經紮根的時候，當它們已經以極其普遍的方式擴散的時候，當它們深入到群眾中的時候，我雖然不知道它們什麼時候和怎樣引起最可怕的革命，但它們遲早要引起這種革命！

諸位先生，現在我把我深信不疑的事情告訴大家：我們正睡在活火山上。我對此深信不疑……

多數議員認為托克維爾危言聳聽。在他演講的過程中，反對派議員拚命鼓倒掌，喝倒彩。事實上，儘管垮臺近在眼前，可沒有一個人把托克維爾的警告真正放在心上。

革命能席捲一切，甚至能捲走貴為國王的菲利浦的勇氣和智慧。菲力浦被二月革命的浪潮嚇破了膽，他在匆匆宣佈解散內閣之後，竟然不顧老婆孩子，帶著他的衛隊逃得無影無蹤。巴黎處於亢奮之中。菲力浦的老婆奧爾良公爵夫人帶著三位王子——巴黎伯爵、夏特爾公爵、內莫爾公爵——來到議會大廳，就是否攝政、由誰攝政進行議會辯論。從來沒有經歷過如此動盪、對潛在的危險毫無知曉的奧爾良公爵夫人，將眼前的一切當作了一次刺激的歷險。她興奮難抑，眼含著笑意，激動地參與著這一切活動。議會大廳已經混亂不堪，甚至變成了一個自由市場，記者、國民自衛軍士兵、手持武器的平民不斷湧入，大廳裏人聲鼎沸，塵土飛揚，空氣渾濁得令人窒息。奧爾良公爵夫人勇敢地面對無序的叫嚷和咒罵，勇敢地拒絕離開，堅持由三位王子中的一人攝政國事，穩定局面。議長知道大勢已去，七月王朝不可能再存在下去了。他強行將公爵夫人和三位王子從側門帶離議會大廳，前往安全地帶。這一瞬間中，托克維爾的貴族情結又一次猛然爆發，他情不自禁地追了出去，就是為了看上一眼，這位「勇敢而美麗的夫人」是否安全轉移。

法國革命如同推倒多米諾骨牌，一旦第一塊骨牌倒下去，必定引發其他骨牌的連鎖反應。二月革命並不徹底，沒有完全實現工人階級的社會變革目標，於是，武裝起來的巴黎乃至法國各地的工人，於六月份聚集巴黎，再一次發動進攻，奪取政權。這是馬克思在他的《路易・波拿巴的霧月十八日》著作中高度讚揚的工人階級的武裝起義。

托克維爾完全轉向了，站到了工人階級的對立面。他反對暴力，反對流血，只想在共和的制度框架內，和平而有序地解決社會問題。

六月的一天，一位名叫埃爾桑的平民與一位朋友去拜訪了當時巴黎著名的女革命家馬德萊娜。當他們離開馬德萊娜的家中時，四個身背來福槍的政府軍士兵立即逮捕了他們，並將他們押往圖耶利耶監獄。埃爾桑明白，他們將在監獄裏遭受非法審判，並被處決，理由僅僅就是因為他們串聯革命黨人，圖謀不軌。在押往監獄的路上，埃爾桑遠遠地看見一個別著「人民代表」證章的人迎面走來，近前一看，居然是寫作《論美國的民主》的大名鼎鼎的托克維爾。埃爾桑立即向托克維爾求救。托克維爾的表現卻令人大失所望，他甚至不問埃爾桑和他的朋友究竟是什麼人，因何事去了馬德萊娜家，他懶得過問和糾纏於這些細枝末節，他非常優雅地將自己置身事外，他只對埃爾桑說了一句荒唐而無用的搪塞之語：「立法機關無權干涉執法機關。」便從埃爾桑身邊傲然而冷漠地走過。

托克維爾研究專家、法國學者呂克·莫尼埃指出，托克維爾對一八四八年革命運動中巴黎工人的論述，今天可能使我們產生反感，覺得他說得太簡單了，不合人情和不公正。托克維爾把六月起義評價為「悲慘的」，但又是「必然的」。他甚至沒有向我們隱瞞他不希望法國的革命運動按部就班地、和平地進展的觀點，也就是說，他為巴黎開始的一場大戰把社會主義阻止了而高興，並「祝願戰士們抓住開戰的最初機會」，將巴黎的社會主義運動扼殺在萌芽狀態。

莫尼埃也許沒有注意到托克維爾是在什麼樣的背景下對社會主義產生警覺的。這是貴族身分、崇尚秩序以及看重尊嚴等諸多因素的混合體。托克維爾有個同是貴族出身的好朋友阿道夫・布朗基，布朗基將老家窮親戚的一個可憐的兒子帶到巴黎，給他家幫廚以糊口，他還雇了另一個窮人家的女孩做保姆。就在六月造反發生的那個星期四的晚上，這男孩一邊做飯一邊興奮地說：「到這個星期天，吃童子雞雞翅的該是我們了。」那女孩也隨聲附和：「穿美麗的絲綢連衣裙的也該是我們了。」

當布朗基將這個真實的故事告訴托克維爾時，托克維爾驚恐萬狀，他不禁寫道：「誰能比這兩個孩子的天真的貪婪表現，對造反的精神狀態的合理思想說得更為明白呢？布朗基裝作沒有聽見這兩個孩子的談話，可是他心裏卻非常害怕。於是，在騷亂被平息的次日，他就打發那個野心勃勃的男孩和那個虛榮心旺盛的女孩回他們貧困的老家去了。」

革命中的魚龍混雜和流氓無產者的過激行為，往往令托克維爾這樣的既得利益階層驚悸和擔憂。這也是他們不傾向革命或者不支持革命的成因之一。

托克維爾在巴黎馬德萊娜街的家裏有一個看大門的下層人。此人是個老兵，有點瘋瘋癲癲，嗜酒如命。平日裏不是在家裏打老婆，就是在街頭的小酒館裏貪杯，鄰居們稱他是天生的社會主義者。托克維爾說，他只能是個即興社會主義者。

六月起義的初步勝利使看門人大為興奮。那幾天一大早，看門人就在街頭的小酒館轉悠，嘴裏不停地嘟囔，政府官員和議員沒有一個好東西。他揚言說，只要看到托克維爾回家，晚上一定要在他沉睡時把他殺死，他甚至拿出了那把準備殺人的刀給鄰居們看。看門人的可憐的老婆嚇壞了，慌慌張張跑去告訴了托克維爾的夫人，讓他們小心提防。而托克維爾的夫人正巧也要離開巴黎，到鄉下去躲避騷亂。瑪麗急忙寫了張紙條差人送給托克維爾，警告他晚上千萬不要回馬德萊娜街的家，到他父親家裏暫住幾晚。

偏偏這一天議會的會議結束時已經半夜，身心俱疲的托克維爾已經無力繞遠道去他父親家了，他在褲兜裏揣上一支小手槍，壯著膽子向家裏走去。當他敲開自家大門的時候，出來開門的正是這個看門人。托克維爾走進門房，看著他把所有的門都仔細關好，隨口問了一句：「所有的住戶都回來了吧？」看門人回答：「他們今天早晨就都離開了巴黎，這幢大樓裏現在只剩下我們兩個人了。」托克維爾聞聽此言，兩腿立馬微微顫抖：「再有一個人在身邊就好了。」他甚至開始後悔自己的莽撞，為什麼不聽瑪麗的話，非要回到馬德萊娜街呢？

托克維爾目不轉睛地盯著看門人，叫他掌著燈來到自己的跟前。正要上樓時，看門人說，院子裏馬車庫的方向有異常響動，他請求托克維爾陪他去看一看。說著他便轉身向院內走去。托克維爾的頭皮一陣陣發麻，他不知道這是不是看門人的計謀。他緊攥著兜裏的手槍，小心翼翼地跟在看門人的身後。他不停地告誡自己，一旦發覺看門人有不軌意圖，就把他像狗一樣擊斃。原來，院子裏的響動是虛驚一場。看門人把托克維爾送到樓上的家門口，才像僕人一樣地脫帽行禮，轉身離去。

這一夜，不知托克維爾是如何在恐懼中一分一秒地捱過來的。但是，天一亮，他便下定決心：「我要投入戰鬥，去同這些無賴和流氓堅決鬥爭，以保衛共和國的既有秩序和穩定。」

托克維爾個子不高，長得也不魁梧，他面色蒼白，愁悵滿容，根本不像一個沙場鬥士。可他一大早卻跑到了桑松街戰鬥最激烈的地方，跟著拉莫里西埃將軍的部隊進進退退了。

桑松街的一角，靠近水塔的一側，有一座正在建設的高樓。一群造反的平民，攜帶武器，從大樓的後面進入院中，已經在樓裏駐紮了下來。拉莫里西埃的部隊行進到這裏時，躲在暗處的叛亂者突然出現在樓頂，向聚集在林蔭道上的士兵了陣齊射。士兵們根本沒有料到工人武裝會在這麼近的地方出現，並且居高臨下，佔據著有利的射擊位置。步槍子彈的擊發在狹窄的街道中產生了巨大的迴音，那聲音令人恐懼。士兵的佇列發生了難以置信的混亂，炮兵、騎兵和步兵先是自亂了陣腳，士兵們開槍還擊，可自己也不知道將子彈打到了哪裏，慌亂的隊伍亂糟糟地退卻了六十多米，托克維爾被潰退的步兵擠到了寺廟街對面的屋簷下，又被騎兵的馬撞倒，摔在牆角，驚恐的馬匹踢中了他掉在地上的頭盔。頭盔像出膛的炮彈飛向桑松街那幢樓的牆面，摔成了碎片。托克維爾明白了，戰場上發生的一切，並不都是甘冒戰爭風險的英雄行為。像這樣的混亂和潰敗，在精銳部隊中也時常發生，只是沒有人以此來吹噓，戰報裏也不講這些事情罷了。

在拉莫里西埃將軍重新集結部隊，率隊衝鋒，奪回了在建大樓這個制高點後，托克維爾丟下這位將軍，頭也不回地向議會走去。他徹底明白了，再也沒有比出於好奇心而把自己的腦袋丟在戰場上的人更愚蠢的了。

無論托克維爾的一生中充滿怎樣的矛盾和糾結，他對自由的追求和嚮往是忠貞不渝，至死無悔的。去世前不久，托克維爾在寫給他的好友凱爾戈萊的信中說：「除了自由和人類尊嚴，我沒有成規，沒有絲毫偏見，沒有絲毫私利；對此，我堅信不疑。」

托克維爾是民主憲政制度的充分擁護者。他在《論美國的民主》中充滿激情地寫道：

一場偉大的民主革命正在我們中間進行。誰都看到了它，但看法卻不相同。一些人認為，它是一種新現象，出於偶然，尚有望遏止；而一些人斷定，這是一場不可抗拒的革命，因為他們覺得這是歷史上已知的最經常的、最古老的和最持久的現象。

二月革命和六月起義也使托克維爾產生了短時的迷惘，但是他明白，民主革命的潮流是不可阻擋的，人類社會的進步也是不可阻擋的。民主的汪洋大海儘管令人恐懼，但它淹沒的是陳規陋習，催生的是弄潮的健兒。正像托克維爾自己感覺的那樣，我們「被投入一條大江的激流，冒出頭來望到了岸上依稀可見的殘垣破壁，但驚濤又把我們捲入了進去，推回深淵」。

托克維爾在他的論著中非常自然地涉及了新聞自由問題。而新聞自由的被廢除正是七月革命爆發的主要原因之一。托克維爾深知不受約束的新聞會產生何種過火行為，新聞自由不是無條件的。但是，沒有自由的新聞比新聞自由還要糟糕。在美國，新聞自由有利於報紙的增多，有利於資訊的傳遞，同時，輿論在相互平衡。一種聲音比沒有聲音更為可怕。托克維爾發現，人們正是通過自由來糾正對自由的濫用。

托克維爾的一生為著民主而探究而思索。他堅持認為，按照民主方式建立的國家，社會不會停滯不前，而社會本身的運動也可能按部就班，循序前進。即使民主社會將不如貴族社會那樣富麗堂皇，但苦難不會太多。在民主社會，享樂將不會過分，而福利將大為普及；科學將不會特別突出，而無知將大為減少；情感將不會過於執拗，而行為將更加穩健；雖然還會有不良行為，但犯罪行為將大大減少。即使沒有狂熱的激情和虔誠的信仰，教育和經驗有時也會使公民英勇獻身和付出巨大的犧牲。由於每個人都是同樣弱小，所以每個人也都感到自己的需要與其他同胞相同。由於他們知道只有協助同胞才能得到同胞的支援，所以他們將不難發現自己的個人利益是與社會的公益一致的。

我們不能用預言家的標準去評判托克維爾。在這番誠懇的表白後面，我們分明感到的是托克維爾對後來人、後來社會的衷心祝福和良善願望。

主要參考文獻

【法】蜜雪兒・維諾克著，呂一民、沈衡、顧杭譯，《自由之聲》，中國人民大學出版社，二〇〇五年五月第一版。
【法】托克維爾著，董果良譯，《托克維爾回憶錄》，商務印書館，二〇〇四年十月第一版。
【法】托克維爾著，董豔紅譯，《政治與友誼：托克維爾書信集》，上海三聯書店，二〇一〇年一月第一版。

【法】雷蒙・阿隆、【美】丹尼爾・貝爾著，陸象淦等譯，《托克維爾與民主精神》，社會科學文獻出版社，二〇〇八年一月第一版。

林肯的
悲憫

林肯的悲憫

亞伯拉罕・林肯是一個偉大的佈道者，他是上帝的使臣，他來到人世間承受的所有苦難，包括他遇刺後頑強掙扎的那九個小時，都是為了淨化人類的道德，救贖身陷沉淪的人的靈魂。

卡爾・馬克思曾不吝對林肯的讚美之辭：「他是一位達到了偉大境界卻仍然保持自己優良品質的罕有人物。」馬克思寫下這段激賞文字的時候，亞伯拉罕・林肯是作為資本主義的領軍人物被稱頌、被肯定的。馬克思的階級立場，在林肯身上有了瞬間的游移。

林肯的「忍耐」是無以復加，曠世罕見的。他忍耐著苦難的童年，忍耐著困厄的生活，忍耐著甜美愛情的不幸摧折，忍耐著不幸婚姻的殘酷折磨，忍耐著內閣的誤解，忍耐著選民的唾罵……他幾乎忍耐了他一生所有的挫折和困苦，他以偉大的悲憫情懷，解放了千百萬黑人奴隸，拯救了美利堅合眾國，將這個世界上生機勃勃的年輕國家，從分裂的懸崖上使勁拉了回來。可以這樣說，沒有亞伯拉罕・林肯，便沒有美國的今天。他對美國歷史的貢獻居功至偉。他無與倫比的偉大歷史功績，完全可以與喬治・華盛頓相提並論、並肩媲美。

一八〇九年歲首，嚴寒在肯塔基州的荒原上無情肆虐，在人們的記憶中，這是肯塔基這個中東部之州少有的寒冷冬季。二月三日，一個暴風雪盡情吹落的星期天的早晨，亞伯拉罕・林肯來到了這個世界。他出生的小木屋四面漏風，雪粒隨著刺骨的寒風飄落在床上，那張塞滿了玉米穗的木板床上，產婦南西・漢克斯和剛出生的林肯就蜷曲在一張骯髒而刺鼻的熊皮被子之下。

林肯的父親是一個流浪漢，大字不識一個。他總是從一個地方漂泊到另一個地方，做單身漢時，只要能糊口，他幾乎什麼雜活都幹過。他修過馬路、砍伐過林木、捕獵過狗熊、種過莊稼、修過豬圈。有一段時間，湯瑪斯還受雇於哈丁縣的監獄當局，工作是追捕和鞭打違抗不從的奴隸，工資是每小時六美分。

結婚成家，拖家帶口之後，湯瑪斯・林肯絲毫沒有改變他的流浪漢秉性，既不會持家過日子，又不會掙錢養家糊口。早年，他曾經在一個農場整整幹了十四年，居然沒有攢下一分錢，終至付不起每年十美元的租金，被農場主趕了出去。結婚後，妻子兒女在家忍饑挨餓、捉襟見肘，南西只能用野荊棘來連綴剛能蔽體的衣服時，湯瑪斯竟能跑到鎮上的一個小店中，貸款為自己買下了一條灰白色的吊帶長褲。在另一次拍賣會上，他居然花三美元買下了一把佩劍。這些東西，對於一個種地為生的農民來說，毫無用處。村民們調侃他：「你難道要光著腳丫子，穿上吊帶褲，再掛上你那把昂貴的佩劍？」除了自由民身分之外，湯瑪斯一家的生活，真的比奴隸們好不了多少。

一八一六年秋季，亞伯拉罕七歲的時候，湯瑪斯・林肯不知出於什麼原因，又在肯塔基州待膩了。他變賣了農場，換回了大約四百加侖玉米威士忌，把所有的家當裝上一輛破牛車，舉家遷移到了印第安那州的森林地區居住。那是一片幾乎與世隔絕的荒漠之地，不借助斧頭開路，就無法達到湯瑪斯選定的安家之地。喬木、灌木和野生葡萄藤，在湯瑪斯的刀斧下倒伏，他們勉強開墾出了一小塊可以立足的平地。

當湯瑪斯匆匆搭建起一個可以稱得上房子的茅棚時，印第安那州的第一場冬雪，已經迫不及待地來臨了。這簡陋的茅棚，四面洞開，任由寒風、飛雪鑽進屋內。林肯和妹妹薩拉，就躲在屋角用樹葉和熊皮鋪就的所謂的床上，度過了這個印象中最漫長的冬季。在那些飛雪漫天的日子，林肯一家只能靠捕獲的野味和採摘的堅果充饑。

一八一八年秋天，一場血腥的瘟疫襲擊了林肯一家居住的印第安那州巴克罕山谷地區。那是一種人畜共患的疾病。牛馬羊吃了一種叫做「白蛇根」的有毒的藤草，人若吃下這些中毒的牲畜的奶汁、皮肉，也會同樣染病，一病不起。這一天，母親南茜來到離家近一公里的獵人彼得・布魯納的棚屋，照料他患病的妻子。布魯納夫人最終沒有逃脫瘟疫的糾纏，撒手西歸了。而此時，南茜也突然發病，渾身高熱，嘔吐不已。人們趕緊將她抬回家中，硬撐了幾日之後，也命歸黃泉了。臨終前，她艱難地叫過來林肯兄妹，告訴他們「友好相處，遵從上帝」。這個三十五歲的善良女人，自從來到這個世界上，尤其是結婚之後，沒過上一天好日子，就這樣無聲無息地棄世而去。

母親去世後，林肯一家的日子更艱苦了。白天，湯瑪斯・林肯外出狩獵，留下兄妹倆自己照料生活。薩拉做飯，林肯生火，家裏窮得連刀叉也沒有，胡亂做熟了的食物，就用手直接抓著吃。而且，他們住的地方遠離水源，挑水不易，這兩個可憐的孩子很少洗手、洗臉，洗澡更是奢侈的享受。所謂的家，就是一個沒有門窗、沒有地板的小木屋，室內空氣渾濁，潮濕骯髒，臭氣薰天，臭蟲、跳蚤到處都是。

林肯十五歲時才學會了二十六個字母，勉強能閱讀一點片言隻語，但仍舊不會寫字。這一年的秋天，從西部地區來了一個教書先生，名叫阿澤爾・多爾西。他在皮爾金河邊開辦了一所學校。林肯和妹妹聽說後興奮不已，每天穿越森林，步行六點五公里去上課。多爾西是個有經驗的教師，他讓學生們大聲讀出他所教的內容，哪怕是高聲嚷嚷也行。因為只有這樣，他才能分辨出誰在學習，誰在偷懶。那些偷懶耍滑的孩子，常常會冷不防挨上他一藤鞭，那火辣辣的滋味可真不好受。林肯也許就是在這大聲誦讀之中，練就了他演說家的口才。

林肯對讀書有著與生俱來的天賦，對閱讀更是超乎尋常地熱愛。成功學大師戴爾・卡耐基評論林肯：「閱讀能力的培養為林肯開啟了一個全新的魔幻世界，一個他之前從未夢想過的世界。這個世界改變了他；這個世界給予他新鮮的視野，讓他茅塞頓開。在生命的二十五年歲月裏，閱讀始終是林肯生活激情的主要所在。」

林肯的繼母有五本藏書，《聖經》、《伊索寓言》、《魯濱遜漂流記》、《天路歷程》、《水手辛巴德》，林肯如獲至寶，如饑似渴地閱讀。他把《聖經》和《伊索寓言》放在伸手可及的地方，一有空閒便拿來閱讀。

他四處打聽，多方求告，以便找來更多的書籍閱讀。凡是印刷的材料，無論是報紙還是雜誌，他都要仔細看過才肯放下。有一次，他甚至遠涉俄亥俄河南岸，從一名律師那兒借到了《印第安那州修訂後的法律》一書。在這本書中，林肯第一次讀到了《獨立宣言》和《美國憲法》。

林肯還想出了以工換讀的好辦法。他幫助鄰人們挖樹坑、收玉米及幹一些其他零活，而鄰居們只要借書給他讀就行了。有一次，他從鄰居那兒得到了一本帕森・威姆斯所著的《華盛頓生平》，林肯讀得如癡如醉，天黑到無法辨認字跡了，他才戀戀不捨地放下。睡覺前，他把書塞在木屋的牆縫裏，以便在早晨第一縷陽光照進屋子時好繼續閱讀。沒想到，半夜裏下了一場大雨，書被水浸透了，書的主人好生不滿，林肯只好又幫他捆了三天玉米稈作為補償。

只要拿到一本好書，林肯便忘掉了生活中的所有煩惱，不顧一切地傾情閱讀。四仰八叉地躺在地上，如癡如迷捧讀書本，是林肯那個年代最典型的形象。

在田間勞作的時候，書本也伴隨著林肯。這是那個時代的農民聞所未聞的奇事。趁著馬兒在玉米地頭歇息的時候，林肯就坐在籬笆的高處讀起書來。中午休息，家人都坐下來就餐了，林肯卻半躺著讀書。他一手拿著玉米團，一手拿著書，整個人都沉浸在字裏行間裏了。

在林肯讀過的所有書籍中，《斯科特教程》讓他受益最大。這是一本訓練演講和雄辯的普及類讀物，摘了很多名言和名著。林肯常常手握《斯科特教程》在林中漫步，高聲朗誦著哈姆雷特的警句。他不斷吟俄安東尼在凱撒屍體旁的曠世絕句：「朋友們，羅馬人，鄉親們，請聽我說，我是來埋葬凱撒的，不是來讚美他的。」

《斯科特教程》不僅指導了林肯如何發表公眾演說，還讓他領略了古羅馬雄辯家西塞羅和古希臘演說家狄摩西尼的著名演講，以及莎士比亞戲劇中的各色人物，這成為林肯一生中的寶貴財富。

癡迷地讀書肯定會耽擱地裏的農活。在林肯照料、耕作的地塊，玉米地裏雜草在瘋長，田裏的麥苗也枯黃了。雇傭林肯的工頭抱怨說：「他太懶了，哪裏像一個農民！」林肯老實承認這一點，他說：「父親教我農作，可他從來沒有教我熱愛農作。」

林肯年輕的心中，隱隱充盈著這樣的夢想：用讀書充實生活，用知識改變命運。

湯瑪斯・林肯再次遷徙和搬家。這一次，他把全家帶到了伊利諾州的一個山谷，緊鄰桑加蒙河的地方，印第安那人將此稱為「豐衣足食之地」。

在伊利諾州安頓下來之後，林肯與朋友盤下了一個別人轉讓的雜貨店。他那朋友是個酒鬼，辦個雜貨店只是為了他喝酒方便；而林肯則是看中了雜貨店的閒適和輕鬆，這讓他可以有更多的時間在櫃檯上讀書。這樣兩個人辦的商店，會是一個什麼狀況，明眼人不猜便知，除了勉力維持，不會有其他任何結果。

一天，一名前往依阿華州的遊蕩之人，將他那滿是家什的馬車停在了林肯的店鋪門前。由於旅途顛簸，馬匹疲累，這人決定扔掉一些物品以輕裝上陣。他讓林肯出五十美分，他便賣給他一木桶家庭用品。林肯想也沒想就成交了，他把這大木桶推到了店鋪的後間。

半個月後，得空的林肯想看看他究竟買了些什麼東西。木桶被倒扣了過來，雜七雜八的東西攤了一地，這其中竟有一套完整的布萊克斯通寫的《法律評論》。林肯抓起這套書，便全神貫注地讀了起來。

讀完這套書，林肯做出了一個重要決定，他要成為一名律師。以完備的法律知識為大眾服務。為此，他步行三十五公里去斯普林菲爾德，向那裏的律師借閱其他法律書籍。拿到書後，他一邊讀一邊往回走，忘了饑渴，忘了時間，直至天完全黑了下來，看不清書上的文字了，他才加速往家走去。

伊利諾州的鄉村老師門特‧格雷厄姆告訴林肯，如果他想在政治和法律方面出人頭地的話，就必須懂得語法。「我該到哪裏去借這樣的語法書呢？」林肯迫不及待地問。格雷厄姆說：「約翰‧萬斯有一本柯卡姆寫的語法書。萬斯住在約十公里以外的地方。」林肯二話不說，「嗖」地站了起來，戴上帽子，出發借書去了。

林肯以令格雷厄姆驚訝的速度，掌握了柯卡姆概括的所有語法。三十多年後，格雷厄姆仍記憶猶新。他說，他一輩子大約教了五千學生，林肯是他見過的「在追求知識和文學的道路上最積極、最勤奮、最勇往直前的年輕人」。

林肯的知識和文化，絕大多數是通過自學和閱讀獲得的。他坐在教室裏的時間，只有十二至十八個月。

一八四七年，林肯競選成功國會議員，在填寫簡歷中的「教育程度」一欄時，他僅簡單回答：「不完備。」

林肯從來不以自己的貧苦出身為恥，從來不為沒受過系統教育而自卑。相反，他樸素的外表和不事張揚的衣著，廣泛地為他贏得了選民的好感。在一次總統競選演說中，林肯談到：

來到伊利諾州的時候，我是一個貧窮的、沒有文化的陌生小夥。我沒有朋友，一個月僅賺八美元，只有一條鹿皮馬褲。馬褲弄濕再被太陽曬乾之後便縮水，褲腳短得夠不著襪口，我的下肢好幾英吋的地方，就只能任由風吹雨打。我越是長高，馬褲就越顯得短窄。現在，您還能看到這兩條腿上都有道藍色的條紋。您要是將此讚譽為貴族的衣著創意，我會感到不安和內疚。

林肯的幽默和質樸，引起了公眾的共鳴。人們吹起了口哨，對他高聲喝彩。

像許多情竇初開的年輕人一樣，亞伯拉罕・林肯對甜美的愛情充滿著嚮往。還在印第安那州的時候，有一次，林肯曾向一位少校的女兒求婚。少校皺了皺眉頭，沒有同意。他是嫌棄林肯這個窮光蛋，一個笨頭笨腦、沒有文化又沒有積蓄的伐木工，想娶少校的女兒，這不是賴蛤蟆想吃天鵝肉嘛！這件事給了林肯很大的刺激。他將自己熾熱的感情深深埋在了心底。

詹姆斯・拉特利奇是從南方遷移到伊利諾州的，他是這個小鎮——新賽勒姆——的創建人。林肯一家定居新賽勒姆的時候，拉特利奇先生已是鎮上一家小旅館的主人了。詹姆斯・拉特利奇有一個魅力無比的女兒安・拉特利奇。林肯第一次見到安的時候，她還是一個金髮碧眼的十九歲的美麗姑娘。儘管她已經和當地最富有的商人約翰・麥克尼爾訂了婚，林肯還是對安一見鍾情，不能忘懷。

不久後的一天，麥克尼爾賣掉了所有家產，關掉了店鋪，匆忙離開了新賽勒姆。他對安說，他要去紐約州探望患病的父親，然後將父母兄弟們都接來伊利諾州。到那時，他就可以與安結婚了。

安憧憬著美好的未來，等待著那幸福時刻的來臨。

可幾個月過去了，麥克尼爾居然音訊全無。那時，林肯兼著鎮上的郵差，他將來信塞進高高的氈帽當中，挨家挨戶分送郵件。安總是滿懷期待地主動找到林肯，詢問他有沒有麥克尼爾的來信，連林肯都不忍心一次次讓安失望了。他對安提議，讓他去找尋麥克尼爾。安似乎已經有了預感，她滿懷愁緒地說：「不必了。他知道我在這裏。如果他真的不想給我寫信，那我也不想讓你去找他。」

後來，鎮上人紛紛傳言，麥克尼爾是個騙子。他不知出於何種原因，隱姓埋名來到新賽勒姆，埋頭苦幹，發達致富。可能是某些真相正在浮出水面，所以才急忙抽身而退。

約翰・麥克尼爾就這樣從新賽勒姆人的生活中乾淨徹底地消失了。

安・拉特利奇一夜之間被不幸擊倒了。

而對於亞伯拉罕・林肯來說，他千百次祈禱的希望終於降臨了。他向安傾注了全部的愛意，很快贏得了姑娘的芳心。

安是一個心靈手巧的姑娘，被子縫得又快又平整，堪稱藝術品。鎮上的大嬸們都願意找安幫忙，去家裏縫製棉被。一天，林肯進走了安正在縫被子的一個大嬸家。看到心上人突然來到，安羞澀不安，心慌意亂，針腳少有地混亂不直。沒想到，這倒成了這家大嬸的寶貝，她一直珍藏著安縫過的這床不完美的被子。林肯當選總統之後，她時常拿出來驕傲地示人。

被愛情包裹著的林肯，從莎士比亞的戲劇中尋找愛的意境。他時常反覆吟誦著這樣的句子：

輕點！那扇窗照射進來的是什麼光？

那是東方的光輝，是茱麗葉這顆太陽散發的光芒。

戴爾・卡耐基用詩一般的語言，想像並描繪著林肯與安愛戀的一年四季：

夏夜，林肯和安並肩漫步於桑加蒙河的河堤；兩岸的夜鶯在林中吟唱，而螢火蟲則在夜空中編織出絲絲金光。

秋季，他們在林中徜徉。那會兒的橡樹枝葉熾熱如火，山核桃果子「叭嗒叭嗒」地紛紛墜地。冬季，他們在積雪中蹣跚……

然而，這對戀人的熾熱愛情之火不得不陡然熄滅。一八三五年八月，林肯二十六歲那年的盛夏，安病倒了。她燒得很厲害，無法從床上爬起來。哥哥策馬請來了阿倫醫生，醫生說得了傷寒，這是死亡率極高的不治之症。可怕的日子一天天捱過，安終於疲憊得只剩一絲氣息。她讓人叫來林肯。他坐在她的床頭，關上門。這是這對戀人默默相依的最後時光。

第二天，安便陷入昏迷，再也沒有醒來。她的生命之花還未完全綻放，便無奈地凋敝了。

林肯悲痛欲絕，整日鬱鬱寡歡，他甚至想到了自殺。他那一百九十三公分的大個子，營養不良，細長高瘦，刀削般的面龐，微微弓起的脊背，蹣跚而踉蹌的腳步，活脫脫一副耶穌受難的樣子。

失去安的日子裏，林肯靠讀書和背詩打發時光。他特別喜歡一首叫做「致命」的詩歌，那詩的最後兩段是：

噢！希望和失望，喜悅和痛苦，
在陽光和暴雨中交織；
微笑和淚水，歡歌和輓歌，
如波濤般緊緊相隨。
一眨眼功夫，一次呼吸之間，
生命之花瞬變為死亡的蒼涼，
廳堂的金碧轉化為屍架和青衣的悲傷。
噢，致命的神靈，你為何如此地驕傲？

林肯十分鍾愛這兩段詩句。在他的一生當中，他多少次地朗誦它，吟哦它，甚至作為贈言題寫給朋友。他那清秀的字體表達的是對命運的無奈：「致命的神靈，你為何如此地驕傲？」「致命的神靈」就是這樣捉弄人，甜美的愛情逝去之後，接踵而至的必定是不幸婚姻。

林肯身後，幾乎所有的傳記、回憶錄、評論文章，都不吝筆墨地大肆描繪他的不幸婚姻。其中原因只有一個，林肯娶了一個彪悍的潑婦瑪麗・陶德，並且一生都在瑪麗的不滿、斥責甚至咒罵中生活，受盡了屈辱和委屈。

安去世之後，林肯陷入絕望般的悲痛中不能自拔，他時常步行八九公里，去安的墓前呆坐，朋友們只好找到墓地，把他硬拖回家。

兩年後，林肯的心緒才逐漸平復，但他對議會的一位同事說：「儘管有時候在眾人面前我看上去似乎很快樂，但獨自一人的時候我卻無比悲傷。恐怕，我只有用刀子把自己了斷了。」

從憂傷中走出來的林肯，完全沒有料到一場婚姻正急速向他走來。瑪麗・陶德便是這場婚姻的女主角。陶德家族有著顯赫的身世。瑪麗的祖父、曾祖父以及叔公們，當過將軍、州長，其中一位還當上了海軍參謀長。瑪麗本人在肯塔基州列剋星頓一所著名的法語學校上過學，她能說一口純正的巴黎法語，還學會了法國凡爾賽的宮廷交誼舞。

瑪麗的姐姐最瞭解自己的妹妹，她曾這樣評論瑪麗，「喜愛展示、炫耀、浮華和權力，是我所見到的最具野心的女人」。

在斯普林菲爾德，有兩個年輕的政治明星，一個是民主黨北方候選人斯蒂芬・A・道格拉斯，一個是共和黨候選人亞伯拉罕・林肯。

讓瑪麗的虛榮心得到極大滿足的是，這兩個出類拔萃的年輕人都挽起過她的胳膊，都開口向她求婚。

姐姐對瑪麗腳踩兩隻船，猶豫不決十分不滿。她問妹妹，你到底要答應哪一個求婚者？瑪麗驕傲地回答：「那個最有希望成為總統的人。」

不久之後，道格拉斯的放浪舉動，深深傷害了瑪麗。他與瑪麗好朋友的丈夫在街頭鬥毆，醉酒之後醜態百出，跳上餐館的桌子又跳又叫。道格拉斯與其他女人的緋聞不斷縈繞在瑪麗的耳邊，這讓她尤其不能容忍。滿腹妒意的瑪麗，將愛戀的天平偏向了林肯一側。

她很快便俘獲了林肯的心。兩個年輕人喜氣洋洋地商定了婚禮的日期——一八四一年一月一日。

訂婚後的瑪麗，儼然以林肯夫人自居，擔當起了女主人的所有責任。熱戀中的林肯完全沒有發現瑪麗的致命弱點：脾氣暴躁，喜怒無常，管起別人來自以為是，發起火來驚天動地。

瑪麗不喜歡林肯不修邊幅，邋裏邋遢，她要將林肯改造成一個高雅的紳士。而林肯完全不接受她那一套，照舊將襯衣胡亂套在頭上，一隻褲腿塞進靴子裏，而另一隻褲腿卻遊蕩在靴子外，他的衣領常常是髒兮兮的，皮鞋也很少打蠟。

瑪麗不允許林肯接觸除她而外的任何女性，即便是她的外甥女來斯普林菲爾德小住幾日，她也大聲吵嚷林肯與瑪蒂爾達墜入了情網，坐在地上又哭又鬧。

曾經是那麼美好的一齣婚戀，轉瞬間成了喋喋不休的爭吵和吹毛求疵的抱怨。

林肯此刻已經察覺到了自己與瑪麗之間的巨大差異，他們不屬於同一類人，無論是所受的教育、家庭背景、脾氣、秉性、品味、財富，還是精神風貌，都大相徑庭，天壤之別。他們不斷地相互惹惱對方，而這種惱怒似乎沒有調和的餘地。林肯意識到，他們必須解除婚約，否則，這場婚姻只能是一場災難。

林肯鄭重其事地找瑪麗談話，他告訴她他並不愛她。話還未說完，瑪麗就歇斯底里地發作起來，她大哭大鬧，幾乎從椅子上跳了看來，雙手使勁絞在一起，極度惱怒，大罵林肯是騙子、自欺欺人之類的話。林肯哪裏是她的對手，自甘敗下陣來，退婚之事自此不再談起。

婚禮正加緊準備。女裁縫們為瑪麗・陶德趕製著嫁衣，瑪麗姐姐家的愛德華茲樓煥然一新，起居室重新裝修，地毯換了，上了蠟的傢俱閃著幽幽亮光。而林肯卻一天天陷入痛苦之中，他患了嚴重的憂鬱症，他恐懼這場婚禮。

新年的鐘聲終於敲響了。白天，人們乘著雪橇走新訪友，慶賀新年的到來；入夜，興高采烈的人們齊聚愛德華茲家的兩層樓內，參加林肯與瑪麗的婚禮。

六點三十分，客人們陸續到達；六點四十五分，主持婚禮的教長來了；鞭炮「劈啪」炸響，美食已在火爐上烹煮，整棟樓裏歡聲笑語，喜氣洋洋。

七點過去了，七點三十分過去了……作為新郎的林肯居然沒有出現！人們滿鎮尋找，哪裏也沒有林肯的影子。

沒有新郎的婚禮當然無法進行。人們遺憾地陸續離去。九點三十分，最後一位客人也實在等不下去了，悻悻地回了家。瑪麗怒火滿腔地衝進新房，扯掉婚紗，撕碎頭花，充滿委屈地大哭起來。她痛恨林肯讓她丟了面子，今後無法在鎮上人的面前抬起頭來。

林肯哪裏去了呢？他把自己反鎖在他的律師事務所的辦公室裏，在黑暗中整整坐了一夜。在那最後一刻，他被結婚的恐懼壓垮了，無奈之下選擇了逃婚。

得知了事情的原委，瑪麗將滿腔怒火變成了怨懟。她不會將這場鬧劇變成醜聞。她對林肯說，婚約必須踐行；她對外界說，林肯病了，婚禮延後。

瑪麗像膠皮糖一樣地粘上了林肯，與其說她是為了愛情，不如說是為了面子和虛榮。林肯承認：「我被一步一步地拽向婚姻，陶德小姐說我娶上她一定會大放光彩。」

一年又十一個月之後，那場被耽擱的婚禮重新舉行。當林肯穿上新衣服、套上黑靴子準備前往婚禮現場時，鄰居家的小男孩闖了進來，他問林肯要去哪裏？林肯答道：「去地獄。」

地獄真的在向林肯招手。結婚之後，瑪麗瘋狂地報復，她痛恨「林肯粉碎了她的高傲」，林肯的律師夥伴赫恩登說：「她覺得在這世上被貶低了價值。報復來臨，愛意全無。」

她不斷地抱怨、抨擊自己的丈夫，似乎林肯做的每一件事情都不合她意：刀叉拿的不對，走路姿式不雅；她甚至還討厭他那碩大的招風耳，嫌他鼻樑不夠挺拔，他的四肢太粗，腦袋又太小。

婚禮過後，林肯夫婦暫時住在厄爾利旅館。一天早餐時，林肯不知做錯了什麼事情，夫人怒不可遏，端起一杯滾燙的咖啡潑到了林肯臉上。而當時，其他的房客也正在餐廳吃飯。林肯呆坐在椅子上，一言不發，忍受著羞辱。厄爾利夫人走了過來，用濕毛巾擦乾淨林肯臉上和衣服上的咖啡，低聲寬慰著他。

瑪麗花錢大手大腳，從來不會理家過日子。她是為了面子而花錢，為了炫耀而消費。她一瓶一瓶地往家裏買昂貴的香水，不管不顧同樣的香水已經買了好幾瓶了。斯普林菲爾德是個不大的小鎮子了，可她非要買一輛華麗的代步馬車。實在無事可用時，她便花二十五美分雇用鄰家男孩趕著馬車，拉著她在鎮上逛來逛去，招搖過市。

一八四四年，林肯一家花一千五百美元買下了查理斯・德雷瑟的房子。那是一所不錯的獨棟建築，有一間起居室，一個客廳，一間廚房，一個餐廳和幾間臥室。起初，瑪麗對新家十分滿意，喜笑顏開。可不久後，她又開始抱怨，為什麼姐姐家的房子是兩層樓，而他們家只有一層半？不行，要擴建。

林肯勸她：「我們家人口不多，足夠住的了，不要急於翻建新房。」瑪麗又毫不理喻地與林肯大吵了一頓。林肯趕緊套上馬車，離家出走，遊蕩於草原辦案子去了。三個月後，林肯返家，走到鎮上的第八街時，他不得不問一位路人：「您能告訴我林肯先生的家在哪裏嗎？」當然，林肯有表演和誇張的成份，可瑪麗的確在大興土木，修建新居。

瑪麗家的人私下承認，事實上，瑪麗・陶德患有狂躁型精神病。隨著年齡的增長，夫人狂暴發作的頻率越來越高，一次比一次厲害，朋友們都為林肯感到難過。他沒有家庭生活，從不邀請朋友到家裏吃飯，哪怕是合作夥伴和至親好友，也享受不到去林肯家做客的「榮譽」。他極不願意回家見瑪麗，白天他四處辦案，晚上就在律師事務所的資料間消磨時光。林肯的鄰居，一位牧師的妻子證實說：「林肯的家庭生活非常不幸，人們常常可以看到林肯夫人舉起掃帚將林肯趕出家門。」

就是林肯當了總統，住進了白宮之後，瑪麗的瘋狂也絲毫不減。她不僅不讓總統與其他女人一起散步，而且一旦看見總統和別的女人說話便滿目妒意，訓斥之辭就隨口而出。她甚至要霸道地取消白宮定期舉行的大型社交舞會，目的就是不讓林肯接近其他漂亮女人。

不得不舉行的招待會，也是林肯要倍加小心之處。林肯在赴招待會前，要詢問他那滿腹嫉妒的妻子，他應該跟哪位女士談話。瑪麗則會一個女人、一個女人地數落，說她討厭這個、憎惡那個。林肯萬般無奈了，他為難地說：「我總不能像傻子一樣地呆站著，不跟任何人說話呀！妳既然不告訴我可以跟誰說話，那就請告訴我不可以跟誰說話。」

還有一次，正當林肯總統在辦公室會見重要客人之際，瑪麗突然闖了進來，對著總統劈頭蓋臉就是一頓臭罵。林肯一言不發，站起身來將夫人送出房間，安頓好，然後回到辦公室，繼續跟客人交談。

女作家奧諾雷・威爾西・莫羅在她的《瑪麗・陶德・林肯》一書中寫道，當您向所遇到的第一個美國人打聽「林肯的妻子是個怎樣的女人？」時，百分之九十九至百分之百的受訪者均會回答：「她是個潑婦，是丈夫的禍根，是笨蛋，是瘋子。」同為女人，莫羅竟然這樣詛咒瑪麗，可見瑪麗的為人實在是太差了。

歷史學家們甚至得出這樣的結論：林肯一生中的最大不幸並非遭遇謀殺，而是他的婚姻。再溫和的人也有脾性，林肯也有被夫人激得狂怒的那一刻。有一次，瑪麗對著他好一陣亂嚷和咒罵，林肯忍無可忍，抓起夫人的手臂，將她拖出廚房，推向門邊。他嚷道：「你在摧毀我的一生。你把這個家變成了地獄。你這該死的，現在就給我滾出去！」

當然，這樣的狂怒，在林肯二十三年的婚姻生涯中，少之又少。

卑賤的出身並不能決定一個人道德水準的高下。流浪漢的父親和私生女的母親遺傳給林肯的，是悲天憫人的善良情懷。林肯很小的時候，就表現出了強烈的同情心、正義感和寬容情懷。

林肯第一次走進學堂的時候，小夥伴們常常做一些殘忍的遊戲，比如抓來小烏龜，將燒紅的煤炭放在烏龜的背上。林肯非常不滿這種虐待動物的行為，他會跑上前去，用赤裸的腳丫子將通紅的煤炭從烏龜背上踢走。他動筆寫下並第一次發表的一篇文章，就是呼籲人類對動物要有悲憫情懷。林肯研究專家指出：這個小男孩已經流露出了成人特有的、對痛楚的同情心。

林肯二十二歲的那年冬天，為躲避瘟疫，全家由印第安那州遷往伊利諾州居住，一家人趕著牛群和馬車在森林中跋涉蠕行了兩個星期。一條蜿蜒的小溪前，薄薄的冰層剛剛能讓他們勉強通過，馬壓牛踏之後，河水重新湍急地流淌。林肯家的一隻小狗掉隊了，沒有隨著牛群踏冰過河，牠被阻隔在對岸，望著湍急的河流不敢下水，發出陣陣哀鳴。家人們認為，讓馬車返回對岸搭上小狗，既浪費時間，又浪費體力，毫無意義。他們打算放棄這條小狗。林肯對這樣的決定堅決反對。他想也沒想，脫掉鞋襪，趟著冰涼刺骨的河水回到了小溪的對岸，將小狗抱了回來。林肯說：「小狗的欣喜若狂和向我流露出的深深感激，讓我覺得，剛才的忍寒受凍非常值得。」

年輕的林肯，有過一次當水手的經歷。他跟朋友們一起，將森林中的土特產、皮草，裝上一艘大木筏，順著密西西比河一路南下，漂流到新奧爾良出售。正是這次南方之行，讓林肯看到了奴隸制的殘酷。從此，他便對這種血腥的販奴、蓄奴制度充滿著憎恨。

在新奧爾良，林肯親眼目睹「戴著鐐銬的黑奴被抽打」，他第一次對這種非人的奴役制度有了深深的感受。

一天，他們幾個人在城中閒逛，途經一個奴隸拍賣會，一個活潑俏麗的黑白混血女孩正在被拍賣。林肯瞭解到，混血奴隸由於膚色獨特，很受買家歡迎。女孩像牲口一樣任由叫價者左看右瞧，出價人不停地拿捏著她的皮膚，查看她的骨骼和肌肉，還讓她像馬兒似的在屋裏跑來跑去，以測試她的靈敏度和體力。拍賣師吆喝著：「叫價者可以隨意檢測，他們應該知道出錢購買的東西是否健康完好。」林肯以無法容忍的憎惡離開了拍賣會場，他對朋友們說：「天哪，朋友們，我們離開這裏吧！如果我有機會鞭打這種奴隸制，我將狠狠地抽打下去。」

林肯當了律師之後，常常免費或以很低的費用為平民百姓打官司。他認為，大多數客戶都同他一樣窮困，他不忍心收費太高。而夫人瑪麗則斥責他不會掙錢，不懂得如何持家。律師們也被林肯的慷慨所惱怒，他們認為林肯壞了規矩，正在拖垮整個律師界。林肯不為這些抱怨左右，依然按照他的價值標準行事、辦案。

一次，林肯幫助一位傷心的姑娘戳穿了騙子的伎倆，為她討回了價值一萬美元的財產。林肯在法庭上只用了不到十五分鐘，便將騙子揭露得體無完膚，乾淨利索地贏下了這場官司。一小時之後，他的助理沃德・拉蒙興沖沖地拿著兩百五十美元律師代理費回來了。林肯嚴厲地責罵了拉蒙。拉蒙堅持說，這筆費用事先已經談妥，而且姑娘的哥哥也同意支付，收下沒有問題。

「這有可能，」林肯反駁道，「但是我不同意。這筆錢是從人家口袋裏掏出來的。我寧願餓死也不願以這種方式欺騙這位姑娘。你至少得還回去一半，否則我只拿一分錢的酬勞。」

還有一次，一個養老金代理商，在為一名老戰士的遺孀辦理養老認證時，收取了她兩百美元的費用。這位老婦人無兒無女，又老又窮，脊背彎得甚至無法直立。對這個貪得無饜的代理商，林肯十分生氣。他起訴了這個無良之輩，為老婦人贏得了案子。可他一分錢費用也不收，不僅如此，他還為她支付了住宿費，給她錢買東西回家。

一天，阿姆斯壯的遺孀漢娜大嬸找到林肯，懇求林肯救救她的兒子。達夫在一次酩酊大醉之後，開槍打死了一個人，檢察官指控他犯有謀殺罪。阿姆斯壯一家早年與林肯同住在新賽勒姆村，事實上，當達夫還躺在搖籃裏時，林肯就曾哄他入睡。他是看著達夫長大的，知道這一家人的豪爽、仗義、正直。林肯輕快地來到陪審團面前，作了一場最令人感動的辯護，將達夫從絞刑架上救了下來。

達夫的媽媽感激萬分。那時候，每一個寡婦都能分到兩百四十畝土地。漢娜無以為報，打算將這些土地送給林肯。林肯動情地說：「漢娜大嬸，多年前，當我還是一個無家可歸的窮孩子時，您收留了我，給我吃的，幫我縫補衣服。我現在不應該收您一分錢。」

更多的時候，林肯力勸委託人庭外和解，還幫助委託人出主意，尋找法律依據，由於沒有形成訴訟，林肯一分錢的費用也得不到，可他心甘情願，樂此不疲。

南北戰爭期間，貴為總統的林肯，也竭盡全力為士兵和他們的家人傾注著同情之心。林肯的秘書說：「寡婦和孤兒的痛苦，常常在林肯的耳際迴響。」

林肯認為，戰場上，交戰雙方槍炮不長眼，戰死沙場實屬無奈，而因違反軍紀而死於自己人的處罰之下，難免過於殘忍。

每天，母親們、情人們、妻子們，哭著、哀求著找到林肯，要求赦免她們那已被判處死罪的男人。無論有多麼疲憊，林肯總會耐心傾聽她們的訴求，並一概答應下來。他從來都不忍看見女人哭泣，尤其是當女人懷抱嬰兒的時候。

如果士兵當中有人因膽小怯戰而即將遭到處決，林肯願意赦免他一死。他說：「這很難講，要是我在戰場上，或許也會扔下槍彈逃之夭夭。」

如果有人因想家而逃跑呢？林肯說：「噢，我認為就算把他槍斃了也無濟於事。」

如果，一個疲憊不堪的佛蒙特農民在站崗時睡著了，是否也要被處以極刑呢？「我自己也有可能睡過去。」

僅僅是赦免令，就占了林肯當時簽發文件的數頁之多。

戰爭部長斯坦頓為林肯的寬厚而大發雷霆，將軍們也怨氣沖天。他們認為，林肯的寬宏大量正在破壞軍紀，他不應該干涉軍隊內部的事情！可林肯憎恨陸軍將軍的粗暴，以及軍中的普遍專制。他喜愛那些自告奮勇的義務兵，喜愛那些和他一樣來自森林和廣袤原野上的年輕人，只有倚仗他們，才有可能取得戰爭的勝利。

因而，他嚴肅地致電前線指揮官米德將軍：「我不願意看到十八歲以下的士兵遭到槍斃。要知道，國軍中有超過一百萬士兵年齡低於十八歲，十六歲以下的有二十萬，而十五歲以下的則有十萬。」

林肯在拍發嚴肅話題的電文時，有時也不忘幽默一番。一次，他打電報給馬利根上校，「如果您還未槍斃巴尼・D，那麼，請住手。」

一八六四年秋天，當得知一位母親的五個兒子捐軀戰場，林肯大為感動。十一月二十一日，他親筆寫下了一封「措辭最為細膩、清朗」的散文式的慰問信，向這位母親表達最深摯的敬意：

親愛的夫人：

從戰爭部轉來的麻塞諸塞州陸軍長官的文件中獲悉，您是一位有著五個愛子為國壯烈捐軀的母親。我覺得，任何讓您走出這巨大悲慟的企圖，任何言語的安慰，都顯得蒼白無力。但是，我還是抑制不住要向您表達共和黨的感激之情，是您的兒子給了政黨生存的可能。我祈願，我們的天父能夠安撫您那顆悲淒的心；我祈願，讓您愛子的美好永存心間。在那來之不易的自由祭壇上，那肅穆的自豪永遠屬於您。

真誠敬仰您的A・林肯

現在已無從考究，林肯是否自覺而明確地將當選總統，作為自己的人生價值目標。但是，可以肯定地說，是瑪麗的政治野心和虛榮本性，將林肯逼上了競選之路；是民主黨的內訌不斷、四分五裂，把林肯送上了總統寶座。

有後世研究者指出，如果林肯與安結婚，他們會幸福地度過一生，生兒育女，長相廝守。但安不是那種政治抱負特別強烈的女人，她也許不會縱恿林肯涉足政界、涉足競選。

一八六〇年的選情，對林肯所在的共和黨極為不利。這個一八五四年才組建的新政黨，根本不是建國之初傑弗遜創建的民主黨的對手。彼時，民主黨人才濟濟，群星璀璨，傑出人物和政治明星不可計數。若不是民主黨內自身出了問題，贏得大選應該是萬無一失的。

林肯先是戲劇地獲得了共和黨的提名。那是在芝加哥召開的一次共和黨全國代表大會，共和黨領袖威廉・蘇厄德是最有希望獲得黨內提名的共和黨總統候選人。蘇厄德當年從政時，有一個並肩戰鬥的朋友賀瑞斯・格里利，這是一個傲慢而斤斤計較的男人。他惱怒於這麼多年來，蘇厄德蒸蒸日上，而將他這個當初同甘共苦的朋友冷落在一旁。代表大會提名選舉的頭一天，格里利寫了一封尖酸刻薄的長信，歷數蘇厄德的種種自私行為。為了讓這封信發揮更大的效力，格里利居然在報紙上公開發表了它。他還奔走於各代表團之間，極力貶斥蘇厄德的政治才華。格里利的目的只有一個，就是報復。他不是林肯的支持者，只要拉下了蘇厄德，共和黨內誰被提名他都無所謂。最終，意想不到的場面出現了，會前呼聲最高的蘇厄德名落孫山，當初並不被看好的亞伯拉罕・林肯，被提名為共和黨總統候選人。

民主黨那邊更是熱鬧非凡。斯蒂芬・A・道格拉斯把民主黨分成了三派，選出了三個總統候選人與林肯競爭。這種兵家大忌讓人摸不著頭腦。可以說，瑪麗昔日的情人道格拉斯是林肯入主白宮的最大功臣。

這一天早晨，林肯要離開斯普林菲爾德，前往華盛頓了。臨行之時，他向這裏的鄉親們、他的老鄰居、老朋友們，發表溫柔而動情的告別演說：

我的朋友們，在此分別之際，沒有任何人能體味到我的憂傷。對於這個地方，以及這些仁慈的人民，我所欠良多。在這裏，我度過了生命中的二十五年，從青年到了老年。我的孩子們生於此，其中一位已經長眠於此。此刻，我離你們而去，不知道是否還能回來，也不知何時能夠回來，因為我面臨的使命比華盛頓還要艱巨。如果沒有曾經幫助過華盛頓的神聖上帝的協助，我不可能成功；如果上帝保佑我，則絕不允許失敗。我必須相信上帝，讓上帝伴我左右，讓我們堅信一切都會美好，讓我們互相祝福。再見。

林肯完全明白他所面臨的艱難局面，因而他敢斷言，他所面對的使命，比指揮打贏獨立戰爭的華盛頓還要艱巨。這不是林肯危言聳聽。在他當選總統十八個月之前，南北雙方的戰鬥已經打響，流血衝突不斷爆發。南方幾個州，以南卡羅萊納州為首領，在維護奴隸制度的藉口下，實際上要從美利堅合眾國脫離出去，他們甚至還糾合成立了南部邦聯國，選舉了所謂邦聯總統。林肯明白，他面對的是拯救合眾國、維護國家統一和完整的無與倫比的艱巨任務。這是國父們建國將近一百年來，從來沒有遇到的危機時刻。

在前往華盛頓就任總統的三周之前，林肯便親自動筆，著手準備他的第一次就職演說。他將自己鎖在一個雜貨鋪的樓上，他向赫恩登借了一部憲法、安德魯·傑克遜的《反對無效執行的宣言》、亨利·克萊一八五〇年舉世矚目的演說，以及《韋伯斯特答海恩》等。亨利·克萊用他著名的演講，在一八五〇年成功勸說南北和解，加利福尼亞以自由州加入聯邦，避免了危在旦夕的南北分裂。林肯參閱克萊的演講，是想在南北和解的道路上再次邁出妥協的一步。在那個昏暗、骯髒的惡劣環境中，林肯一個字一個字寫就了他那著名的第一次就職演說。在演說中，他向全國人民，尤其是南方各州人民發出了深情的呼喚和誠摯的懇求：

我們不是敵人，是朋友。我們不能夠是敵人。儘管情勢緊張，但它不可以破壞我們感情的紐帶。當神秘的記憶之弦被喚醒時，從每一場戰役、每一位愛國者的墓穴，到這片廣袤土地上每一個躍動的心靈，我們聯邦的隊伍一定會壯大。

可南方諸州的統領者們，絲毫不理會林肯的深情呼喚，他們決心用一場戰爭來結束南北兩地的爭端，並將這塊美麗豐饒的土地永久分割開來。林肯被迫調動起全副武裝的軍隊，與南方各州在戰場上對話了。

早年在新賽勒姆開雜貨鋪的經歷告訴林肯，要租一個地方存放貨物並非難事，難就難在，無論是他，還是那位醉鬼生意夥伴，都無法貯存到好東西，並以合理的價錢賣出去。

林肯現在就面臨這樣的窘境，他不缺兵源，不缺金錢購買槍枝彈藥，他缺的是一個高效運轉的戰爭指揮部和一個雄才大略、用兵如神的前線指揮官。

林肯的戰爭部長是溫菲爾德・斯科特，已接近遲暮之年。他指揮的上一場勝仗，已經是四十九年之前的事情了。斯科特一直忍受著脊柱關節病痛的折磨，他說：「有超過三年以上的時間，我無法騎上馬鞍，只要行走幾步，就會覺得痛苦萬分。」儘管老態龍鍾，斯科特畢竟在勉力視事，支撐著戰爭部的運轉。

前線指揮官卻讓林肯犯了大難。一次又一次，林肯雙膝跪下，懇求偉大的天主賜給他一名驍勇善戰的將軍。

他最初選擇了羅伯特・愛德華・李。李將軍家族聲名顯赫，戰功卓著。他的祖先曾協助華盛頓，趕走了奴役維吉尼亞州的紅袍子佐治亞國王，他的父輩，一直在鐵與火的洗禮中奮勇直前，多少年來執掌著維吉尼亞州的權柄。這個家族的優秀傳統，就是對家鄉無與倫比的熱愛。

林肯徵詢李的意見時，維吉尼亞州議會剛剛做出決定，脫離聯邦，投向南方。羅伯特・愛德華・李考慮再三，拒絕了林肯的任命，他平靜地宣佈：「我不能夠領導一支充滿敵意的軍隊，來對抗我的親人、我的孩子和我的故鄉。我要和我的人民一起分擔痛楚。」

李的這一決定，讓這場內戰至少延長了三年，多犧牲了成千上萬名士兵的生命，演繹了巨大的人間悲劇。

麥克道爾只好臨危受命、倉促率軍迎戰，有一些旅團，是出征前十天才匆忙集結起來的。結果可想而知。在布林河河谷，麥克道爾的軍隊被李指揮的南方軍打得丟盔卸甲，大敗而逃。追兵們一路猛打，幾乎就越過了波托馬克河，進入了華盛頓。

那是一個星期天的早晨，林肯正在教堂裏禮拜。他聽到了三十公里外的隆隆炮聲，他起身飛奔戰爭部。那裏已經忙作一團，潮水般的電報從戰場的四面八方湧來。林肯焦急地找到斯科特磋商對策，卻發現老將軍已經睡著了。

斯科特揉著雙眼，哈欠連天，終於醒來了。但他自己無法坐起來。他拉著天花板上吊下來的一個滑輪，才得讓自己笨拙的身體直立起來。他說：「我不知道戰場上有多少人，也不知道他們的具體方位，更不知道他們是如何武裝起來的，以及他們能幹些什麼，沒有人告訴我，我完全一無所知。」

天哪！這就是合眾國軍隊的總司令嗎？林肯簡直傻眼了。

老將軍隨後讀了幾封電報，告訴林肯沒什麼可擔憂的，便說自己背疼，不能長久坐立，又躺了回去。

在接下來的幾年時間，林肯嘗試著任命麥克萊倫、約翰・波普、喬・胡克為前線指揮官，但他們全都不是李的對手，紛紛敗下陣來。那時的北方軍隊，鮮有勝仗，而南方「叛軍」卻節節勝利，趾高氣揚。直到有一天，林肯發現了斯坦頓和格蘭特。

斯坦頓脾氣暴躁，獨斷專行。但他勇於負責，敢於擔當，他領導的戰爭部雷厲風行，指揮得當，是一架高速運轉的優良機器。

內戰爆發時，西點軍校的畢業生格蘭特已經從軍隊退役，他窮困潦倒、懶散、邋遢，且債務纏身。靠著父母的求情，他才在哥哥的商店裏當了一名店員，每天掙兩美元。他自己還捎帶著從農場販賣公豬和皮革。

也許是困厄的日子走到了盡頭。隨著戰爭進程的不斷深化，格蘭特的好運開始了。先是伊利諾州要訓練新兵，沒有教官，州長耶茨聽說格蘭特畢業於西點軍校，便讓他去試試。這個叼著大煙斗，愛喝威士忌，衣服皺巴巴、髒兮兮的退伍軍官，竟然將一幫誰也管不了的烏合之眾訓練得井然有序。格蘭特的辦法只有一個：嚴明的紀律，嚴厲的處罰。他將違紀的士兵綁在木樁上，整整示眾一天；如果點名時一個士兵遲到，那麼整個軍團的人都跟著挨餓一整天。有一個團的士兵就真的嚐過二十四小時滴水未進、粒米未沾的滋味。

國會要任命一批准將，每一個兵員大州都要有一個。伊利諾州只有格蘭特一人西點畢業，這餡餅只好砸到了他的頭上。他是在聖路斯的一份報紙上讀到這則令他意外的消息——他被提拔為陸軍準將。

格蘭特率軍走上了戰場。他用兵大膽，出奇制勝，於意想不到之處突施奇兵，在不可能出擊的陣地神兵天降，很快便打了幾場漂亮的勝仗，將突進的南方部隊趕了回去。招架不住的南方將軍們要求與格蘭特對話，格蘭特毫不理會，斬釘截鐵地回話：「我唯一的條件是你們立即投降，沒有什麼可講。我要你們立馬滾蛋。我要你們立馬滾蛋！」

「我要你們立馬滾蛋！」一時傳遍國軍陣營，人們喜氣洋洋，信心倍增。

格蘭特是個個性十足的將軍。他最大的嗜好是杯中之物，常常杯不離手，酒不離身。一些不滿他作風的人便向林肯告狀，誇張地說格蘭特天天喝得醉醺醺的，根本無法指揮作戰。

林肯聞聽哈哈大笑，說：「你們去打聽一下格蘭特將軍喜歡喝什麼牌子的威士忌，我要買上幾桶，給其他將軍們送去。」

戰爭的天平發生了傾斜，北方的勝利只是遲早的事情。另一件大事提上了林肯的議程，那就是解放黑奴。

當然，奴隸問題不是南北戰爭的全部意義。林肯是在為統一而戰，為合眾國而戰。但是，是否允許奴隸制度繼續存在，的確是南北對峙的焦點。

林肯向國會提交了解放黑奴宣言，他用詩一般的語言發表演說，請求議員們支持這一方案：「對於這個星球上最後的希望之所在，我們只有一個選擇——神聖地拯救她，或是卑鄙地失去她。」

國會支持了總統。殘酷的奴隸制度即將在這片新大陸上消失。

一八六三年元旦，在林肯花了好幾個鐘頭接見聚集在白宮的賀年者之後，他坐下來準備簽署這項莊嚴的法案。他意猶未盡地對國務卿蘇厄德說：「如果奴隸制沒有錯，那麼這個世界上就沒有任何事情是錯誤的了。我感覺這是我有生以來做的最正確的一件事。」

林肯掏出筆，清晰地在文件上簽上了自己的名字——三百五十萬奴隸從此獲得自由！

《解放黑人奴隸宣言》是自《獨立宣言》之後，美利堅合眾國最具影響力的法案。

然而，極具諷刺意味的是，簽署解放黑奴宣言的林肯，其岳父家卻蓄養著大批黑奴。為南方蓄奴之州而戰的李將軍，卻是反對奴隸制度的堅定擁護者，他早就遣散了他們家的所有奴隸，給他們以自由之身。歷史常常是在悖論之中前行的。在林肯和李身上，再一次印證了這個真理。

一八六三年盛夏時節，南北雙方在哈里斯堡附近的塞米納里山區舉行了一次大決戰。邦聯軍隊想一舉擊敗北方國軍，奪取戰爭的主動權。過於急切的作戰目的和輕敵自信，讓李將軍吃足了苦頭。他輸掉了戰役，在一個暴雨之夜落荒而逃。若不是北方指揮官米德將軍稍有遲疑，李將軍必定會被生擒或擊斃，戰爭便會戛然而止。

交戰雙方死傷慘重，屍橫遍野。治喪委員會決定先草草掩埋陣亡將士的屍體，待天氣轉涼之後，再舉行正式的悼念儀式。

追悼大會的日子最終定在十一月十九日，地點在戰場附近的葛底斯堡。不知是出於疏忽還是輕慢，治喪委員會沒有邀請總統出席，甚至連招呼都沒有打一個。他們自己就決定了會議議程——請一個著名演說家發表主旨演講。

林肯從報紙的文告上知道了追悼會的消息，他明確表示要去參加，並希望發表演講。治喪委員會這才意識到疏漏，正式邀請總統與會，並「作些適當的講話」。

林肯不理會這些明顯的無禮和無知。認真地準備演講稿，他把講話寫在一張黃銅板紙上，塞進自己的帽子裏，有空就拿出來修改，甚至抵達葛底斯堡、在動身前往會場的最後一刻，他還在伏案改稿，直到秘書敲門提醒他該出發了，他才停下筆來。

追悼大會有兩項失誤：一是發表主旨演講的演說家整整遲到了一個小時；二是這個雄辯的天才竟滔滔不絕地講了兩個小時。儘管那個十一月的溫暖的下午，人們有足夠的耐心堅持著，但是輪到林肯上臺時，聽眾們的熱情和精力還是被消耗殆盡。

林肯捏著薄薄的紙片走向講壇，他只演說了兩分鐘便倏然停息。前後兩位演講者的差別實在是太大了。許多聽眾不相信：「總統這就講完了嗎？」更多的人以為：「他忘詞了吧！」

林肯也以為他的演講完全失敗，沮喪、懊惱，令在他返回華盛頓的路上頭痛欲裂。

第二天，報紙發表了林肯葛底斯堡演講的全文，全國民眾反響熱烈。隨著時間的推移，人民和歷史給予葛底斯堡演講的評價愈來愈高。

學者評論，林肯在葛底斯堡的演說，並不僅僅是一次演講，這是來自一顆傷痕累累的珍貴心靈的神聖表述。這是一首無意識的散文詩，通篇盡顯深刻的雍容和華貴：

八十七年前，我們的先輩在這塊大陸上創建了一個新的國家。它孕育於自由之中，奉行一切人生而平等的原則。

現在，我們正從事著一場偉大的內戰，以考驗這個國家，或者說，以考驗任何孕育於自由並奉行上述原則的國家能否長久地生存。現在，我們正聚集在這場戰爭中的一個不朽的戰場上。我們在此集會，是為了將這戰場的一部分，奉獻給那些為這個國家的生存而獻身的烈士，以作為他們的最後安息之所。我們這樣做，是理所當然、恰如其分的。

但是，從更為廣泛的意義上說，我們無法奉獻、無法聖化、無法神化這塊土地。那些曾經在這裏戰鬥過的、勇敢的生者與死者，已經將這塊土地聖化，這遠不是我們微薄的力量所能增減的。我們今天在這裏所說的話，全世界不會注意，也不會永遠記住；但是，全世界永遠不會忘記這些勇士在這裏所做的一切。對於我們這些活著的人來說，倒是應該把自己奉獻於勇士們，並以崇高的精神境界向前推進未竟的事業，應該把自己奉獻於依舊擺在我們面前的偉大任務——我們要從這些可敬的死者身上汲取更多的獻身精神，來完成他們為之獻出全部忠誠的事業；我們要在這裏下定最大的決心，決不讓烈士們的鮮血白流；我們應該在上帝的保佑下，使我們的國家獲得自由的新生，使我們這個民有、民治、民享的政府永世長存。

林肯沒有料到，他這一天的講話，被全世界永遠記住了，被美國人民永遠記住了。「民有、民治、民享」的執政理念，伴隨著葛底斯堡的著名演講，永遠印記在美利堅合眾國的國旗之上。

格蘭特指揮著聯邦國軍一路廝殺，在經歷了幾次短暫的反覆和拉鋸戰後，將李的部隊包圍在維吉尼亞州里士滿城中。格蘭特的先鋒謝里登給總統發報說：「如果事情進展順利，我認為李不日就會投降。」林肯回電：「加速前進。」

四月一日是星期六。傍晚，格蘭特頑疾復發，頭痛欲裂，雙眼模糊。他不得不在一處農家小院中安頓下來。整個晚上，他把雙腳泡在熱芥末水中，還把芥末藥膏塗抹在手腕和後頸上，企望第二天早上身體會好起來。

星期天來臨的時候，格蘭特的病痛果真輕了許多。不過，這不是芥末的功勞，而是李差人送來一封信，說他準備投降。

格蘭特回憶道：「送信騎兵到達時，我仍舊頭痛難耐，但一看到信的內容，我立即就沒事了。」

當天下午，在一個磚木結構的農舍小廳裏面，兩位將軍見面了，商談停戰協議。羅伯特．愛德華．李軍容齊整，制服筆挺，臂鎧上鑲滿珠片，連佩劍都有珠寶點綴。而格蘭特不著正裝，衣服邋遢，靴子上滿是泥濘，連佩劍也不掛。這既是格蘭特的一貫裝束，也是這位將軍的故意為之，他是故意要用這種反差巨大的裝束，為老同學李留出足夠的面子。

格蘭特不急於同李商討投降協議，而是大談當年的同學之誼和學校的趣聞。這不像是陣前的敗軍乞降，而更像西點同學的敘舊聊天。在李的再三催促下，格蘭特才讓人拿來紙筆，筆走龍蛇地草擬了停戰協議。

協議中沒有提及任何有辱顏面的投降儀式，一七八一年華盛頓都沒有做到這一點，這位強悍的獨立戰爭總司令要求手無寸鐵的英軍俘虜在約克鎮遊街示眾，道路兩旁站滿了興高采烈的美軍將士。協議中也沒有任何復仇的字眼，絕對不會把李將軍及其同僚送上絞架。格蘭特還允許李的手下將領持有武器，士兵也可以假釋回家。任何認領到一匹馬或一頭騾子的南方軍士兵，都可以騎著牠回到自己的牧場或種植地，開始新的農耕生活。

協議為何如此溫和大度？這不是格蘭特的發明。林肯早已確定了李投降的條件。

犧牲了五十萬人生命的一場殘酷的內戰，最終在維吉尼亞州一個小村莊裏的名叫阿波馬克托斯的法院大樓裏結束了。投降儀式在一個寧靜的下午舉行，春天的空氣裏充盈著紫丁香花的氣息。那是復活節前的星期天。

在此之前，在格蘭特徹底打敗李將軍的那一個春天，林肯已順利地贏得第二任總統選舉，獲取連任。林肯明白，這不是他個人的勝利，而是國家和戰爭的需要。他精闢斷言，人民絕對不會「在越過溪流時在河水中間交換馬匹」，他要為這個國家的最終統一付出自己的責任。

林肯精心準備了自己的第二次就職演說。有了四年總統歷練的林肯，再次站在宣誓就職的神壇之前，他有了更多的從容和堅定，更多的寬容和更博大的胸懷。他用詩一般美妙語言，娓娓講述著他新一個任期的政治理想：

我們熱切地希望——我們虔誠地祈禱——這場荼毒生靈的戰爭可以儘快消逝。然而，如果上蒼的意願——正如三千前的預言——要讓戰爭持續到二百五十年來辛勤勞作的奴隸們所創造的財富殆盡，直到因備受鞭笞而流血之軀得到以牙還牙的補償，那麼我們不得不說：「上蒼的審判是正確的、正義的。」

與人無怨，博愛天下。上蒼讓我們看到了正義之所在，讓我們堅定正義的立場，讓我們竭盡全力完成未竟的事業，讓我們為自己的家園療傷，讓我們傾情關注這災難深重的國家，讓我們為她的寡婦、她的孤兒、各民族之間以及我們人民之間正義而持久的和平鞠躬盡瘁。

人們萬萬沒有想到，兩個月後，整整兩個月之後，不得不在斯普林菲爾德為林肯舉行的葬禮上重新宣讀這篇演說。

林肯被刺殺不是政治陰謀，不是民族仇恨，不是黨派紛爭，更無關南北戰爭，這是一個名叫布思的壞小子，在「揚名天下」慾望的驅使下而幹下的一樁天大的蠢事。

約翰・威爾克斯・布思出生於一個演員世家，他有天賦但不刻苦；一表人才，相貌堂堂，而將精力大多用在了勾引女人上面，因而他一直達不到他父親所能到達的藝術高度。眼看過了二十五歲，布思仍一事無成，急於成名的想法一直困撓著他。

南北戰爭還未結束時，他夥同幾個狐朋狗友，企圖綁架林肯，交給邦聯南方政府，以結束這場曠日持久的內戰。布思沒有政治原則，無關乎奴隸制的廢存和國家的統一還是分裂。他這樣做的目的只有一個——一夜之間揚名於全國。

布思選擇林肯去國會的路上和晚間觀看演出時下手，可幾次都陰差陽錯未能得手。轉眼之間，戰爭結束了，南方戰敗投降。眼看著出名無望，布思更加鬱鬱寡歡。

戰爭結束不久後的一個週五上午，百無聊賴的布思出門理了個髮，然後去福特劇場取郵件。在劇場裏，他發現工人們正在裝飾包廂，便上前打聽。工人們告訴他，林肯總統今晚要來看演出。「什麼！」布思大叫一聲，「那個老傢伙今天晚上要來這裏？」他當即決定，抓住這千載難逢的機會，刺殺林肯，博得大名。

他賄賂了工人，並自己動手做了手腳，將林肯的椅子放在了他最佳射擊範圍內。晚上十點十分，渾身散發著威士忌酒氣的布思，來到劇場，擠上二樓，踏上了通往包廂的走廊。總統的衛士攔住了他。布思傲慢地遞上名片，說是總統召見，不待衛士做出反應，他便徑直闖了進去。他關上包廂通往走廊的房門，並用一根柱子頂上，然後在包廂門口看準林肯的位置，便大步推門而入。幾乎與此同時，他舉起那把大口徑短筒手槍，對準林肯的頭顱扣動了扳機。林肯連半句「哼哼」都沒有發出，頭向前動了一下，整個人便癱軟在那把破舊的胡桃木躺椅上，腦袋歪向了一邊。

陪同總統看戲的憲兵司令拉斯伯上校一把抓住了布思。布思抽出身上的刀子，向拉斯伯的手臂狠狠砍去，拉斯伯頓時血流如注，無力抓持。布思急忙從包廂跳下舞臺，儘管摔斷了小腿骨，但他還是堅持著跑出劇場後門，搶奪了一個孩子的一匹馬，趁著混亂逃出了華盛頓。

人們一邊搶救總統，一邊高喊著搜捕刺客，劇場內亂成一團。子彈從林肯左眼下方射入，穿過大腦，留在了距離右眼半英寸的地方。趕來的醫生檢查後，認為傷勢嚴重，危及生命，長距離搬動十分危險，林肯便被抬到了與劇場一街之隔的一名裁縫的店鋪中。林肯深度昏迷，呼吸微弱，在掙扎了九個小時之後，星期六的早晨七點剛過，他嚥下了最後一口氣。他的秘書事後回憶，在棄世的一瞬間，「他那飽經磨難的面容，顯露出一種難以言表的寧靜。」

布思和他的一名同夥，狼狽地渡過波托馬克河，隱姓埋名，曉行夜宿，餐風沐雨，尤其是布思，還拖著那條摔斷的傷腿，歷盡千辛萬苦逃到了南方維吉尼亞州。他以為他會受到英雄般的歡迎，他大錯特錯了。戰爭已經結束，國家已經統一，黑奴們已經宣佈解放，相互屠殺的刀槍已經放下，無論是北方的還是南方的報紙，都一致譴責布思的荒誕行為，反對這種血腥的暗殺。這表明了人民的基本態度和立場。布思惱怒萬分，痛罵不止。

個別對北方懷有敵意的農場主收留了他，幫助布思躲過了幾次員警和國民衛隊的追捕。終於有一天，布思的行蹤在維吉尼亞州南傑莫伊灣的沼澤地裏被發現了。士兵們包圍了布思和他的同夥藏身的穀倉，高聲命令他們立即投降。同夥嚇破了膽，一再申明沒有參與暗殺總統，高舉雙手走出了穀倉。布思拒不投降，揮舞手槍裝腔作勢。士兵們點燃了穀倉，以逼迫布思出來。布思渾身冒火，舉著手槍衝向士兵。要活捉布思、將他送審後送上絞架已不可能，中士科比特，端起步槍，為布思輕聲祈禱之後，扣動了扳機。布思一頭撲在地上，傷重不起。一名士兵騎馬飛奔五公里之外的羅伊港，想去為布思找一名醫生。科比特的槍法太準了。他將子彈射進了布思的後腦勺。布思在痛苦叫喊了兩個小時後，結束了他的罪惡生命。

一場暗殺，兩條生命；一個偉大，一個渺小。

亞伯拉罕‧林肯生前曾斥責一些政治騙子，「你可以一時矇騙所有人，也可以一直矇騙一些人，但你不可能一直矇騙所有人。」

可以將這段話，反其意用在林肯身上：你可能被所有的人一時誤解，也可能被少部分人一直誤解，但最終，絕大多數人會認識你的偉大和正直。

如今，在美國首都華盛頓這個神聖之地，只矗立著三個偉人的紀念堂，分別是：開國元勳喬治‧華盛頓紀念堂；《獨立宣言》的起草者湯瑪斯‧傑弗遜紀念堂；南北戰爭的終結者、《解放黑人奴隸宣言》簽署人亞伯拉罕‧林肯紀念堂。

林肯紀念堂地理位置優越，與國會大廈、華盛頓紀念方尖碑坐落在一條直線上，閃現著無限榮耀的光輝。

偉大的亞伯拉罕‧林肯永遠活在美國人民及全世界人民心中！

主要參考文獻

【美】戴爾‧卡耐基著，朱凡希、王林譯，《林肯傳》，譯林出版社，二〇一〇年六月第一版，二〇一一年三月第二次印刷。

【美】布盧姆等著，楊國標、張儒林譯，《美國的歷程》（上、中、下），商務印書館，一九八八年十一月第一版，一九九三年八月第二次印刷。

赫爾岑的往事

赫爾岑的往事

一八三九年十二月一個寒冷的冬日，亞歷山大・伊萬諾維奇・赫爾岑乘著驛車從莫斯科向彼得堡匆匆趕去。廣袤的原野上，銀裝素裹，一片潔白。

這一年，剛滿二十七歲的赫爾岑流放西伯利亞已數年之久，他年輕的體魄和不屈的個性、良好的人緣，讓他在那麼惡劣的環境中頑強地活了下來。沙皇尼古拉一世惻隱之心在一瞬間開啟了一道小縫，居然赦免了赫爾岑，讓他回到了莫斯科的家，並進而撤銷了對他的監視，他在一定的範圍內可以自由活動了。能夠進入皇上駐蹕涅瓦河畔的彼得堡，便是「皇恩浩蕩」的至高無尚的榮耀。

赫爾岑的父親打點他立即進京。他為這個寶貝兒子寫了一疊介紹信、推薦信、求情信，希望兒子能在沙皇政府中謀個一官半職。赫爾岑少有地沒有與父親爭辯，他也急切地想趕往彼得堡。他心裏的那方「聖地」不是皇宮，他所有的牽掛是那個曾經流血的廣場——伊薩基耶夫廣場。

赫爾岑到達彼得堡時已是晚上九點，他立即雇了一輛馬車前往伊薩基耶夫廣場。這是赫爾岑第一次來到彼得堡，他希望他對彼得堡的觀光從這裏開始。

一切都覆蓋在厚厚的白雪之下，只有彼得大帝的銅像高踞馬背之上。那匹駿馬前蹄高高抬起，後腿蹬地，一副奮勇前行的豪邁氣勢，這巨大的銅像在灰色的基座上從茫茫黑夜中露出陰暗森嚴的輪廓。

赫爾岑的思緒回到一八二五年十二月十四日。他知道，那天的戰鬥正是從這個廣場上開始的。他想問明白，為什麼俄國解放的最早呼聲正是從這銅像下發出？為什麼起義者的方陣會緊緊圍繞著彼得大帝的雕像？這是對他的褒獎還是懲罰？喪心病狂的尼古拉一世怎麼能在這神聖的地方開槍開炮，起義者血肉橫飛，而彼得大帝竟毫髮無損。

其實，那算不上一次真正意義上的起義。那是一些下級軍官、宮廷文職人員、大學教授、知識分子和彼得堡市民的一次請願示威，希望沙皇能順應民意，實行改革，以期望這個古老的帝國能跟上時代的步伐。尼古拉一世竟被這和平、正義的呼聲嚇得瑟瑟發抖，急令步兵與炮兵共同出擊，槍炮鎮壓。炮聲響過之後，廣場上屍橫一片，猝不及防的人們急走避難，四散逃命。這場血腥的屠殺之後，誕生了一個新的政治名詞：十二月黨人。這是一個將沙皇永遠釘在歷史恥辱柱上的巨大鐵釘；這是一個讓全世界所有崇尚民主、自由、進步、正義的人們一想起來便熱血沸騰的一個莊嚴的辭彙。

赫爾岑正是在十三歲的年紀上，與這場屠殺、與這些著名的十二月黨人結下了不解之緣。他此後的所有跌宕、困苦、奮鬥、流亡，都源於十二月黨人的夢想。因而，在踏進彼得堡的第一時間，赫爾岑便從伊薩基耶夫廣場開始他的追尋十二月黨人的精神之旅，便是不足為怪的了。

赫爾岑是一個私生子，偏偏又誕生在拿破崙掩軍殺進莫斯科城的那一年。繈褓中的赫爾岑，甫一降生，便感受到了槍炮、逃難、兵災、洗劫等等戰亂的驚嚇。這兩點，對赫爾岑的成長和思想都帶來了巨大的影響。

赫爾岑的父親是俄羅斯貴族，伯爵頭銜，家中田產無數，富裕顯赫。年輕時，赫爾岑的父親與其他貴族子弟一樣，加入近衛軍，一步步想以戰功和爵位加官晉級，直至入宮，成為沙皇的近臣。赫爾岑的父親生不逢時，他在軍中的那幾年，俄羅斯內政外交相對平穩，戰亂不多，以軍功晉級的機會少之又少，官至少校團長之後，長時間得不到提拔重用，加之又陷入了一場不明不白的貪腐事件，讓這位心氣高傲的少校團長心灰意冷，他早早地退了休，告別戎裝，過起了遊哉悠哉的寓公生活。國內待膩了，退役少校便帶著家眷和僕人周遊歐洲各國。四十多歲那年，他在德國遊歷時，遇到了一位不滿十七歲的德國少女尤莉莎，兩人擦出了情感的火花。很快，姑娘懷孕了。少校只好將她帶回俄羅斯。按照俄國貴族的法律，他不能與這位平民姑娘結婚，而俄羅斯的傳統文化，又不允許他納養情婦。他只好將姑娘藏在家中，不但不能公開成雙入對、招搖過市，就是在城堡般的家中也要有所收斂，以避免眾多僕人的異樣眼光和竊竊私語。沒有資料表明，這個十七、八歲便如同守活寡的德國姑娘，如何在地獄般的莫斯科家中，度過那幾十年死寂、孤獨、陳腐的毫無生氣的歲月的。從赫爾岑後來的著作中，細心的讀者會領略到這位夫人的不幸和落寞。

父親倒是由衷地喜歡這個老來的「私生子」。當然，他是不能沿用家族姓氏的。少校團長不是武夫，還有幾分文學和詩人的才情。他認真思索，精心挑選，為兒子取姓氏為「赫爾岑」，在德語中，「赫爾岑」是「心」的意思。

亞歷山大・伊萬諾維奇・赫爾岑便這樣以不同凡響的身世，走進了十九世紀初葉的俄羅斯社會。

一八一二年初冬，拿破崙率領他的所向披靡的軍隊，一路攻打到了莫斯科城下。老百姓們抓起隨身的破舊家當，一溜煙跑到了城外。而貴族皇戚們也舉家出城，躲到鄉下的領地去避難。赫爾岑的父親也打算帶領全家逃難，可這個嘮嘮叨叨的伯爵總要過問所有大小事項。他跟管家帕維爾・伊萬諾維奇說個沒完，商量路上怎麼走，在哪兒住宿等等。一會兒又抱怨這個沒準備好，一會兒又埋怨那個沒收拾妥當。當莫斯科幾近一座空城之際，伯爵一家才好不容易準備好了一切，馬車也停在了門口，可伯爵還要正兒八經地吃頓早餐才肯上路。餐桌前，正當赫爾岑的父親用刀叉優雅地切著煙薰肉時，廚師臉色煞白，神色慌張地跑進來說：「敵人已經進了德拉古米洛夫門！」伯爵明白，這一下，他們哪兒也去不了了。

不一會兒，法意聯軍的龍騎兵們，戴著高高的簪纓頭盔，跨著高大的駿馬，揮舞著錚亮的軍刀，在莫斯科大街上疾馳而過。

當晚，莫斯科城中燃起大火，火光映紅了夜空。那是搶劫的龍騎兵們順手點燃的。洶洶大火在城內蔓延，幾天之後，已經威脅到了赫爾岑家。女眷們帶著孩子跑到街上躲避，赫爾岑的父親指揮著家中的僕人、廚師、馬車夫奮力滅火。一隊義大利士兵從街上路過，赫爾岑的父親用義大利語訓斥了他們。這一下，暴露了他的伯爵身分。很快，有士兵來協助滅火，有士兵來保衛安全。尤其令赫爾岑父親沒有想到的是，拿破崙陛下竟親自召見了他。法國皇帝是想將一封親筆信托他轉交俄國皇帝。

一向注意儀表，嚴格遵守禮節的赫爾岑父親，在去克里姆林宮見拿破崙時，故意著打獵穿的藍色短燕尾服，銅鈕扣，沒戴假髮，襯衣骯髒，皮靴已幾天沒刷，鬍子也沒刮。

拿破崙似乎不在乎這些。在談到了他不得不發起這場戰爭的無聊理由後，他話鋒一轉：「我有一封信要送交沙皇陛下，閣下能否代勞？在這個條件下，我可以下令給您和您的家屬簽發通行證。」

「我願意接受陛下的建議，」赫爾岑父親回答，「但我很難保證完成使命。」

「您能保證利用一切辦法，親自呈遞信件嗎？」

「我用我的榮譽保證，皇上。」赫爾岑父親用清晰的法語回答拿破崙。

「這就夠了。以後我會派人去找您。您還有什麼要求嗎？」

「在我動身以前，我希望我的家人有一個安身之處，此外別無他求。」

拿破崙乾脆地回答：「特列維茨公爵會盡力幫助您的。」特列維茨那時擔任莫斯科總督。

拿破崙從桌上拿起一封已封口的信，一邊遞給赫爾岑的父親，一邊彎一彎腰說：「我信賴閣下的保證。」信封上寫的是：「致我的兄弟亞歷山大」。

昔日的近衛軍少校日夜兼程趕到了彼得堡。沙皇聞訊，大吃一驚。他不方便接見來自淪陷區的信使，指令近臣取走了拿破崙的信件，並將伯爵關押在一個秘密地點一個月之久。在放他回莫斯科時警告他，在彼得堡不許見任何人，回莫斯科後不許說一個字。沙皇還「大度」地表示，鑒於他第一個傳達了淪陷後的莫斯科情形，功罪相抵，就不懲處他的「投敵叛國」之罪了。

所有這一切，繈褓中的赫爾岑當然無從知曉。都是他在稍懂事理之後，他的貼身女僕、那個叫薇拉•阿爾達莫諾夫娜的善良而慈祥的老太太講給他的。小赫爾岑對這些慘烈的戰爭故事百聽不厭，總是一遍遍地纏著阿爾達莫諾夫娜講給他聽。這幾乎成了那一段時間睡覺前的必修課。這一課聽明白、聽透徹了，他當然對沙皇大肆宣揚的一八一二年「衛國戰爭」的謊言絲毫不信並嗤之以鼻。

赫爾岑的家是典型的俄羅斯貴族之家，宏大的樓房裏其實沒有幾個真正的「主人」。前庭永遠是這類建築中最熱鬧的地方。那裏面待著永遠罵罵咧咧的門房，時常酒醉不醒的馬車夫，渾身泥濘的園藝工，和隨時聽從召喚的眾多女僕。進門後的回廊寬大氣派，樓上樓下似乎有數不清的房間。大客廳裏常常高朋滿座，笑語喧嘩；小客廳則是家人和近親們聚會的溫馨場所。餐廳金碧輝煌，枝形吊燈輕輕搖曳。每當就餐之時，僕人們列成一隊，端著餐盤魚貫而入，那場景煞是壯觀。書房和臥室高大、陰森、昏暗，幾十年、上百年的古典傢俱，沉重地立在牆邊，壓抑得幾乎喘不過氣來。赫爾岑就是在這樣的環境中，度過了他的童年和少年時代。所有的課業，無論是俄語、法語、德語、哲學、數學、歷史等等，都是家庭教師來家裏講授的。尤其是外語課，必是聘請講此種母語的地道外國人親自執教。這種因襲了幾百年的貴族生活方式，不知何故從赫爾岑這兒發生了變故，貴族意識、專制統治、高居人上的等級生活，偏偏在赫爾岑的身上引發了平民思想和民主意識。這的確是一個難解之謎。

赫爾岑從小畏懼他的父親，母親又不能給他足夠的思想和生活的空間，因此前庭裏的那些下等人，便成了赫爾岑懂事之後的最好的朋友。他願意與他們相處，在那充滿著汗味、煙味和酒精氣息的渾濁的空間中，汲取他的知識和營養。

幼年的赫爾岑每年期盼著兩件事，一是隨父親下鄉視察領地，這一般是在夏季收穫之前；一是收穫之後領地的村長來城裏交租。

下鄉視察那簡直是孩子們的節日。沃野千里，滿目翠綠，村民們殺雞宰羊，備下豐盛的筵席恭候領主。村長及村裏的長老們，畢恭畢敬地站成一排，謙卑地低頭彎腰，爭相吻著赫爾岑父親的手背……

秋季進城交租，下人們比赫爾岑還歡天喜地。赫爾岑只是圍著堆積的新鮮玉米、大豆、蕎麥、獸皮、牛羊肉轉個不停，歡喜打鬧。而下人們一眼就看出了村長的貓膩和手腳，他們半是玩笑半是認真地敲打著貌似憨厚的村長。村長便急忙掏出銀幣打點這些尖刻的僕人。不然，他們真有可能在老爺面前戳穿他的把戲。村長是好意，也是無奈。他只有拚命向領主低報產量和收穫，才能為他和村民們留下過冬的口糧和禽肉。其實，老爺們也心知肚明，不便當眾揭穿而已。

十七歲那年，赫爾岑考入了莫斯科大學，這讓他的父親沾沾自喜了好長時間，這可是一所薈萃了俄羅斯年輕精英的純粹的高等學府。自從沙皇決定將首都從莫斯科遷往彼得堡之後，莫斯科及其莫斯科大學，就幾乎被朝廷拋到了腦後，而拿破崙卻一直期待著將民主和學術的風氣吹進這所古老的大學。管理和管制的相對放鬆，讓莫斯科大學有了寬鬆的發展空間。那些來自德國、法國、義大利、英國的哲學、文法、歷史、文學和自然科學的客座教授，或論理嚴謹，或熱情飛揚，總是能給俄羅斯的這些年輕學子們帶來驚喜和意外。

沙皇的專制統治由來已久，尤其是亞歷山大登基以來，政治迫害日益嚴重，殘暴治理無以復加。他曾為幾首言志詩流放了普希金，也曾把頂撞過他的作家拉布津發配到辛比爾斯克。正是這樣一個暴君猝死之後，俄羅斯上下醞釀著一股變革的暗流，儘管大多數人不知道繼位的尼古拉親王政治態度如何，還是有一批近衛軍下層軍官及士兵、各界民眾，聚集到了彼得堡的伊薩基耶夫廣場，請願改革，呼籲民主。尼古拉的大炮無情地驅散了這次和平示威，奪命的炮彈轟開了一扇歷史的門扉。「大門」打開之後，參加請願的人們被定義了一個無尚榮光而永垂歷史的名字：十二月黨人。

善良的人們終於明白，與沙皇討民主，無疑於與虎謀皮。尼古拉一世的殘暴和剛愎，絲毫不遜於亞歷山大。據說，當尼古拉還是親王時，一次操練中，他竟忘乎所以地揪住了一位軍官的衣領，這可是對傳統俄羅斯軍人的極大侮辱。軍官告訴他：「殿下，別忘了佩劍在我手中！」尼古拉後退一步，沒有吭聲，悻悻離去。但他的報復心理一刻也沒有減輕。十二月十四日事件之後，他兩次查問這位軍官是否牽連在內，總想給他扣上一頂「十二月黨人」的帽子。

所有這些惡劣而殘暴的統治，只能激發年輕知識分子的厭惡與反抗。赫爾岑成了莫斯科大學學生中的活躍分子，他們時常聚在一起讀書、辯論、暢談。

大學畢業之後，赫爾岑被分配擔任政府的下層文職官員，這是一個整日無事可做的閒差。普希金當年從皇村中學畢業後，有著與此時的赫爾岑完全相似的經歷。閒極無聊的赫爾岑，打算組建一個小組，召集幾個知己的同學交流賞書和學習的心得。這個「赫爾岑小組」的最初名單，有奧加遼夫、恰達耶夫、薩京等人。只是，「赫爾岑小組」還未正式開展活動，另一幫大學生們在聚會中的過激言行，被遍佈社會、無空不入的秘密員警偷聽了過去。於是，一場殘酷而血腥的鎮壓在莫斯科鋪排開來。

赫爾岑還算冷靜和沉著。一八三四年春天的一個早晨，他先去找他的好朋友瓦季姆，提醒小心。瓦季姆不在，赫爾岑走到樓上瓦季姆的房間，坐下來給他寫張字條。門慢慢打開了，瓦季姆的母親悄無聲息的走了進來，這是一個飽經生活磨難的老婦人。瓦季姆的父親早年被流放西伯利亞，母親堅定地陪著丈夫踏上了兇險之路，一家人吃盡了苦頭，好不容易才回到莫斯科，而瓦季姆的父親卻永遠地倒在了新生活的門檻前。

「您和您那些朋友，」老婦人顫顫地對赫爾岑說：「你們走的是一條必然毀滅的道路。你們會毀掉瓦佳，毀掉自己和每一個人。要知道，我把您當作兒子一樣愛您。」

眼淚流下了她清臒的面龐。赫爾岑沒有作聲。瓦季姆的母親握著他的一隻手，勉強笑笑，又說：「不要生氣，我的神經太緊張了。我一切都明白，您走自己的路吧，你們沒有別的路，如果有，你們就不會那樣了。這我懂得，但不能克制恐懼，我經歷過的不幸太多了，再也承受不起。

您別跟瓦佳說什麼，他會傷心的，會埋怨我說了這一些……」

赫爾岑的心中，被母愛溫暖著，也被女性的偉大和無私感動著。在這樣一個危險的時刻，他青春的情感在萌動。他覺得他必須做些什麼。他第一次約會了女性，一個他心儀的姑娘。

她叫娜塔莉亞，應該算是他的堂姐。娜塔莉亞是赫爾岑伯父的私生女。伯父去世後，伯母將這個八歲的孤兒丟給了姑姑，便揚長而去了。十幾年來，赫爾岑時常在姑姑家和自己家裏見到娜塔莉亞，堂姐的憂鬱、孤獨、沉靜、平和，深深地打動了他。他愛上了堂姐，又不敢直接表白。這一天晚上，他將堂姐約到了墓地。女孩子的敏感知道赫爾岑的全部心思，但她不知道赫爾岑正面臨著巨大的危險。娜塔莉亞還以為這是他們今後無數美好而甜蜜約會的開始呢！她站著，身子倚靠在墓碑上，他們漫無主題地聊著。

「明天見。」娜塔莉亞說著，將手伸給了赫爾岑，含著眼淚嫣然一笑。

「明天見。」赫爾岑回答。久久地注視著娜塔莉亞漸漸消逝的背影。

沒有明天了。赫爾岑萬萬沒有想到，第二天深夜，他便被秘密員警逮捕入獄。

逮捕是在深夜進行的。凌晨一點，父親的聽差慌慌張張地叫醒了沉睡中的赫爾岑，說是有一位員警要見他。

大門外，警察局長米勒，帶著一小隊哥薩克士兵，威風凜凜地等在那兒了。

「現在請您穿好衣服，您得跟我一起走。」

「去哪裏？」

「去普列契斯的員警所。」局長若無其事地回答。

「然後呢？」

「以後的事，總督的命令裏沒有講。」

隨後，他們闖進了赫爾岑的書房，開始強行搜查。似乎已經接到了指示，他們專門在來往書信中翻查，對赫爾岑的藏書也認真搜檢。

父親和母親都被驚醒，站在大廳裏不知所措。母親驚呼著，要撲向寶貝兒子，被哥薩克士兵粗暴地攔下。米勒局長踱了過來，煞有介事地向赫爾岑母親道歉。赫爾岑抑制住滿腔怒火，他不願讓這些鷹爪去欣賞一個善良家庭被突然撕裂的傷口。他扯扯米勒的袖口，對他說，「我們走吧。」

「走吧。」局長高興地說，押著他的獵物走出門去。

赫爾岑百思不得其解，「赫爾岑小組」僅僅有了組建的意向，還未正式開始活動，怎麼就被員警當局掌握了線索，全部逮捕入獄了呢？

問題全出在年輕人的張狂和忘乎所以。一個當年畢業的莫斯科大學的學生，在畢業典禮後的小型聚會上，酒喝多了，唱起了嘲笑、漫罵沙皇的一首歌：「俄國大皇帝，／一命歸西天；／醫生動手術，／剝開他肚皮。全國辦喪事，／家家哭嚎啕；／接位是哪個？／康斯坦丁醜八怪。皇帝想享福，／不管人間事；／奏摺寫上天，／要求禪帝位。天主讀奏摺，／發了慈悲心；／送來尼古拉，／一個大壞蛋。」

晚上，這學生意猶未盡，又請來同學喝香檳，喝得搖搖晃晃時，又唱起了這首歌。唱至一半，秘密員警破門而入，拘捕了參加聚會的所有學生。顯然，聚會學生中有人告密。每一個聚會學生都受到了嚴厲審訊和搜查。這些學生中，有人與薩京、奧加遼夫相識，並有書信往返，線索便一步步擴展，從薩京和奧加遼夫那兒，又搜到了赫爾岑、恰達耶夫的書信……赫爾岑小組全體成員就這樣牽連了進去。

赫爾岑歎謂幸運吧！他的小組如果成立並進行秘密宣傳、啟蒙活動，一旦事情敗露，等待他們的肯定是殺頭之罪。殘暴的沙皇不允許任何動搖他根基的異端之說存在於世！

赫爾岑被流放了。在經歷了九個月條件惡劣的監禁、審訊之後，赫爾岑被判流放西伯利亞的彼爾姆省。那是距莫斯科一千五百公里之外的邊遠小省，閉塞、愚昧、落後，一片冰天雪地，環境相當惡劣。

赫爾岑踏上了流放遷徙之路。他被憲兵押送著前往彼爾姆。馬車沿著莫斯科的弗拉基米爾大道一路東行，憲兵接到指示，一天至少行進二百公里。一路上舟車並用，日夜兼程。在一處驛站，赫爾岑禁不住在牆壁上寫下了但丁《神曲》中的名句：

> 從我這裏走進苦惱之城，
> 從我這裏走進罪惡之淵……

流放生涯是殘酷的雙重懲罰。一方面是物質的匱乏。飽受磨難的身體在極度的營養不良中慢慢耗盡生命的每一滴油脂；另一方面是精神的苦悶和孤寂。你沒有親人，沒有朋友，在監視中生活，在管制中存在。直到有一天，你覺得你的精神之弦突然崩斷，大腦一片空白，思維陷入停頓，你整個的精神已經滅亡了。

熬過這雙重磨難的流放者，便有了他的最大收穫，這便是對俄羅斯底層社會的深度瞭解。赫爾岑是一個民主主義者，他本來對俄國社會的改良滿懷期待，常發一些書生之見。一位省長親口對赫爾岑講過，一個受到明顯不公正處理的老農民，滿腔怨氣去找他告狀。聽完農民的抱怨，省長堅定地說：「我要根除賄賂。」生氣的農民聽後不覺笑出聲來。省長不解，問他：「你笑什麼？」農民回話說：「老爺，請原諒，我只是想起了我們村的一個小夥子。他誇口說，他能舉起大炮。他還真的試了試，可惜沒有把大炮舉起來！」

農民是在嘲笑省長。嘲笑他的不切實際的吹牛！

赫爾岑一直認為，消除這些貪污腐敗、瀆職枉法的醜惡現象的辦法只有兩條：把一切公之於眾；徹底改組整個機構，在一切可能的領域實行民選制度。

這些話，赫爾岑幸好沒有對那位農民講。那樣的話，那老農也會笑出聲來，嘲笑他另一種形式的不切實際。

俄羅斯社會的黑暗現實，很快便粉碎了赫爾岑的所有幻想。他終於明白，這個腐朽的專制而殘暴的政權，除了滅亡，沒有其他道路可走。

在流放維亞特卡省的時候（耿直的赫爾岑因為得罪了地方官僚，被從最初流放的彼爾姆，發配到了更偏遠、更向東北方向的維亞特卡），有一年，皇太子要前往視察。這可忙壞了省長秋法耶夫。這個在官場上混了幾十年的老官僚，把接待皇太子看做是討好沙皇、接近皇室的最好機會。秋法耶夫下令，皇太子所到之處，道路兩旁的農民都得穿上節日的長袍；城市的圍牆都要粉刷一新；人行道都要重新鋪裝，費用由各家各戶自己負擔。奧爾洛夫城一個窮寡婦有幢小房子，就在馬路旁邊。她向市長申訴，她沒錢修理人行道。市長報告了省長。秋法耶夫大怒，命令拆掉寡婦門前的人行道板，先用公款強行更新，過後向寡婦要錢，沒錢就拍賣她的房子。

諸多利益受到傷害的一位商人，站出來為寡婦鳴不平，聲稱要把這一切告訴前來視察的皇太子。市長慌了，再報省長。省長老奸巨滑，指令市長，立即將商人關進醫院，查查他是否有精神病，等檢查結果出來，皇太子早已離去，豈不萬事大吉。

秋法耶夫低估了商人團隊的能量和寡婦的勇氣。他們向皇太子報告了一切。來到奧爾洛夫的皇太子，對市長、省長一律冷眼相見，卻當著所有官員及歡迎百姓的面，命令他的御醫立即前往醫院，為商人做全面檢查。市長嚇壞了，說這一切都是按省長的指令辦的。省長秋法耶夫一句話也不敢講，唯有把腰彎得低些、再低些。

御醫回來宣佈，商人完全正常，沒有精神疾病。秋法耶夫連氣都喘不勻了。

皇太子悻悻離去。省長心裏忐忑不安，稱病在家，不再上班。

三個星期後，彼得堡的郵車來了。隨車有一封來自宮中的公函。辦公廳中慌成一團，收發官高喊，收到「聖旨」。秋法耶夫匆匆趕來，打開公函。「聖旨」只有簡單的一句話：他被免職了。

有人歡笑，有人哭泣。秋法耶夫更是捶胸頓足，幾十年的官場生涯一筆勾銷。赫爾岑對這些鬧劇已經沒有任何感覺。「哀莫大於心死」，他對這個體制，他對這個政權，甚至他對這個國家，已經不抱任何希望了。

沙皇政府的僵化和垂死，令日常的行政管理破綻百出，漏洞頻現。

彼爾姆新上任的省長對政府一級糊弄一級的官方報告還不甚了了。一天，他接到中央政府的垂詢函，查詢彼爾姆省的徵稅事宜。省長翻來覆去地讀了多遍，還是沒弄清楚公函到底要求了什麼？他問辦公廳的小秘書，誰能讀懂這封信？秘書回答，負責此類工作的三處老公務員。老公務員被找來了。省長將公函遞給他。老公務員從頭至尾讀了一遍。

省長問：「你看明白了？」

「看明白了。」

「那你把他們究竟要我們做什麼告訴我。」

那老公務員撓撓頭，「說不出來。」

「那你怎麼能說明白了？」

「我說不出來，但可以寫出來。」

「你寫吧。」省長指示。

老公務員鋪開公文箋，下筆就寫，一會兒，兩頁紙的回函擬好了。省長接過回函，仔細讀了一遍，似乎是回答了中央政府的查詢，又好像什麼也沒說。似乎是看懂了，但又什麼也不明白。他終於知道了官場報告的玄機。

保羅一世時期，有個軍官作戰負傷住進了醫院。團長在當月的軍情報告中，沒有認真查對，注明這個軍官已經陣亡。但這軍官命大，最終活了過來，恢復了健康。團長無可奈何，讓這個軍官先回家，在莊園裏住上幾年，找機會再糾正他的死亡證明。軍官回到了家鄉，可親屬們死活不承認他還活著，他們從戰爭公報中得知他已死亡，早已將他的財產瓜分完畢了。軍官無以安身，只好去彼得堡告狀。保羅一世還真受理了他的案子，他親筆在狀子上批道：「鑒於該軍官已由朕明令公佈身亡，申訴難礙受理。」

一個大活人，就這樣變成了沒有任何身分、姓名和財產的活「幽靈」，死人般地遊蕩在這個世界上。

帶著西伯利亞的風雪冰霜，帶著苦難生活的尖利礫石在皮膚上割下的道道血痕，赫爾岑終於回到了莫斯科，回到了他那貴族之家。

家，還是那麼豪華氣派，還是僕人如雲，領地成片，但在精神上，赫爾岑再難契合封閉、僵化的封建領主般的精神世界。他更加執著於他的民主主義改革，並在黑格爾的哲學中尋找著理性的思辯和邏輯的力量。赫爾岑甚至認為，沒有在黑格爾的《精神現象學》和普魯東的《經濟矛盾的體系，或貧困的哲學》中接受考驗，沒有經歷過這熔爐錘煉的，都算不得完備的現代人。

就這樣，赫爾岑不可避免地與俄羅斯民主主義另一個標誌性人物別林斯基當面論戰並互不相讓。

別林斯基年長赫爾岑一歲，才華橫溢，敏感而善辯。當年，他還是莫斯科大學的學生時，就因為創作諷刺沙皇的戲劇而被校方開除，這更堅定了別林斯基以文藝批評活動，反對沙皇制度的人生道路。

但在對愛國主義的理解上，赫爾岑與別林斯基產生了尖銳分歧。赫爾岑認為應超越民族、國界，在更寬泛的意義上同情被壓迫民族的反抗和鬥爭。而別林斯基堅持認為，俄羅斯國家和民族利益是至高無尚的。

「您可知道，」赫爾岑對別林斯基說，「從您的觀點來看，您可能證明壓在我們頭上的醜惡的專制政體是合理的，應該存在的。」

「毫無疑問。」別林斯基痛快地回答。並當場朗誦了普希金的詩歌《波羅金諾周年紀念》。普希金的這首詩，歌頌了俄國軍隊一八三〇年對波蘭農民起義的圍剿和鎮壓。

赫爾岑和別林斯基這兩大革命派別爆發了最激烈的爭論。巴枯寧居中調停也無濟於事。別林斯基一怒之下去了彼得堡，並故意發表了《波羅金諾周年紀念》的文章，堅持他的偏頗的愛國主義。

直到有一天。別林斯基在一位朋友家作客，就餐時，同席當中有一位工兵部隊軍官。主人小聲問他，想不想認識別林斯基，並用眼神暗示了一下。軍官湊在主人耳邊反問：「這就是那篇關於波羅金諾周年紀念文章的作者？」主人說：「是。」軍官冷冷地回答：「謝謝，我不想認識他。」

這一番對話，其實都被別林斯基聽了個真切。他再也坐不住了，走過去握著軍官的手，說：「您是個正直的人，我向您致敬……」

別林斯基親口將這段經歷講給赫爾岑聽，兩人相視一笑，言歸於好。

一八三九年，別林斯基成為俄國最著名的人文雜誌《莫斯科觀察家》的編輯。第二年，他開始主持這個雜誌當中的著名專欄「祖國紀事」。別林斯基廣泛約請名家賜稿，自己也親自動手撰寫文章，「祖國紀事」成了深受知識分子，特別是青年學生歡迎的欄目。赫爾岑回憶道：

莫斯科和彼得堡的青年，從每月二十五號起便如饑似渴地等待著別林斯基的文章。大學生們三番五次跑進咖啡館，打聽《莫斯科觀察家》到了沒有。厚厚的雜誌一到，便爭相翻閱，先找「祖國紀事」，搶不到手的著急發問：「有沒有別林斯基的文章？」「有。」於是，便懷著狂熱的認同，把它一口氣讀完。一邊讀一邊笑，一邊爭論……

一篇文章的動員力量竟如此強大，令沙皇政府忿忿不已。一天，彼得堡保羅要塞司令斯科別列夫在涅瓦大街上遇見別林斯基，他陰陽怪氣地說道：「您什麼時候駕臨我們的要塞啊，我已準備好了一間溫暖的牢房供閣下居住。」

其實，生活中的別林斯基非常怕羞，平常遇見陌生人或者人太多的場合，他就會手足無措。他知道自己的這一弱點，想要掩飾，結果反而弄得很滑稽。凱切爾邀他去拜訪一位夫人。離她家越來越近，別林斯基便越來越不安。他問凱切爾，可不可以改天再去？說他頭痛。凱切爾太瞭解他了，不理會他的藉口。來到夫人家門口，別林斯基一下雪橇，便想溜之大吉，被凱切爾一把抓住大衣，拖進了屋內。

別林斯基有時也去作家奧多耶夫斯基公爵府上，參加文學界和外交界的晚會。在那裏聚會的人，全都是為了相互猜忌和怨恨而聚在一起的。這些人形形色色，有大使館官員和考古學家，有畫家，有學者出身的高等文官，有從北京歸來的傳教士，有半憲兵半文學家的人物，也有全是憲兵而不是文學家的人物。在這種晚會上，別林斯基總是心慌意亂，不知怎麼辦才好。他的兩邊，一位是一句俄語不懂的薩克森公使；另一位是連別人頭腦中想什麼也知道的秘密員警廳官員。別林斯基每參加一次這樣的晚會，都要病上兩三天，並把帶他去的人大罵一頓。

赫爾岑卻偏偏與別林斯基成了莫逆之交。他喜歡這個靦腆的人，喜歡這個虛弱的身體。因為，別林斯基具有一種強大的、鬥士般的性格，他是一個堅強不屈的戰士。

別林斯基不善於勸導、說教，一張嘴他就要論爭。沒有對手，沒有忿恨，他就語不驚人；一旦他覺得自己受到了傷害，一旦他鍾愛的信念受以了觸犯，情形馬上就不同了，他的臉部肌肉開始顫動，聲音噴薄而出，他像一頭小老虎，撲到對方身上，撕裂他的肢體，剝開他的表皮，把他弄得狼狽不堪，醜態百出。他以非凡的力量，非凡的詩意，闡明著自己的觀點。論爭結束時，別林斯基才想到自己是一個病人，不能激動。但是，已經晚了，他咳血不止，臉色蒼白，氣喘吁吁，眼睛注視著與他談話的人，用哆嗦的手掏出手帕，按在嘴角，緘默不語。這是多麼具有震撼力的靜默。赫爾岑最喜歡這風暴後的平靜。因為，無疑，這總是別林斯基大獲全勝的時刻。

一八四六年，赫爾岑的父親去世了。這等於是切斷了赫爾岑與這個腐朽國家的最後一縷聯繫。他幾乎已經被俄國的野蠻統治窒息了。他想起了莫斯科大學他的德國哲學課教授米・格・帕夫洛夫。帕夫洛夫講授哲學概論。他那天馬行空般的教學風格，總能使聽課人獲益匪淺。每當上課鈴響，帕夫洛夫站在教室門口向學生問道：「你們希望瞭解大自然嗎？但什麼是大自然？知識又是什麼呢？」

帕夫洛夫的提問總是讓學生浮想聯翩。赫爾岑渴望走出這封閉的國門。他嚮往德國的哲學，嚮往法國革命，嚮往歐洲大陸的思想爭鋒，嚮往英倫三島的民主架構……。赫爾岑將他繼承到的遺產全部變賣，以為妻子治療肺病為藉口，向沙皇政府申請出國。

在經過了無數的艱難曲折之後，在無數次地穿梭於官僚機構並被打著官腔、不懷好意甚至故意刁難的官員刻意審查之後，赫爾岑終於拿到了護照和出國簽證——其實就是一張薄薄的道林紙。

一八四七年一月二十一日，又是一個冰天雪地的冬日，赫爾岑離開莫斯科，乘著雪橇，向俄普邊境進發。十天後，他們到達了國境線。

俄國士兵將護照交還赫爾岑，一個小個子的軍士費力拉起了攔路木，赫爾岑乘坐的雪橇，在一個猶太車夫的駕馭下，踏出了俄羅斯邊界。

赫爾岑情不自禁地回頭望了望，攔路木已經放下，這等於是阻斷了他回俄國的道路，風從俄國一方挾帶著雪霰吹向大路，打得人睜不開眼。

前方，是普魯士的拉烏扎根。那飄滿雪花的界標上，是一個瘦瘦的單頭鷹，這是普魯士的象徵。赫爾岑此刻才深刻感到，他終於逃離了那個雙頭鷹國度的虎視眈眈的魔掌。俄國政府的雙頭鷹國家標誌，一直讓民主知識分子心頭惴惴不安。

傷感、幸運、迷惘、忐忑，所有複雜的情感，在赫爾岑心頭雜陳滾落，他還沒有細細品味其中的蘊意，雪橇已碾過普魯士邊境線，進入了異國他鄉的土地。

赫爾岑的可貴，在於他從來不是一個狹隘的愛國主義者。他始終將民主、平等、博愛這些普世價值，高置於他的信仰和理想之中，他賦予了愛國主義更高尚的內容和更寬泛的意義。

赫爾岑認為，一八一二年拿破崙對俄國的戰爭，大大加強了民族意識和愛國思想。但一八一二年的愛國主義沒有維護斯拉夫舊傳統的性質。這在卡拉姆津的戲劇和普希金的詩歌當中，在亞歷山大皇帝本人身上，都能看得到。一切強大民族遭受外來侵略時，都會激發一種力量，愛國主義就是這種本能的表現，這也是一種高昂的勝利感，進行反抗的自豪感。

赫爾岑以他思想家的尖銳，一針見血地指出，這種愛國主義的理論是貧乏的。隨著戰爭被遺忘，這種愛國主義也漸告平靜，最終或者蛻化為卑鄙下流、厚顏無恥的阿諛奉承，或者墮落成庸俗無聊的自我標榜式的愛國主義，大言不慚地誇耀刺刀，把對強國的失敗偷偷轉換成對弱小國家的鎮壓，正像俄羅斯那樣，毫不臉紅地誇耀對波蘭農民起義的剿殺，誇耀從冰天雪地的托爾尼奧綿延至崇山峻嶺的塔夫利達的遼闊疆域。

當愛國主義變成了皮鞭和警棍，當愛國主義偷換成統治世界的貪婪和慾望，這樣的國家，不愛也罷。尼古拉一世正是用這種血腥的愛國主義，深深傷害了赫爾岑的國家情感。

流亡海外的赫爾岑，對所有民主的進程倍加關注，對所有共和制度的嘗試歡欣鼓舞。一八四八年年初，他剛剛離開法國前往義大利，巴黎便爆發了二月革命，資產階級以共和的名義上臺執政，封建專制王朝被趕下了皇帝的寶座。赫爾岑聞訊，立即從義大利返回法國，近距離體驗共和國這一新生事物帶來的巨大變化。

「共和」只是資產階級隨手扯來的一塊遮羞布，它壓根就沒打算真正實行。四個月後，共同舉事革命、推翻專制政權的工人階級，發現了資產階級的欺騙本質和二月革命的不徹底，憤然舉行武裝起義，希圖奪取政權，倡行共和。在這緊要關頭，資產階級的嗜血本性暴露無遺，他們聯合國家機器，糾集毫無政治信仰、唯恐天下不亂的無賴市民階層，殘酷鎮壓了工人階級的六月革命，白色恐怖一時籠罩著巴黎全城。

起義第三天的早上八時，悶響了一夜的大炮沉寂了，街道上迴響著一些零星的步槍射擊聲。深深關注共和國命運和工人階級起義狀況的赫爾岑，約上俄國文學評論家安年科夫，向愛麗舍田園大街匆匆走去。

街上空空蕩蕩，兩旁是站崗的國民自衛軍。協和廣場上駐紮著一支臨時組建的「別動隊」，他們是鎮壓工人起義的先遣力量。一個十七八歲的小夥子，靠在步槍上，正講著什麼。赫爾岑與安年科夫默默走上前去。小夥子的夥伴跟他一樣，都是些孩子，有些醉了，臉上沾滿因端槍射擊而噴出的火藥沫子。幾夜無眠和酗酒使他們眼睛紅腫、疲憊不堪，有的人正把槍拄在下巴上打瞌睡。

「嘿，當時那情形已沒法形容了。」小夥子停了一會兒後又接著說，「不過他們打得不壞。當然，我們還是為我們的夥伴報了仇！他們死了多少人喲！我插上刺刀親手捅死了五六個傢伙，就是要讓他們永遠記住，造反絕沒有好下場！」

赫爾岑和安年科夫悶悶不樂地向馬萊德教堂方向走去。在那裏，國民自衛軍的一隊哨兵攔住了他們，搜查了口袋，問明了去向後，便放行了他們倆。但是，剛過了馬萊德教堂，他們又被第二道哨兵線攔住了，無論怎麼解釋，就是不讓通過。無奈，赫爾岑和安年科夫只好原路返回。而滑稽的事件發生了，第一道哨兵居然也不允許他們通過。

「可是你們看到的，我們是剛剛過去的。」

「不准通過！」一個軍官粗暴地說。

「你是在開玩笑吧！」赫爾岑不解地問。

「少跟我廢話，」軍官也是一個剛剛穿上軍裝的小店主，霸道蠻橫之氣便氣沖雲天，「逮捕他們！送往警察局！」他指著赫爾岑說：「這個人我認識，在一次群眾集會上見過，另一個必定也是這路貨色。他們兩個都不是法國人，一切由我負責，開步走！」

四個士兵，兩人在前，兩人在後，押著赫爾岑和安年科夫，向警察局走去。

赫爾岑知道，大難臨頭了。那幾天，許多人未經審訊便被關進了監獄，甚至直接押往杜伊勒伊宮的地下室裏槍殺了。

迎面走來了一個掛著「人民議員」胸章的人，赫爾岑定睛一看，是托克維爾，這是寫了《論美國的民主》的大作家、思想家，二月革命後，競選成為議會議員。赫爾岑上前求助，托克維爾連他們是誰、因何被捕也不問，只是彬彬有禮地躬了躬身子，面無表情地說：「立法機關無權干涉行政當局的活動。」說完，便轉身而去。

可整個街道上，全都是臨時武裝起來的小市民在執勤、巡邏，拘捕所謂的嫌疑人，哪裏見到過員警的身影？

謝天謝地，赫爾岑還真的是被幸運地送到了警察局。

一個禿了頭頂的老員警，戴一副眼鏡，穿一身黑制服，坐在一張大桌子後面。

他問：「你們的護照在哪裏？」

「我們外出散步時從不帶護照。」

老員警轉向押送的國民自衛軍士兵：「你們為什麼逮捕他們？」

「長官命令逮捕，我們就逮捕。他說這些人是嫌疑分子。」

「好，」老員警說，「我會把事情弄清楚的，你們可以走了。」

待押送的士兵遠去後，老員警聽了赫爾岑講述了事情經過，他說：「你們可以回家了，不過請注意，不要走原來幾條街，特別要繞過逮捕你們的那些哨兵。是的，等一下，我派個人送你們，他會把你們帶到愛麗舍田園大街，那裏是可以通行的。」

就這樣，員警從武裝的小市民手中救下了赫爾岑。

托克維爾失去了一次與赫爾岑相識、交談的機會，應該是世界思想史上的一個損失。其實，彼時滿腦子民主、共和思想的赫爾岑，大約不屑與托克維爾相識。他形容托克維爾，胸前掛著一個愚蠢的牌子，只配做資產階級的反動議員。

赫爾岑是一介書生，手無縛雞之力，他唯一的財富是他的思想。能把他的思想化做炮彈的轟鳴射向專制的沙皇政府，唯有那犀利而尖刻的文字。在國外的生活稍一安頓，赫爾岑便傾全力，謀劃辦報紙、出雜誌，這是他最為得心應手的武器和戰鬥的陣地。

當然，命運的多舛和事業的不順，一直是伴隨著流亡者的揮之不去的陰影。赫爾岑回憶過他在巴黎的一段艱難歲月：

這次參加報社工作失敗之後，跟我來往的人更少了，只限於幾個熟人，儘管由於新流亡者的到來，熟人多了一些。以前我有時上俱樂部走走，還參加過三四次宴會，那就是吃一點冷羊肉，喝幾杯酸葡萄酒，一邊聽皮埃爾·勒魯和老爺子卡貝談天，一邊隨著大家唱《馬賽曲》。現在連這種活動我也膩煩了。我懷著深沉的悲痛注視著一切，我發現崩潰在加快，共和制度、法國和歐洲在沒落。從遙遠的俄國看不到絲毫曙光，聽不到振奮人心的消息，也得不到朋友的問候。沒有人再給我寫信，親戚朋友的聯繫都中斷了。俄國無聲無息，死一般的沉寂，像一個不幸的老婆子被主人鞭打得遍體鱗傷，躺在地上不動了。

思想的愁緒還未解脫，瘟疫又席捲了巴黎。霍亂像幽靈一樣，給居住在這座大都市的人們蒙上了一層陰影，不幸的居民人人自危，愁眉不展。柩車綿延不斷，絡繹不絕地駛向墓園。赫爾岑說：「整個景象與政治形勢那麼吻合。」

一位只有二十五歲的夫人，是赫爾岑母親的熟人。這天一早，夫人去巴黎西郊住宅區聖克盧走了一趟，拜訪朋友，處理家庭事務。晚上，夫人來到了赫爾岑家，感到渾身不舒服。赫爾岑的母親便將她留在家中過夜。早上七時，僕人告訴了赫爾岑一個驚人的消息，那夫人得了霍亂。赫爾岑去房間看望她，被眼前的情景驚愕得合不上嘴巴。夫人已與昨日判若兩人！原來漂亮的臉龐，已經萎縮乾癟，眼眶下是深深的黑影，眼睛無神地直視著。

赫爾岑好不容易在醫院裏找到了他的好朋友、巴黎著名醫生雷耶教授，把他請到家中，為這位年輕的夫人診治。

雷耶看了看病人，將赫爾岑叫到一旁，小聲說：「您自己明白，這時還能做什麼。」雷耶開了藥方，便匆匆離去了。

病人著急地問赫爾岑：「醫生怎麼說？」

「他叫我派人去取藥。」

夫人用她那僅剩一層皮的乾癟的手臂，拉住赫爾岑，用充滿痛苦和恐懼的眼睛注視著他，囁囁道：「看在上帝的份上，告訴我他怎麼說的……我快死了嗎？」

赫爾岑明顯感到了夫人的恐懼。這不僅是對死亡的畏懼，也是對烈性傳染病這麼快耗盡她的生命感到驚恐。

赫爾岑無言以對。第二天早晨，她死了。

屠格涅夫正盤桓在法國。他打算離開巴黎去外省居住。他租的房子已經到期，便在赫爾岑家暫住時日。夫人去世的這天早上，屠格涅夫說他感到胸悶，喘不上氣來。赫爾岑安慰他說，晚上洗個熱水澡，會解除疲乏。

屠格涅夫照著做了，並喝了一杯摻酒和糖的蘇打水，然後上床睡覺。

半夜，屠格涅夫叫醒了赫爾岑。

「我沒有指望了，」他對赫爾岑說，「這是霍亂。」

屠格涅夫確實想嘔吐，渾身發冷、抽搐。

赫爾岑將自己的母親、太太、孩子送往埃夫裏市，自己留在家中陪伴屠格涅夫。

萬幸的是，十天後，屠格涅夫熬了過來。他痊癒了。

一八六一年十一月底，赫爾岑收到了巴枯寧的一封來信：

朋友們，我終於逃出了西伯利亞，經過在阿莫爾、韃靼海峽沿岸的長途跋涉之後，我到了日本，又於今天從那兒到達了三藩市。

朋友們，我的整個身心渴望著回到你們身邊，我一旦到達，要馬上開始工作，我希望在你們那裏致力於研究波蘭斯拉夫問題，這是我從一八四六年起就抱定的宗旨，也是在一八四八年和一八四九年我所實際從事的活動。奧地利帝國的覆滅，它的徹底滅亡，這便是我的最終目標——我不說這是我的事業，以免顯得過於自命不凡。為了這件事，我可以當鼓手，甚至當小卒，只要我能使它獲得一分一厘的進展，我就感到滿足了。它一旦成功，便會出現光輝的、自由的斯拉夫聯盟——俄國、烏克蘭、波蘭以及一切斯拉夫民族的唯一出路……

一八六一年十月十五日於三藩市。

幾個月前，赫爾岑便聽說了巴枯寧逃離西伯利亞的壯舉。新年剛過，巴枯寧那臃腫龐大的身軀，便倒在了倫敦流亡者的懷抱之中。其時，赫爾岑已經由法國移居英國，在倫敦居住並從事思想革命活動。

巴枯寧是國際工人運動史上一位傑出的人物。他的堅定的自由主義信仰和無政府主義原則，讓他在歐洲各國名躁一時，家喻戶曉。他畢生的理想是推翻奧匈帝國，建立斯拉夫民族的偉大聯盟。一八四九年，他潛入德國德累斯頓，策劃、鼓動、領導了當地的農民起義。

那是一個讓巴枯寧激情澎湃的歲月。他奔走於德累斯頓廣闊農村，動員農民拿起槍炮，攻佔地主們的城堡。一天，他在奔波的路上，遇到一群騷亂的農民，他們正在一個城堡前面吵吵鬧鬧，大叫大喊，不知怎麼能打開城堡的大門，攻殺進去。巴枯寧見狀立刻跳下馬車，炮兵軍官出身的他，沒有時間打聽這是怎麼回事，他只是命令農民們列隊站好，熟練地教會了他們如何打炮，便重新上車，繼續趕路。巴枯寧的馬車剛剛起步之時，城堡的四周已經是炮火連天，煙霧迷漫了。

奧匈帝國的軍隊迅速出擊，鎮壓了德累斯頓的農民起義，巴枯寧也被捉住，捆了個結結實實呈送國王。

巴枯寧被判砍頭。後來，薩克森國王將砍頭改為了終身監禁。再後來，薩克森國王不願背著這個沉重的包袱，將巴枯寧移交給了奧地利。奧地利警方想從巴枯寧嘴中瞭解斯拉夫運動的秘密，便將他關在了德拉格欽。死硬的巴枯寧隻字不吐，警方只好又將他轉解奧爾米茨。巴枯寧被砸上了鐐銬，大隊龍騎兵押送上路。跟他坐在一輛馬車上的軍官，甚至將手槍子彈上了膛。

「這是為什麼？」巴枯寧問，「難道您認為，在這種條件下我還能逃跑？」

「不，可是您的朋友可能把您劫走，政府得到了這方面的情報，為了防備萬一……」

「怎麼樣？」

「我奉命把槍口對準您的腦袋。」

在奧爾米茨，巴枯寧被作為最危險的犯人看押。員警用鎖鏈把巴枯寧鎖在牆上，像養一條狗一樣地拴著他。半年後，奧地利政府覺得如此精心養活一個外國囚犯實在不值，便提議將他交還俄國。尼古拉根本不需要巴枯寧，可又找不到拒絕的理由，只好同意接收。

在俄羅斯邊境，奧地利軍官取下了巴枯寧身上的鎖鏈，而俄羅斯員警將一副更重的鎖鏈釘在了巴枯寧身上。奧地利軍官在移交了犯人之後，竟索回了那副鐵鏈，說這是帝國的財產。

尼古拉將巴枯寧流放西伯利亞。巴枯寧給尼古拉寫了一封懺悔信，他想麻痹尼古拉放鬆對他的監管，以便伺機逃跑。這一招顯然沒有奏效。

巴枯寧央母親向尼古拉求情，讓巴枯寧返回莫斯科或彼得堡。尼古拉回話說，只要我活著，巴枯寧就休想離開西伯利亞一步。

想到沙皇四十歲的年紀和紅潤的臉龐，巴枯寧覺得，等待下去是沒有希望的，他下定決心逃跑。

巴枯寧選擇了與常人完全不同的逃跑路線。別人是想辦法潛回俄羅斯內陸，他是一路向東，向邊界逃去。當然，這是一條兇險的逃跑路線，也是一條最漫長的逃跑路線。惡劣的環境，寒冷的天氣，野獸出沒，荒無人煙，隨時都會要了他的性命。

巴枯寧先以商業事務為藉口，來到了阿莫爾河口。在那裏，他說服一個美國船長把他帶到了日本。在日本函館碼頭，巴枯寧的如簧之舌又鼓動另一位美國船長同意帶他去三藩市。

上船之後，巴枯寧發現船長正在廚房忙著，說是預備招待一位貴客，他邀請巴枯寧做陪。巴枯寧愉快地答應了。

客人上船了，巴枯寧這才知道，請的竟是俄國駐函館總領事。逃跑、躲藏，都已經來不及了，巴枯寧壯著膽子，若無其事地迎了上去。

他對總領事說，他獲准一次旅行，正在日本短期逗留。

「您要不要跟我們一起回國？」總領事關切地問。有一支俄國艦隊，正在函館訪問，不日之內將啟程回國，開往尼古拉耶夫。

巴枯寧掩飾著說：「我剛到這兒，打算再玩上幾天。」

第二天，巴枯寧躲在美國商船上，駛過了俄國艦隊的船舷……現在，除了海洋，什麼危險也沒有了。

這幾乎繞了大半個地球的逃跑，就這樣不可思議的完成了。在橫跨了西伯利亞、橫跨了太平洋、橫跨了大西洋之後，巴枯寧踏著他的震響的腳步，走入了英國，走進了倫敦……

赫爾岑十分欣賞巴枯寧。他寫道：「巴枯寧有許多弱點。但是他的弱點是次要的，他的強大品質是主要的。不論給命運丟到哪裏，立刻能抓住環境中兩三個特點，發現革命的潛流何在，馬上對它進行引導，為它開拓道路，使它成為人人關心的問題，難道這不是一個偉大的優點嗎？」

同樣有著流放經歷的赫爾岑，對於這種非人的磨難感同身受。他認為，監獄和流放通常不能使堅強的人屈服，除非他們被折磨死了，否則一旦出獄，他們便彷彿從昏迷中醒來，又會繼續幹昏迷前所幹的一切。十二月黨人從西伯利亞的冰雪中回來時，比迎接他們的在原地受到摧殘和蹂躪的年輕人更富有朝氣。

赫爾岑在倫敦主持編輯著一份進步刊物《警鐘》，刊物秘密運回俄羅斯後，令沙皇大為惱怒，他甚至請英國政府引渡赫爾岑。英國政府理所當然地拒絕了沙皇的無理要求。巴枯寧的到來，倒是極力想改變這種宣傳革命、紙上談兵的狀況。他崇尚的是行動，是成立小組，組織黨派，進行起義前的準備工作，等等。

巴枯寧的這些革命行動，有時就是心血來潮，隨興而至。從俄羅斯來了一位年輕軍官。朋友們向他推薦。巴枯寧立即俯身書桌，開始寫信，塗塗改改之後，套上信封，信封上寫著：送往羅馬尼亞摩爾達維亞省首府雅西。年輕軍官被帶來見他。巴枯寧直截了當地問他，「你可以去一趟雅西嗎？」

「我剛到這兒，我……不過……」

巴枯寧將信封遞到他手上，「信已經寫好了，你最好明天就動身。」服從命令的天職在軍官身上顯現，他雙腿立正，「是。」

「信送到雅西後，您再前往高加索……」

「啊？從雅西……再去高加索？」年輕軍官驚得目瞪口呆。

「我完全沒有想到我會出差。只是……」年輕軍官囁嚅著又說。

「沒有錢嗎？照直說好了。我寫張紙條，你去赫爾岑那兒取就是了。」

忐忑不安的軍官見到了赫爾岑，赫爾岑取消了他的這趟差事。他已完全猜到，寫給雅西的信中，沒有任何實質性的內容。他責備巴枯寧，為何要捉弄這個老實的年輕人。巴枯寧忿忿不平，「這是考驗。從事革命工作，要隨時接受這樣的考驗，隨時為革命犧牲自己，勇於獻身！」巴枯寧的革命理念就是這樣一往情深，矢志不渝。

赫爾岑生活的年代，各種革命思潮遍地風湧。聖西門的、傅立葉的、馬克思的、蒲魯東的、巴枯寧的，等等，等等，不一而足。這其中，既有空想主義的幻想，也有實證方法的影子。但無論如何，人們是真誠地相信理想，獻身於信仰，在各種革命的道路上不懈探索。

一八五七年的某一天，一件不可思議的怪事落到了赫爾岑的頭上。

一天早晨，赫爾岑收到了一封信，非常短，是一個他不認識的、名叫巴赫梅捷夫的俄國人寫給他的。信中說，必須見他，請赫爾岑約個時間。

那天，赫爾岑正要外出辦事。他沒有回信，便直接去了倫敦薩布龍尼飯店找到了巴赫梅捷夫。這是一個年輕人，像個軍官，有些害羞，神情憂鬱。赫爾岑與他交談了幾句，巴赫梅捷夫拙於表達，時常沉默不語，赫爾岑搞不明白他們之間「必須」見面的理由。

幾天後，赫爾岑在街上遇見了他。

「可以與您一起走走嗎？」巴赫梅捷夫問。

赫爾岑回答：「當然可以。我不怕與您在一起，但這對您恐怕不方便。好在倫敦很大……」

「我不怕。」巴赫梅捷夫突然說，「我永遠不回俄國了……是的，我決定再也不回俄國！」

「別這麼說，您還這麼年輕。」

「我愛俄國，非常愛它，但是那兒的人……我沒法在那兒生活，我要完全按照社會主義的原則去建立一個僑居區。我考慮過了一切，現在便直接上那兒去。」

「想到什麼地方？」

「馬克薩斯群島。」那是太平洋南部的一個火山島。赫爾岑吃驚地望著他，默默無語。

巴赫梅捷夫還沉浸在自己的理想當中，他表示，一有輪船，他便立即動身，他幾乎是有點迫不及待了。

他轉向赫爾岑，開口說：「我可以向您提出一個不太恰當的問題嗎？」

「什麼問題都可以。」

「您的印刷廠賺錢嗎？」

「怎麼能賺錢。勉強能做到收支相抵就很不錯了。」

巴赫梅捷夫又認真地問道：「那麼，您的宣傳不帶任何商業目的嗎？」

赫爾岑用哈哈大笑做了回答。

「那好吧。」巴赫梅捷夫說，「我決定留一些錢給您，用做宣傳費用。萬一您出現虧損，就用這些錢好了。」

赫爾岑露出了驚訝的神色。

巴赫梅捷夫繼續說到：「我有五萬法郎。我要帶三萬法郎去島上，其餘兩萬法郎留給您做宣傳費用。」

赫爾岑堅辭不受。

巴赫梅捷夫執意要給。

赫爾岑說，「我要給您寫一張收據。」

巴赫梅捷夫說：「我什麼收據也不需要。」

赫爾岑還是給他寫了收據，聲稱不到萬不得已，絕不動用這筆款子。只是替巴赫梅捷夫存在英國銀行。

第二天中午，赫爾岑前去與巴赫梅捷夫告別。只見他已完全準備好了：一只小小的軍官或大學生用的破舊的手提箱，一件腰部繫帶子的軍用大衣，此外便是包在一塊厚厚綢手帕裏的三萬法郎。那很像一包栗子或胡桃。

這個人就這樣前往馬克薩斯群島。

「當心，」赫爾岑提醒他，「您這樣子，還沒上船就會被人殺死，錢也會被搶走。應該把錢藏在箱子裏。」

「箱子裝滿了。」

「我給您一只袋子。」

「毫無必要。」

巴赫梅捷夫便這樣走了。自此毫無音訊。沒有人知道他去了哪裏，沒有人知道他是否活著。許多革命同伴想動用那兩萬法郎，赫爾岑堅持著，不用一分一毫。他真誠地認為，只要錢還在，巴赫梅捷夫就會回來。他真心地希望他能平安歸來。

一八七〇年，赫爾岑病逝於倫敦，他到死也未等到與巴赫梅捷夫的重逢。

赫爾岑博學多才，一身兼有哲學家、思想家、文學家之譽。他流亡海外期間創辦的《北極星》雜誌和《警鐘》報，是俄羅斯民族啟蒙的號角。他的哲學著作《科學上的一知半解》、《自然研究通信》，是黑格爾的辯證法和費爾巴哈唯物主義的昇華。他的小說代表作《誰之罪》暴露了農奴主的殘酷專橫，反映農民的悲慘遭遇和知識分子的懦弱無能。

一九一二年，在赫爾岑誕生一百周年的時候，正在為俄國革命的道路苦苦探索的列寧，撰寫了《紀念赫爾岑》一文。

列寧說，工人的政黨應當紀念赫爾岑，當然不是為了講些庸俗的頌詞，而是為了闡明自己的任務，為了闡明這位在俄國革命的準備上起了偉大作用的作家的真正歷史地位。

列寧指出，赫爾岑不能在四〇年代的俄國內部看見革命的人民，這並不是他的過錯，而是他的不幸。當他在六〇年代看見了革命的人民時，他就無畏地站到革命民主派方面來反對自由主義了。他進行鬥爭是為了使人民戰勝沙皇制度，而不是為了使自由資產階級去勾結地主沙皇。他舉起了革命的旗幟。

列寧深刻分析了產生赫爾岑的時代背景：赫爾岑是屬於十九世紀前半期貴族地主革命家那一代的人物。俄國貴族中間產生了比朗和阿拉克切也夫之流，產生了無數「酗酒的軍官，暴徒，賭徒，鬧集市的好漢，養獵犬的闊少，打手，刑吏，淫棍」，以及「癡心妄想的馬尼洛夫之流。」但是在他們中間，赫爾岑寫道：

……也出現了十二月十四日的人物，出現了像羅慕洛和烈姆那樣由獸乳養大的一大群英雄……這是一些從頭到腳用純鋼鑄成的英雄，是一些奮勇的戰士，他們自覺地赴湯蹈火，以求喚醒年輕的一代走向新的生活，洗淨在劊子手和奴才中間生長起來的子弟身上的污垢。

列寧說，赫爾岑就是這些子弟中的一個。十二月黨人的起義喚醒了他，並且把他「洗淨」了。他在十九世紀四〇年代農奴制的俄國，竟能達到當代最偉大的思想家的水準。他領會了黑格爾的辯證法。他懂得辯證法是「革命的代數學」。他超過黑格爾而跟著費爾巴哈走向了唯物主義。一八四四年寫的《自然研究通信》的第一封信──《經驗和唯心主義》，向我們表明，這位思想家甚至在今天也比無數現代經驗論的自然科學家和一大群現時的哲學家、唯心主義者和半唯心主義者高出一頭，赫爾岑已經走到辯證唯物主義跟前，可是在歷史唯物主義前面停住了。

列寧為赫爾岑的「停住」而惋惜，正因為赫爾岑這樣「停住」了，所以他在一八四八年革命失敗之後就陷入了精神破產的狀態。赫爾岑當時已經離開俄國，直接觀察過這次革命。當時他是一個民主主義者、革命家、社會主義者。但是，他的「社會主義」是盛行於一八四八年時代而被六月事件徹底粉碎了的無數資產階級和小資產階級社會主義形式和變種的一種。其實，這完全不是社會主義，而是資產階級民主派以及尚未脫離其影響的無產階級用來表示他們當時的革命性的一種富於幻想的詞句和善良願望。

列寧那理想主義的、永遠站在理論制高點上的、充滿著反覆遞進的複語和先決條件的喋喋不休，真能讓人有窒息的感覺。

又一個一百年過去了。無論「革命」和「社會主義」的詞句是否仍舊時髦，是否依然具有蠱惑人心、激蕩社會的力量，赫爾岑及其那個時代所倡行的民主、平等、共和、博愛的理念，仍然是當今世界和人類社會面臨的一大課題。仍是人們將要攀登的一座思想高地。赫爾岑的不朽，蓋源於此。

主要參考文獻

【俄】赫爾岑著，項星耀譯，《往事與隨想》（上中下），人民文學出版社，一九九八年第一版。

布蘭得利・伍德沃斯、康斯坦斯・理查茲著，李巧慧、王志堅譯，《聖彼德堡文學地圖》，上海交通大學出版社，二〇一一年七月第一版。

福澤諭吉的智慧

福澤諭吉的智慧

民族的智者是一個民族的幸運。

綿延五千年的中華民族，匱乏的正是這樣一種民族的幸運。

魯迅曾經稱讚過中國的脊樑，他們當中，「有埋頭苦幹的人，有拚命硬幹的人，有為民請命的人，有捨身求法的人……」魯迅的描摩是準確的：他們是脊樑，是軀幹，是支撐，而不是頭腦，不是智慧，不是思想，不是引領民族前行的指路燈。

孔孟之道，意在復古，修補這個「禮崩樂壞」的社會，「克己復禮」，回到堯舜的禮樂時代，諸子百家，爭相鳴詰，或回歸自然，或無為而治，或征戰以兵，或典刑以正，都沒有從根本上改變中國的社會風貌。究其原因，是那個社會不先進和不值得維持。放在人類社會文明與富強的大背景下，在古代典籍中曾經名噪一時的孔孟之道和諸子百家，都失去了他們原有的光華。

美利堅是幸運的。他們有潘恩。一七七六年一月，潘恩出版了他的政治學小冊子《常識》一書，簡潔而明確地闡釋了政府存在的社會基礎，指出了民主和自由是天賦人權，呼籲北美人民勇敢地站起來，獨立於英國王室，建立自己平等自由的民主國家。《常識》一經出版，立即風行新大陸，幾乎是家喻戶曉，人人盡知。《常識》是美利堅獨立運動的助產士和催生婆。

大和民族是幸運的，他們有福澤諭吉。一八七五年，歲在明治八年，日本的維新運動正風生水起之時，福澤諭吉發表了他的著名之作《文明論概略》。他以西方文明國家為範式，不遺餘力地鼓動日本人民向西方學習，開啟民智，研習科學，走開化文明的強國之路。他自明治五年至明治九年陸續寫成並發表的《勸學書》，言簡意賅，通俗易懂，宣導全民學習，人格平等，精神獨立，為日本的國民教育立下頭功，為平等思想的傳播開了先河。

智勝群倫的傑出英才，引領著一個民族邁上了現代化之路。此種幸運，不是每一個民族都能輕易獲得的。風雲際會，造化神秀。時代在最需要精英的時候鍛造了精英。這樣的民族，的確是幸運的。

一八三五年一月十日，福澤諭吉出生於大阪。這是一個下級武士的家庭，父親由家鄉中津藩派駐大阪公幹。福澤諭吉上面有一個哥哥和三個姐姐。父親福澤百助是個略通儒學的中津藩下士，自認為是個「地地道道的漢儒」。福澤諭吉出生當晚，父親剛巧買到了求購已久的中國乾隆一朝的法令合集、六十四冊的《上諭條例》，便用此書的「諭」字加上日本人常用的祝福語「吉」字，為這個小兒子取名「諭吉」。

日本幕府時代的社會傳統，只有長子可以繼承家業，承襲父爵，而門閥制度的森嚴等級，又決定著與生俱來的身分，除非建大功、立大業，否則，下一個等級很難向上一個等級邁進。福澤百助深惡痛絕這種窒息創造精神的門閥制度。面對毫無出人頭地希望的天定命運，父親甚至想讓福澤諭吉出家做和尚，在清雅無為的禪宗世界裏尋找生命的真諦。

福澤諭吉不足兩歲之時，噩運便降臨到了他的頭上。父親突發腦溢血去世，在大阪的生活無以為繼，母親便帶著他們兄姐五人回到了家鄉、九州的中津藩老家，投奔外公和舅舅一家。福澤諭吉有一個慈祥而善良的母親，「母教不嚴而家風正」，幼年的福澤諭吉家境貧寒，迫於生計，他小小的年紀便外出打工，掙錢養家，裱糊拉窗、修釘木屐、修房補漏、鍛打刀劍，這些雜七雜八的謀生營生，福澤諭吉幾乎都幹過。

福澤諭吉十三四歲的時候才開始入學堂讀書，這已經算是很晚的了。若不是看到別人家的孩子都在學堂讀書，只是自己整日遊蕩於社會，四處幫工掙錢面子上不好看，福澤諭吉是不願意進學校讀書的。

然而，一經發蒙，福澤諭吉便顯露了聰穎的天賦和過人的靈性，他過目不忘，理解深透，一年下來，他竟超過了早他幾年入學的其他同學。日本那個時代的早期教育，學的都是四書五經和儒學經典。福澤諭吉正是從這時起，對中國歷史產生了興趣，從《史記》、《漢書》到《元明史略》等，他都讀過，他尤其喜歡《左傳》，不僅認真通讀過，還一口氣讀了十一遍，其中的經典篇章，他甚至都能背誦下來。

福澤諭吉是個自主性很強的孩子。他自知無望「子承父業」，便另闢蹊徑，謀劃著自己的生存之道。日本作為一個島國，崇拜航海民族。不知從何時起，日本人對荷蘭人的堅韌不拔和日漸強大欣欣而然，全國各地便有了不少「蘭學之館」。福澤諭吉也入館學習，苦讀荷蘭文，學習荷蘭的文化和歷史，尤其注重學習由荷蘭輸入的自然科學。與西方各國武器裝備上的差距，讓日本人深受刺激。學習荷蘭的火炮製造技術，以對付各國軍艦的威脅，也是許多日本人向荷蘭學習的原因之一。

一八五九年，經過幾年的刻苦努力，自認為掌握了荷蘭語的福澤諭吉，約了幾個同伴到橫濱遊覽，考察日本與海外諸國的貿易情況。在熱鬧繁華的橫濱碼頭，福澤諭吉突然發現，各國通用的交流語言，根本不是他花費多年功夫學習的荷蘭語，而是他一竅不通的英語。這給了福澤諭吉極大的打擊，陡生「鄉下人不知外部世界」的感慨。福澤諭吉下定決心，放棄荷蘭語而改學英語。他的幾個好朋友受不了這種辛苦，紛紛打了退膛鼓，只有福澤諭吉義無反顧，邁上了艱辛的學英語之路。

促使福澤諭吉下決心學習英語、瞭解英美的主客觀因素中，「佩里叩關」事件是一個重要的因由。

一八五三年七月的某一天，住在橫須賀久里濱的日本人一覺醒來，赫然發現港灣內竟泊著四艘漆成黑色的美國軍艦！這是美國海軍準將佩里率領的艦隊。美國人不請自來，直接叩門，「黑船來訪」，目的只有一個，向日本炫耀武力，迫使日本幕府開放門戶，通航世界。佩里扔下通航協議，調頭返回。半年之後，見日本政府毫無動靜，竟第二次率艦來訪，直抵江戶碼頭之下。日本朝野被美國政府、尤其是佩里準將的傲慢激怒了，許多人主張對美一戰，伸張大和民族的浩然之氣。可冷靜下來細細一想，美國軍艦大搖大擺，如入無人之境，直抵橫濱之灣，日本的防衛之師竟然毫無察覺；以冷兵器和輕火器裝備起來的日本軍隊，憑什麼去對付美國軍艦這個龐然大物呢？日本政府只好屈辱地簽訂了城下之盟，同意開放橫濱、長崎、函館三個口岸，與西方各國自由貿易。

佩里的傲慢，是有實力做後盾的。日本上下無論怎樣同仇敵愾，總不會用不經一擊的血肉之軀，去抵擋無堅不摧的長槍火炮。當時的一段文字，記錄了日本對美國軍艦的驚恐之態：

美國的軍艦在一月二十八日從浦賀開船，停泊在神奈川灣，幕府見狀驚恐萬分，認為美國軍艦將繞過羽田灘而進入到品川，如果談判一旦破裂，江戶將在美國人的大炮之下，化為雲煙。從神奈川到江戶之間，瞭望哨比比皆是，告急的書信如雪花飛來。在將軍所駐城堡，忽然得知夷船向江戶駛來，大恐，忽然又得知夷船向浦賀駛去，又放寬了一下心。就這樣忽驚忽安，日達數次。後經詳細調查夷船轉舵原委，據說，因潮汐漲落及風向的變化，夷船便在其停泊的原地改變方向。哨所據此上報，才引起一場虛驚等等。

一八六〇年，美國軍艦「波瓦坦」號載著日本代表團赴美簽署《日美修好通商條約》，為了起碼的顏面，幕府派出小型軍艦「咸臨丸」護衛前往。福澤諭吉作為「咸臨丸」軍官木村攝津守的隨從前往美國。這對所有日本人來說，是一次難得的海外遊歷機會。幕府多年奉行鎖國之策，禁止日本人民與國外交往。佩里打開日本對外交往的大門之後，有日本人冒險藏身於美國軍艦，企圖偷渡美國，一經發現，都以叛國罪處以極刑。

福澤諭吉的確幸運，二十幾歲便遠涉重洋，實地考察美國。這首次美國之行，令福澤諭吉大開眼界。從君主制國家來到文明開化之國，文化、風俗、處事標準的極大差異，讓福澤諭吉極不適應。文明國家中尊重女性、女士優先的習俗，顛倒了福澤諭吉根深蒂固的男尊女卑的價值觀。尤其令福澤諭吉訝異的是，他向美國人打聽喬治・華盛頓的後代如今在哪裏？做什麼？美國人聳聳肩，雙手一攤，說：「我不知道。」得了天下而不世襲，福澤諭吉實在搞不明白美國人是怎麼想的。

此後不久，福澤諭吉作為政府代表團的翻譯，隨團前往歐洲談判口岸開放事宜，在英國倫敦，他寫信給家鄉中津藩的重臣島津佑太郎，談訪歐感受：

小生我有幸加入此次西航成員當中，真乃不可多得的好機會。此次旅行中我不但要作學術研究，更應該用心探究其他歐洲各國的事情風俗。我已經在英法兩國找到了一些朋友，向他們請教了有關國家制度、陸軍規則、收稅方法等事項。雖然還不能說馬上就能夠全部明白，但比起至今為止只能從書本上學習瞭解，真可以稱得上是百聞不如一見，使我受到了很多教益。

這次歐洲之行，歷時將近一年，對福澤諭吉思想的衝擊，仍舊是巨大而深刻的。

一八六七年一月，福澤諭吉受命再次出訪美國，歷時半年有餘。七年之中三次出洋，二訪美利堅，遍遊歐洲各國，使福澤諭吉的眼界發生了極大的變化。他崇尚西方的現代文明，尊揚西方的民主制度，讚賞人人平等的社會理念，他主張日本應該徹底向西方學習，走文明開化之路，捨此之外，不可能走向國強民富。

福澤諭吉在他的著述中，毫不掩飾對年輕美利堅的尊崇。他以為他所處的時代，美國和歐洲各國是最文明的國家，土耳其、中國、日本等亞洲國家為半開化的國家，而非洲和澳大利亞的諸國是野蠻的國家。

福澤諭吉對野蠻、半開化、文明國家，描繪了具體而形象的標準：

既沒有固定的居處，也沒有固定的食物，因利成群，利盡而散，互不相關；或有一定的居處從事農漁業，雖然衣食尚足但不知改進工具，雖然也有文字但無文學，只知恐懼自然的威力，仰賴他人的恩威，坐待偶然的禍福，而不知運用自己的智慧去發明創造。這樣的人就叫做野蠻，可以說距離文明太遠。

在福澤諭吉的心目中，非洲各國及澳洲，就是這種野蠻人群聚集的地方。

農業大有進步，衣食無缺，也能營造房屋建設城市，在形式上儼然成為一個國家，但察其內部則缺欠太多；文學雖盛而研究實用之學的人卻很少；在人與人的交往中，猜疑嫉妒之心甚深，但在討論事物的道理上，卻沒有質疑問難的勇氣；模仿性工藝雖巧，但缺乏革新創造之精神；只知墨守成規不知改進；人與人相處雖有一定規矩，但由於習慣的力量特大還不成體統。這樣的人就叫半開化，還沒有達到文明的程度。

顯然，福澤諭吉將儒家文化圈的究無理之變而輕經世致用之學，逆來順受而獨缺質疑問難勇氣的人們，劃進了半開化的範疇之內。

這裏已經把社會上的一切事物納入一定規範之內，但在這個規範內人們卻能夠充分發揮自己的才能，朝氣蓬勃而不囿於舊習；自己掌握自己的命運而不必仰賴他人的恩威；敦品勵學，既不懷慕往昔，也不滿足現狀；不苟安於目前的小康，而努力追求未來的大成，有進無退，雖達目的仍不休止；求學問尚實用，以奠定發明的基礎；工商業的日益發達，開闢幸福的泉源；人的智慧似乎不僅能滿足當時的需要，而且還有餘力為將來打算。這就叫做現代的文明，這可以說是已經遠遠地擺脫了野蠻和半開化的境界。

福澤諭吉有著樸素的辯證思想，儘管他並未得到西方哲學的嚴格思維訓練。福澤諭吉堅定地認為，人類社會必定會從愚昧走向開化，從野蠻走向文明。處於半開化中的亞洲諸國，既不能安於半開化之現狀，更不能退回到野蠻時代，唯一的選擇就是走西方各國文明開化之路，跟上世界文明發展的大趨勢、大潮流。

福澤諭吉敏感地察覺到，「文明」具有兩重內容，即「外在的事物和內在的精神」。福澤諭吉說：「外在的文明易取，內在的文明難求。」

所謂外在的文明，是「衣服飲食器械居室以至於政令法律等耳所能聞目所能見的事物」，福澤諭吉認為，即便是這些風俗人情、政令法律等外在的文明，也要根據各國的情勢靈活取捨，絕不可不加分析照抄照搬。歐洲各國國境毗連，其文明進程也各有差異，遠在萬里之外的亞洲各國，怎的可以全盤效法西洋呢？福澤諭吉認為，「即使仿效了，也不能算是文明。……在日本的城市仿建了洋房和鐵橋；中國也驟然要改革兵制，效法西洋建造巨艦，購買大炮。這些不顧國內情況而濫用時力的做法，是我一向反對的。」福澤諭吉反對這些做法的依據是，「這些東西用人力可以製造，用金錢可以購買，是有形事物中的最顯著者，也是容易中的最容易者」，正所謂畫影隨形易，描摩精神難。

那麼，究竟什麼是文明的精神？福澤諭吉認為，就是人民的「風氣」。「這個風氣，既不能出售也不能購買，更不是人力所能一下子製造出來的，它雖然普遍滲透於全國人民之間，廣泛表現於各種事物之上，但是既不能以目窺其形狀，也就很難察知其所在」。福澤諭吉設定的文明精神的至高境界，是變革人心，改革政令，「真諦在於使天賦的身心才能得以發揮盡致」。福澤諭吉的這種遠見卓識，領先於亞洲同時代的絕大多數思想家和啟蒙者。

從某種意義上說，人類社會的進步，是自然科學引領的結果。自農耕時代走向工業化時代，機器的發明、使用及普及，發揮著至關重要的決定作用。中國和日本，同樣是被西方的大炮轟開了緊閉的國門，最初睜眼看世界時，除了驚奇，還是驚奇。驚奇之餘，中日兩國選擇的態度和道路卻是迥然不同。

日本人臣服於西方的先進科學技術，認清了自身落後的醜陋，老老實實地學習、引進、消化、吸收蒸汽機、電力、通訊、建築、鋼鐵、地理、化學、農科等等能夠獲取的所有知識，短短二十年，已經使日本社會面貌和人民生活發生了明顯變化，至福澤諭吉寫作《文明論概略》的一八七五年，像福澤諭吉這樣的人文學家和教育家，已經可以如數家珍地介紹和暢談西方物質文明和自然科學的廣闊領域和巨大進步了：

試看，今天西洋文明的發展情況，宇宙萬物凡五官所能感覺到的，都要研究它的性質，查明其作用，然後進一步探索其作用的根源，即使一利可取亦必取之，哪怕有一害應除亦必除之，凡是人力所能及，莫不盡力而為之。太平洋的波濤雖險惡，利用水火製造的汽船可以橫渡；阿爾卑斯山雖高，劈山開路可以行車；避雷針出現以後，雷霆再也不能逞兇，化學研究逐漸奏效，饑饉亦不能餓死人了；電力雖然可怕，而利用電力可以代替驛馬信差；光線的性質雖然微妙，而可以攝影傳真；如有風浪為害，可築港灣以護船隻；遇有傳染病患流行，則可設法預防或將其隔離。總而言之，人類的智慧已經戰勝自然，逐漸衝進了自然領域，揭開了造化的奧秘，控制它的活動，而使其就範，為人類服務。可以說智勇之所向天下無敵。既然人能制天，又能使天為人服務，又何必恐懼而崇拜它呢？有誰再去朝山、拜河呢？山澤、河海、風雨、日月之類，不過是文明人的奴隸而已。

假如時光可以倒流，人類能夠「穿越」，讓我們回到一八七五年的中國，拿出福澤諭吉的這段慷慨陳詞，拷問中國人，有幾個人能讀懂福澤諭吉的「夢囈」呢？不是認定為「天書」，便是「癡人瘋話」，妖言惑眾，蛊誘人心。

彼時的中國，災難深重，內憂外患，自顧不暇。太平天國的造反，席捲了大半個中國，燒殺搶掠，攻城陷地，戰火兵燹，民不聊生；第二次鴉片戰爭遺患仍在，兵臨城下，劍指咽喉，割地賠款，屈就臣俯。舉國上下，人心慌慌；綱常朝政，岌岌可危，哪裏有心思和心情開放國門，吸納文明呢？我們常常探討近代以降中日現代化進程的巨大差距，反思歷史教訓，其實，套用眼下一句時髦的語言：在被迫打開國門的一瞬間，我們便「輸在了起跑線上」。

道德與智慧、私德與公智，是福澤諭吉對比東西文化所做出的創造性分析。

亞洲的儒家文化圈自古重視道德修養與道德的教化作用，對此，福澤諭吉沒有異議。但是，他通過深入闡釋和具體分析，指出了「道德」的極大局限性。

首先，道德僅僅具有傳承性，缺少鼎力革新，與時俱進的內在動力。凡是道德經典，都是古代聖賢歷經數百年創造的不易之辭，後學之人只有承繼的義務，而無創新的道理，一代一代因襲下來，除了背誦還是背誦。福澤諭吉說，這有點像學生描紅，描得再好，也僅僅是達到了老師的書法水準而已。

其次，道德是狹窄的，道德的感化，只施用於個人，而難於造福大眾，惠及社會。福澤諭吉說，一個人一輩子蟄居斗室，抱著一本經書讀到老死，充其量，只能感化他的妻子與兒女，於社會的直接進步，推動不大。

道德是存在於人們內心的東西，不是外在的行為。所謂修身與慎獨，都是和外界無關的。福澤諭吉認為，道德是一種不管外界事物如何變化，不顧世人的褒貶，威武不能屈，貧賤不能移，堅貞不拔地存在於內心的東西。

智慧是一種公利，它直接作用於社會進步，推動人類從愚昧走向開化和文明。

智慧是對自然和社會的挑戰。不斷認識自然，利用自然，征服自然；不斷創造制度，創新制度，維護制度。福澤諭吉特別讚賞詹姆斯·瓦特和亞當·斯密，他多次提到，詹姆斯·瓦特發明蒸汽機，使全世界的工業面貌為之一新；亞當·斯密發現了經濟規律，令世界的商業因之有了可以遵循的發展規律。

「有德的君子獨自默坐家中，也不能說他是壞人，可是，智者如果毫無作為不與外物接觸，也就可以叫做愚人。」福澤諭吉的標準是，聰明智慧，如果不貢獻於社會，就是一個無用之人。

智慧的最寶貴特性是質疑。「對於宇宙事物，不肯輕易放過，看到事物的作用，就要追究其根源。既然產生了懷疑，即使不能找到真正的原因，也能根據其作用的好壞，想辦法趨利而避害。例如，為遮避風雨之害而建築堅牢的房屋，為防止海河氾濫而修築堤壩，為渡水而建造船隻，為防火而使用水，製藥以醫病，治水以防旱，逐漸達到依靠人力創造安居樂業的環境。」

福澤諭吉最為敬佩的，是西方各國民智開啟之後，對自然科學和社會科學的不斷鑽研和創新。可以說，他是懷著景仰之情來記敘西方人的創新精神的：

試看目前西洋各國的情況，由於人民智慧不斷進步，氣魄也越來越大，好象天地之間，不論是自然界或社會上，沒有任何東西足以限制人的思想，人可以自由地研究事物的規律，從而得出處理它的辦法。對自然界方面，已經探索了它的性質，瞭解它的作用，並且還發現了很多根據其性質而控制它的規律。對社會方面，也是如此，由於研究了人類的性質和作用，已經逐漸發現它的規律，從而根據其性質和活動，將要逐步地獲得控制的辦法。其進步情況茲舉例如下：法律嚴密，減少了國內的冤獄；商法明確，使人民感到方便；公司法合理，因而舉辦大企業者日多；租稅法妥恰，減少了私產的損失；兵法精湛（雖是殺人之術），而減少了戰爭之禍害；國際公法雖然還不周密，但是多少也起了減少殺戮的作用；國民會議可以限制政府的專權；著述和報刊可以制止強者的暴行；近來聽說將在比利時的首都，成立萬國公會以謀求全世界的和平等等。這些都是法制的日益周密和實施範圍日益擴大的具體表現，也可以說是通過法制以實現大德的事業。

福澤諭吉將這種「大德事業」描繪為「人天並立的境界」，他相信：「天下後世終有一天會達到這種境界」！

福澤諭吉有著強烈的民主思想。這種似乎是與生俱來的民主意識，與他低微的出身有關——越是生活在社會底層的人們，越渴望社會平等，人人自立而自尊。弗洛依德的研究表明：童年時期生活中欠缺的東西，成年後會加倍地補償。福澤諭吉幼年時的屈辱，令他沒齒難忘。

福澤家族是中津藩的下級武士。武士中又分為上士、下士、足輕三大類。由於長時間處於和平時期，沒有戰爭，武士的提升幾乎是不可能的事情。福澤百助也僅僅被封為「下士」，江戶時代武士的待遇，以每年領取的大米來計算。福澤百助的待遇是「十三石一人扶持」，折合成現在的計量單位，大約就是每年一千三百公斤大米。這比起歲入二百石（約為一萬兩千公斤）的貴族之家，不知相差了多少倍。

日本門閥制度等級森嚴，不可僭越，等級懸殊的階層，甚至連通婚都不允許。武士偶爾離開藩地外出公幹，如果遇到公卿、幕府官吏或德川三家的家臣，迎面而遇，要給人家讓路；在驛站裏，貴族、公卿可以把你的轎子強行奪去，供他們使用；河邊渡口，也要讓高貴者優先使用渡船；有時，甚至不准住在同一旅館。睡到深更半夜，突然被趕了出去，因為公卿或官吏們要下榻於此。這是天經地義、無可辯駁的社會價值標準。當公卿們以高貴的心態奪用了武士的好車、華轎，揚長而去之時，下級武士只有和著淚水，將屈辱一併吞下肚去。幼年的福澤諭吉多次經歷這樣的刺激，成年後他終於明白了父親為何想讓他出家的緣由，他知道，「門閥制度是父親的死敵」，既然無力改變它，就只好逃避它，擺脫它。

西方國家人人平等的社會價值觀念，似電光火石，讓福澤諭吉茅塞頓開。他在寫給日本國民的通俗讀物《勸學書》中，開篇第一句便是：「上天既不造人上人，也不造人下人。」這無疑在日本傳統的等級社會中，扔下了一顆破壞力極強的炸彈，顛覆了日本社會根深蒂固的等級制度，產生的影響是巨大而深遠的。時至今日，人們還能在日本幼齡學子的課堂上，聽到誦讀這兩句至理名言的稚嫩童音。

福澤諭吉由個人的人人平等，推及到國家關係。他說，自由獨立的根本意義決不僅限於個人，也關係到國家。他認為，國家之間應該平等交往，彼此尊重，「日本和西洋諸國都在同樣的天地之間，接受同樣的陽光照射，眺望著同樣的月亮，享受共同的海水和空氣，如果各國人民能夠彼此和睦相處，將雙方多餘的物品進行交換，互相幫助，互相學習，就不會產生羞恥感和妄自尊大的感覺，並且以互利互惠、謀求幸福、遵從天理人道為基礎來交結相處。」

這種國與國之間平等相處的觀點，在一八七〇年代的中國是不可理喻的「邪說」。天朝乃中央之國，正期待萬國獻貢，八方來朝，怎可屈尊伏就，與彼等蕞爾小國或蠻夷之邦交往？鴉片戰爭之初，面對西方列強的快槍洋炮，朝中大臣驚詫無比，不識其為何物，懼駭曰：「此為巫術，當以烏雞、狗頭血噴之。」愚昧頑冥以至於此，如何自立於世界民族之林？

福澤諭吉的難能可貴，在於他早早地跳出了狹隘的民族主義的小圈子，放眼於世界各國平等交往的社會現實，只服膺於真理，認同真知，「只要是真理，對非洲的黑人也心存敬畏；只要是道義，對英美的軍艦也不必懼怕。如果國家受到侮辱，全日本的人民都應該捨命抵抗，這樣才不至於失去國家威信，才能爭取到一國的自由獨立。」

中國不幸，在福澤諭吉《勸學書》的第一篇中，當作了反面批判的靶子：

但是要像支那人那樣，覺得天下再沒有其他國家，看到外國人就叫他們「蠻子」，把他們當做是四足畜生一樣作賤嫌棄，也不掂量自己的國力，就要驅逐外國人，反而被這些「蠻夷」逼到了窘迫的地步，實在是不知一國應有的本分，這是因為沒有理解人天生的自由，才會陷入放蕩墮落之中。

聽著福澤諭吉的喋喋「教訓」，實在有些不太舒服。他是完全站在西方諸國的立場，以西方國家「自由通航」、「自由貿易」的公理通論各國，未免偏頗。在福澤諭吉的其他論著中，甚至將中國的虎門銷煙也斥為魯莽和有傷通商法則。他也認為「鴉片為害國家」，但他分析道，如果中國能與英國講明道理，對話談判的話，也許不會導致戰爭。

即使是英吉利國也沒有公然進行有害他國之事，所以談判定能穩妥結局。然而出現了像林則徐那樣沒有頭腦脾氣暴躁之人，不先在自國制定法律，什麼也不說就把英國運來的鴉片毫不講理地燒毀。如此一來英國也很生氣，最終發兵痛擊。至今日為止世界各國沒人指責英國，全都嘲笑中國。這全是由於中國人不瞭解世界，不懂得通理，自己做錯了事情。自作自受，根本沒辦法向人訴說自己的愚蠢。

福澤諭吉的本意，也許是強調在法律的框架下，通過談判結束爭端。已經和正在進行的貿易，無論民情如何鼎沸，政府如何憤怒，都應該恪守契約，完成交易。要禁要疏，乃應以法律為依據，而不是單憑社會輿論或官員的個人好惡。這種論斷，完全不同於中國人民對鴉片戰爭的原有判斷，令中華民族在感情上無法接受。近代以降，中國執政當局在處理一些重大國際爭端和邊界糾紛時，往往得不到世界輿論的普遍同情和支持，這其中的原因，的確值得反思及探討。但時光不能倒流，歷史不能重演。若林則徐採用完全另外一種方法禁絕鴉片，結局會怎樣，是無法妄加評說的。

有近代中日學者評論說，福澤諭吉在《勸學書》中所言的個人自由主義是先天和諧的，而針對外國的國家主義因為基於「道義」，也是健康的。對內宣導國民的自由獨立，對外交往基於萬國公法與國際道義，兩者之間保持著絕妙的平衡。

《勸學書》的第一篇，只有四千字，發表後廣受歡迎和好評，於是便裝訂成小冊子單獨發行，短短幾年，便行銷二十萬冊，盜版印刷的數量也非常之大。福澤諭吉不無自豪地說：「假如第一篇的真偽版本共有二十二萬冊，和日本人口三千五百萬進行比較，每一百六十位國民中就有一個必讀過此書。這種發行量過去十分少有，可見文化學問之激進大勢。」

福澤諭吉最為驚世駭俗的言論，是他為《時事新報》撰寫的社評《脫亞論》。他明確主張日本應脫離亞洲諸國陣營，移風易俗，加入到西方文明的陣線當中。

百多年來，福澤諭吉的「脫亞論」引發極大的爭論，莫衷一是，褒貶不一。

其實，福澤這篇社評的本意是，任何一個國家都無法阻擋世界文明的潮流，只有順勢而起，接納文明的朝露和甘霖，才能在人類社會的進程中不落伍，不掉隊。

福澤諭吉對西方文明，一往情深，一貫秉持著讚賞與擁護的立場。社評開篇，他便說道：「隨著世界交通的手段便利起來，西洋文明之風逐日東漸。其所到之處，就連青草和空氣也被此風所披靡。」欣喜之情，洋溢筆端。福澤還隨手拈來生活現象與文明作比較：「文明就像麻疹的流行一樣。眼下東京的麻疹最初是從西部的長崎地方向東傳播，並隨著春暖的氣候逐漸蔓延開來。此時即便是痛恨該流行病的危害，想要防禦它的話，又有可行的手段嗎？」流行病毒尚且如此，代表著世界發展趨勢、聲勢強大的文明浪潮，又如何憑人力可以阻止呢？「當前不但不應阻止文明，反而應盡力幫助文明蔓延，讓國民儘快沐浴文明的風氣，這才是智者之所為。」福澤明白，「如果試圖阻止文明的入侵，日本的獨立也不能保證，因為世界文明的喧鬧，不允許一個東洋孤島在此獨睡」。福澤的結論是浪漫而誇張的：莫不如與時俱進，共同在文明之海中浮沉，共同掀起文明的波浪，共同品嚐文明的苦樂……

福澤諭吉一直對日本開放以來的改革與獨立充滿著自豪，他斷言道：「雖然我日本位於亞細亞東部，但國民的精神已經開始脫離亞細亞的頑固守舊，向西洋文明轉移」。

孤傲的福澤，以剛剛脫離儒家文化圈的沾沾自喜，開始貶斥中國與韓國的保守、恪舊了：仁義禮智，只不過是徹頭徹尾的虛飾外表的東西，絲毫沒有實用價值；道德標準已經到了毫無廉恥的地步，卻還傲然不知自省。福澤諭吉還越俎代庖，給中韓兩國開起了救治的藥方：

這兩個國家出現有識之士，首先帶頭推進國事的進步，就像我國的維新一樣，對其政府實行重大改革，籌劃舉國大計，率先進行政治變革，同時使人心煥然一新。如果不是這樣的情況，那麼毫無疑問，從現在開始不出數年他們將會亡國，其國土將被世界文明諸國所分割。

不以義憤取代理智，捫心自問，冷靜想想，福澤諭吉的話不無道理。中韓兩國的歷史發展，的確應驗了福澤諭吉的預言。

日本自以為文明程度領先於亞洲諸國，急於撇清與亞洲落後國家的關係，尤其對東亞的中、日、韓三國，非要分出個三六九等和仲伯之距。福澤諭吉說：

以西洋文明人的眼光來看，由於三國地理相接，常常把這三國同樣看待。因此對支、韓的批評，也就等價於對我日本的批評。假如支那、朝鮮政府的陳舊專制體制無法律可依，西洋人就懷疑日本也是無法律的國家；假如支那、朝鮮的知識人自我沉溺不知科學為何物，西洋人就認為日本也是陰陽五行的國家；假如支那人卑屈不知廉恥，日本人的俠義就會因此被掩蓋；假如朝鮮國對人使用酷刑，日本人就會被推測也是同樣的沒有人性。

福澤諭吉一切唯西方文明的馬首是瞻，唯恐在這些洋大人面前露出日本人的「小」來。本質上，是日本人已經瞧不起愚昧守舊的亞洲諸國了，不屑於與這些同人種同文化的鄰國為伍了。福澤還打了一個比方，假如一個村莊中儘是些無法無天的潑皮無賴，偶爾有一家品行端正、遵紀守法，也會被其他人的醜行所淹沒，外人不會相信這一家人的善行義舉。所以，福澤建議：「作為當今之策，我國不應猶豫，與其坐等鄰國的開明，共同振興亞洲，不如脫離其行列，而與西洋文明國共進退。」福澤諭吉的結論斬釘截鐵：與壞朋友親近的人也難免近墨者黑，我們要從內心謝絕亞細亞東方的壞朋友。

歷史進程表明，日本正是走了一條「脫亞入歐」的道路，將亞洲各國遠遠地甩在了身後，加入了世界富人俱樂部，成為了西方七國集團的成員之一。

福澤諭吉一生致力於教育事業，普及文化與文明，他不當官，不入仕，甘願做「明治政府的老師」。福澤諭吉創辦的慶應義塾，後來發展為慶應大學，是日本最早的大學之一，福澤諭吉也被稱為「日本的大學之父」。

福澤的論著中涉及中國的文字不少，這是那個時代繞不過去的話題。如果不帶偏見，不刻意誤讀，這些有關中國的言論，絕大多數是客觀和中肯的，它像荊棘一樣，刺痛著中國政府和中國人民麻木的神經，如果我們早日被刺醒，歷史或許會呈現另一種形態。如福澤諭吉在晚年的回憶錄《福翁自傳》中寫道：「中國的問題首先在於根絕老大政府，否則，政府即便出什麼樣的了不起的人物，出一百個李鴻章也毫無用處。刷新人心，使國家文明，恐怕除了試以搞垮中央政府，別無妙策。」去專制而行民主，這就是福澤諭吉留給我們的思考。

一百多年前，福澤諭吉就認識到了新聞自由的重要作用，他說：

政府如果真要瞭解社會的真實情況，則莫如使出版自由，傾聽智者的議論。對著作和報刊加以限制，堵塞智者的言路，只利用特務來探索社會動靜的辦法，正如把生物密閉起來，斷絕空氣流通，而從旁窺伺其生死一般。這有多麼卑鄙呀！

福澤諭吉一生當中，除了辦學而外，從事的另一項重大社會活動便是辦報。他一手創辦的《時事新報》，刊發了他孜孜不倦撰寫和修改的一千五百多篇社評。這些社評佔到了二十一卷《福澤諭吉》全集的九卷！數量之大，議論之廣，寫作之勤勉，令人敬佩。梁啟超在上海鼓吹維新變法的時候，也辦了一張報紙廣為宣傳，報名就叫《時事新報》，是直接搬過來了福澤諭吉的報紙名稱。也許梁啟超覺得《時事新報》這個名字，正契合了他的變法維新思想，也有師日本之經驗，走中國之道路的意思。

如今，福澤諭吉在日本可謂家喻戶曉，人人盡知。許多人沒有讀過他的著作，但知道其人其名。因為，在日本廣受歡迎面額最大的一萬日元的紙幣上，就印著福澤諭吉的正面頭像。福澤諭吉頭像的紙幣，發行了三十多年而經久不衰。其他面額，如一千日元紙幣，許多年來，先後更換了伊藤博文、夏目漱石等人的肖像。可見日本國民及政府對福澤諭吉的喜愛與尊重。日本人花一萬日元紙幣，不是一張一張地數，而是說「一個人、兩個人、三個人……」。這倒是一個有趣的掌故。

一九〇一年二月三日，福澤諭吉逝世於他創辦的慶應義塾的校區內。遵其遺囑，葬禮上挽拒了各方獻花。赤條條而來，赤條條而去，這是福澤諭吉一生的真實寫照。

主要參考文獻

【日】福澤諭吉著，北京編譯社譯，《文明論概略》，商務印書館，一九五九年四月第一版，二〇一〇年十一月第九次印刷。

【日】福澤諭吉著，柯泓譯，《勸學書》，光明日報出版社，二〇一一年七月第一版。

威爾遜的
風範

威爾遜的風範

人，生活在當下而留在歷史當中。

「當下」是不能選擇的。正好像你無法選擇自己的父母。

生活在哪一個時代，與哪一個「當下」為伍為業，純粹是一種偶然。

當然，所有的「偶然」之中，隱喻著確定不移的「必然」因素。偶然是為幸運準備的。那些登上「偶然」之車的幸運兒，是由無數的「必然」促成的。

美國學者，普林斯頓大學教授、校長伍德羅・威爾遜，偶然之間一念之想，棄學從政，由新澤西州州長而美利堅合眾國總統；宣佈對德戰爭命令，加入第一次世界大戰；主持巴黎和會，重新規範世界秩序；開啟了世界上第一次冷戰的序幕，美俄兩大國爭霸世界的格局由此形成……威爾遜在不經意之間，成為美國二十世紀初葉一位個性鮮明的總統，他的偉大的歷史功績，隨著時代長河的不斷淘洗，而日漸清晰、日益顯現。

認識一個人，應該從他的童年和家庭背景中尋找最初的印痕和故事的軌跡。托克維爾說過，如果我們想理解支配一個人生活的偏見、習慣和愛好，我們必須觀察他還是繈褓中的嬰孩這一時期的情況；我們必須審視世界投射到他心靈上的第一個印記；我們必須聆聽喚醒他那沉睡中的思想力量的第一句話。他寫道：「可以說，從嬰孩時期的搖籃中將可以瞭解整個人。」

一八五六年十二月二十八日，伍德羅・威爾遜出生在維吉尼亞州北部斯湯頓的一個磚砌白色二層樓中。

這是耶誕節後的第三天，人們還沉浸在節日的喜慶氣氛之中。斯湯頓位於富饒的舍蘭道爾山谷的中心，是一個繁華的大市鎮。附近的農民們將他們生產的蔬菜、水果、肉類和乳製品拿來鎮上交易，鎮上的人們則用他們生產的鐵器和開採的煤炭換取自己需要的生活日用品。生活呈現著一種祥和安寧的升平氣象。

威爾遜的父母是蘇格蘭和愛爾蘭人的後裔，移民美國之前，這兩個家族在英國都是神職人員。來到美洲新大陸，他們仍然選擇「為上帝工作」，威爾遜的父親、外祖父、舅舅，都是當地長老會的牧師。

在尚未完全開化的美國，牧師是一個受人尊敬的職業。在世俗平民的眼中，牧師，就是上帝的使者，是神靈的佈道人，他傳佈著上天的聲音，拯救人類猥瑣的靈魂。對於實際從事牧師職業的人來說，這一行業還有一個他們不願意為外人道的從業理由，那就是，地位崇高，收入豐厚，衣食無憂，寒暑不懼。威爾遜的父親在美國南部換了好幾個教會，無論在哪裏做牧師，總有一座建築精美的基督教堂，總有教會無償提供的一處舒適住宅，總有供全家生活開銷的可觀俸祿。

伍德羅・威爾遜出生的那幢漂亮的小樓，就是長老會提供給他們家的一棟氣派的、幾乎全新的磚砌二層樓房。這房子建有寬大的門廊，前後白色的羅馬柱，房間大而有序，雖不豪華，但很氣派。威爾遜的嬰兒房溫暖明亮，一個黑人女傭為全家燒水做飯，打掃衛生。伍德羅的父親威爾遜牧師，在二樓有間書房，陽光明媚的日子，他常常在樓上陽臺讀書看報。從那裏，可以俯瞰青蔥蓊鬱、果樹環抱的花園，也可以遠眺青山疊翠的戶外景致。

威爾遜四歲那年，正在佐治亞州奧古斯塔鎮家門口玩耍，忽然聽到了急匆匆的過路人的談話。有人說，亞伯拉罕・林肯當總統了，仗就要打起來了。小威爾遜不明就理，成年後他回憶道：「記得當時，我模仿著他那種緊張的聲調，趕緊跑去問父親他們說的話是什麼意思。」

南北戰爭終於在一八六一年四月十二日打響，戰火不斷向南方蔓延。幸運的是，奧古斯塔沒有毀於兵燹，這裏是南方部隊的後勤輜重供應地，相對安全和穩固。作為南方人，作為羅伯特・李將軍的崇拜者，威爾遜牧師加入了南方陣營，與北方聯軍相對抗。他成為了戰場牧師，奔走於前線戰壕，為身受重傷、即將死去的南方軍戰士做最後的祈禱。伍德羅常常溜進改為戰地救護醫院的教堂，聽那些受傷的戰士講述戰爭中的恐怖故事。可貴的是，多少年後，歷史改變了伍德羅・威爾遜的戰爭觀和價值觀。他承認，林肯舉行的南北戰爭，維護了國家統一，迅速埋葬了美國的奴隸制度。

戰爭對伍德羅的最大影響是中斷了他的啟蒙教育——到處都在打仗，鄉村學校基本上都關閉了。好在牧師一家人都酷愛讀書。他們經常互相大聲朗讀聖經，還有新古典主義作家沃爾特・斯科特和查理斯・狄更斯的小說。通常是母親珍妮坐在牧師椅子上做著編織，伍德羅半夢半醒地躺著，威爾遜牧師則端坐在地板上，挺直身子為大家朗讀圖書。有時，全家也會在晚餐桌旁讀書。他們每天都要唱聖歌、祈禱，享受聖經故事帶來的懷舊情趣。

有相當長一段時間，威爾遜牧師是打算讓兒子伍德羅子承父業的。從兒子很小的時候起，他就發現了伍德羅對宗教的凝重和對上帝的虔誠。伍德羅的一個姐姐回憶說：「那時他還小，坐在教堂的硬背長椅上，小腳還夠不到地面，也聽不懂佈道，但父親那抑揚頓挫的優美聲調卻讓他著迷，都忘了小身子已坐得發僵。在唱讚歌──那種莊嚴優美的長老會讚歌的時候，他完全是用心傾聽。而且他的樂感也很好，會提高嗓門和教友們合唱。」

隨著年齡的增長，隨著逐步接受的系統而正規教育的影響，伍德羅對家族的職業選擇產生了動搖。他渴望衝出宗教的狹小天地，在更廣闊的人生舞臺演繹生命的燦爛。有一段時間，他甚至想當一名遠洋水手，在漂泊的大海上和五大洲迴異的文化中感受生活的壯美。十九歲那年，伍德羅・威爾遜找到了他生活中的真正激情所在──政治。他認為，宗教是歷史中的政治；而政治，是現世中的宗教。在現世的政治抉擇、政治信仰中實現人生的奮鬥目標，是無與倫比的美妙之事。

一八八五年大學畢業後，伍德羅・威爾遜便開始了他的大學教師生涯。他是一個天才的老師，語言清晰，思維嚴密，相貌堂堂，風流倜儻。伍德羅講授法律和政治經濟學課程，還完成了多部學術專著。他於一八九〇年執教於普林斯頓大學，十二年後被任命為該校校長。長校八年後的一九一〇年，他以改革為承諾，為號召，競選新澤西州州長，一舉獲勝。擔任州長剛剛兩年，伍德羅・威爾遜又在民主黨的全國代表會上被推選為該黨總統候選人，代表民主黨問鼎了白宮的總統寶座。一個僅僅只有兩年州長從政經歷的知識分子，如此一路順利地過關斬將，擊敗黨內的競爭對手，戰勝共和黨的總統候選人，從普林斯頓這個幽靜的小鎮，走向華盛頓，走進白宮，這不能不說是一個令人難以置信的奇蹟。

中國民主先驅胡適先生，早年留學美國期間，與伍德羅・威爾遜有過一段難以忘懷的神交。那一年，胡適選修了康奈爾大學奧茲教授的政治學課程。奧茲講授理論和歷史部分，而現實中的政治操作和選舉制度，胡適正是詳細考察了威爾遜等總統競選人的選戰而學習和瞭解的。可以這樣說，是威爾遜給胡適上了關於美國政治和選舉的第一堂課程。

一九〇八年，十七歲的胡適考上了庚子賠款赴美留學生。他是那一年從全國選拔出來的七十位幸運兒之一。在清華學堂學習了兩年之後，一九一〇年夏天，這群聰慧的年輕人遠涉重洋，來到美國康奈爾大學讀書。

美國政府和清廷最初議定的協議是，用美國政府退還的這些庚子賠款，為清廷和中國培養一批農、工、商、醫的實用人才。胡適最初學的是農科。一學期結束，教授發給每個學生三四十個實習蘋果，讓學生們切開來，逐個研究蘋果的胚芽、果莖、果臍、果皮的顏色、果實的酸甜度等等。胡適對此毫無興趣，他滿腦子是西學中用、救亡圖存的宏大議題。

一九一二年，正是美國的大選之年。康奈爾大學政治系聘請了一位教授，叫山姆・奧茲。奧茲原本是克利夫蘭市的一個改革派律師，於美國的政治史和選舉制度素有研究。胡適跑去旁聽他的課，立即就被山姆・奧茲的雄辯和滔滔不絕吸引住了。

這一年的美國大選，超出了兩黨競爭的傳統格局。威爾遜是民主黨的候選人。而共和黨卻一分為二，一派為保守派，支持現任總統塔夫托謀求連任；一派為從共和黨分裂出來的進步黨，支持前總統希歐多爾・羅斯福。這種複雜的政治局面，連美國人見了都異常興奮，更不用說關心美國政治的外國留學生了。

奧茲對他的學生們說，你們每人訂三份報紙，一份是支持威爾遜的《紐約時報》，一份是支持塔夫托的《紐約論壇報》，一份是支持希歐多爾・羅斯福的《紐約晚報》。奧茲要求學生對這三份報紙至少認真閱讀三個月，細讀各條大選消息，將每一個競選人的政治主張、經濟綱領、民主原則等等，做一系統比較；同時，還要關注報紙揭露的各州選舉舞弊事件，把這些掌握了，你們對美國的政治格局和選舉制度就可以了然於心了。

《紐約時報》、《紐約論壇報》、《紐約晚報》是美國東部地區久負盛譽的嚴肅報紙，深得讀者喜愛。《紐約時報》每天印在報頭一側的那句名言，一直是《紐約時報》賴以自豪的辦報準則：「刊登一切適合刊登的新聞。」

胡適選擇支持希歐多爾・羅斯福，以他當時年輕人的熱情和對民主政治的理解，他覺得進步黨會是一個充滿朝氣和改革精神的政治團體。整個那一個秋季，胡適佩戴著羅斯福派的野牛像章，在各種競選集會上跑來跑去。

大選剛過，胡適去見他的倫理學老師萊索教授，二人正在交談時，柯雷敦教授闖了進來，大聲宣佈著最新消息：「威爾遜當選了！威爾遜當選了！」萊索教授撇開胡適，與柯雷敦又是擁抱，又是握手，盡情歡呼威爾遜的勝利。一向溫文爾雅的教授突然不顧禮節，大失其態，這是胡適從來沒有見過的。當然，他也被兩位老師的真情感動得熱淚盈眶。

四年後的一九一六年，民主黨人威爾遜全力謀求連任，共和黨達成了內部的團結統一，推出候選人休斯與威爾遜競爭。此前兩年，胡適在華盛頓受到過威爾遜總統的接見，並親耳聆聽了他的演講，深為威爾遜的風範折服，成了民主黨人的不折不扣的支持者。他戴上民主黨人的徽章，為威爾遜的競選搖旗吶喊了。

一天，胡適見到了他所住公寓的勤雜工、中年婦女麥菲，他問道：「麥菲夫人，你們社區支持哪一個候選人啊？」

麥菲乾脆地回答：「我們全都反對威爾遜。」

「為什麼呀？」

「因為他老婆死了不到一年，他就再娶了！」

在一次競選聚餐會上，斯坦福大學校長大衛·喬頓說，是否投威爾遜的票，讓他頗費躊躇。「我在普林斯頓教書時，作為校長的威爾遜，居然給一位教授的夫人送花！」

公眾人物的所有細枝末節，都在選民的嚴格監督之下，他們的任何道德操守，任由百姓評論、臧否，這讓胡適感觸良多。

一九一六年大選的投票之夜，胡適與同學們一起去曼哈頓的時報廣場看結果。路上買到的一份《世界日報》號外，宣稱共和黨人休斯有可能獲勝，這讓胡適深感失望。時報廣場上紅白兩色的得票光柱，似乎也對威爾遜不利。時至半夜，難分仲伯，胡適等人只好回校。沒想到，所有的地鐵都擠得水泄不通，到處都是關心投票結果的選民。胡適只好從四十二街區走回一一六街區，步行了五公里返回校園。

第二天清晨，胡適一早起床上街買報，所有的報紙都報導休斯可能當選。胡適沒有見到《紐約時報》，對所有其他報導不屑一顧。他步行了六個街區，終於買到了一份《紐約時報》。時報在頭版頭條刊發消息，威爾遜以相對多數險勝休斯！這讓胡適興奮異常，返回學校安心地吃了一頓早餐。

如果不是第一次世界大戰，威爾遜也會像美國歷史上的多數總統一樣，乏善可陳地走完他的總統任期。從某種意義上說，是第一次世界大戰，成就了威爾遜總統生涯的壯麗和輝煌。

第一次世界大戰開戰之初，與大西洋彼岸的美國沒有絲毫干係。戰火燃起在歐洲大陸，是歐洲諸強在巴爾幹地區爭權奪利爆發的殘酷火拚。這場人類歷史上的空前浩劫，造成了參戰士兵的巨大犧牲。戰後統計，各國死亡的士兵分別為：德國一百八十萬人，俄國一百七十萬人，法國一百三十八萬四千人，奧匈帝國一百二十九萬人，英國七十四萬三千人，甚至連小小的黑山，也死亡了三千人。捐軀戰場的這些士兵，都是各國最精壯的男性公民。因而，戰爭過後，嬰幼失怙，婦女守寡，少女失去了結婚的機會。歐洲各國，還失去了一大批未來的科學家、詩人、政治領袖以及他們的孩子。

戰爭進行到第三年，德國人利令智昏，他們妄圖通過這場戰爭主宰世界，統治全球。他們肆無忌憚地製造戰爭恐怖，挑釁正義和公理。德國的軍艦和潛艇，竟毫無人性地攻擊中立國的商船和客輪。美國的商船與客輪在遭到攻擊，貨物和美國公民葬身大海之後，威爾遜總統別無選擇，只有提請國會批准，宣示對德國開戰。在向國會請求時，威爾遜堅定地表示：「把熱愛和平的美國人民捲入戰爭，而且是有史以來最殘忍、最具災難性的戰爭是可怕的，這場戰爭將以文明為代價。」

奧匈帝國是十分不情願將美國拖入戰爭的，它只想向塞爾維亞報殺儲之仇，為了臉面，也為了積怨。奧匈帝國知道美國的強大，也知道它的道德立場。德奧這兩個天然盟友在戰爭走向的選擇上，最終沒有達成一致。美國年輕而訓練有素的軍隊，一經踏上歐洲戰場，便迅速改變了僵持了三年的戰爭局面，同盟國步步潰敗，協約國節節勝利。一九一八年十一月，德奧宣佈戰爭失敗，被迫簽下了停戰協議。

戰爭結束僅僅是第一步，戰後賠償，歐洲甚至世界秩序重建，才是政治家們關注的焦點。這種巨大的歷史責任，自然而然地落到了伍德羅・威爾遜的肩頭。威爾遜的道德標準簡單而明確：錯誤必須受到懲罰；損失必須得到賠償；罪行必須公正審判；世界必須維持長久和平。

威爾遜對建立世界新秩序充滿著期待和憧憬，在他六十二周歲生日那天的一九一八年十二月二十八日，他發表談話說：「我非常有興趣地觀察到，從所有的地方，從所有的思想中，從所有的討論中，都建議：現在必須有的不是實力均衡，不是一個反對另一個的強大的國家集團，而是建立一個單一的、壓倒一切的強大的國家集團，它是世界和平的委託人。」

這便是國聯誕生的依據，這便是聯合國的雛形和前身。

威爾遜稱得上是一位具有戰略眼光的傑出政治家。美國參戰不久，他就堅信，協約國將最終贏得這場曠世之戰，他要預先考慮善後事宜。

威爾遜召來了他的高級顧問豪斯上校。總統的指示只有兩條，非常簡單：一，起草一份戰後和平文件，沒有框框，放開構思；二、嚴格保密，尤其是在提交國會討論之前。上校只是豪斯戰爭時期的一個榮譽稱號。他不是軍人，也從未參加過戰鬥，但他對國際衝突卻充分瞭解。

豪斯上校想了想，只好去找他的好朋友、陸軍部長牛頓•貝克將軍，請將軍在軍隊中為他物色合適人選。

貝克將軍手下有一名宣傳副官，畢業於哈佛大學政治系，名叫沃爾特，是個才華橫溢的年輕人。美國參戰後，沃爾特毅然從《新共和》雜誌社辭職，投筆從戎，來到軍中服役。從事戰時宣傳工作。他撰寫的給同盟國士兵的反戰傳單，有理有情，理透情真，被美國政府印刷了一百萬份，在前線廣為散發。絕大多數德國士兵都閱讀或收藏過這份傳單。貝克將軍毫不猶豫地將沃爾特推薦給了豪斯上校。總統批准了貝克將軍推薦的人選。

一九一七年十二月的第二個星期，沃爾特突然接到了陸軍部的命令，讓他立即前往紐約，組建一個諮詢班子，著手制定一個沒有任何名稱的極為秘密的計畫。

不明就理的沃爾特匆忙趕到紐約後，總統的高級顧問豪斯上校向他轉達了威爾遜總統的指示：總統讓他主持起草一份和平計畫，沒有任何具體的建議和設想。總統只是希望沃爾特起草的這個計畫，能夠成為一個持久和平的藍圖。

沃爾特立即投入了工作。此後整整三個星期，沃爾特和他的諮詢班子夜以繼日地研究、討論、起草、修改，有時都不能回家睡覺，實在困極了，就在辦公室裏迷糊幾個小時。十二月二十二日，疲憊不堪的沃爾特將一份名為《關於戰爭目的與和平條款》的文件交給了豪斯上校。這個計畫，勾畫出了歐洲國家的新邊界，對做出的每項決議進行了解釋，每項條款都繪有詳細的地圖。耶誕節那天，威爾遜總統與豪斯上校一起研究了這個計畫，然後，豪斯上校帶著總統的指示從華盛頓返回紐約，要求諮詢班子進一步闡明文件的要點。在接下來的一周當中，諮詢班子加班加點，對文件做了又一次修訂。

一九一八年一月二日，沃爾特將修改後的方案交給了豪斯上校。威爾遜總統雖然又做了一些改動，但他同意諮詢幕僚提出的大部分建議。一月八日，威爾遜出席參眾兩院會議，發表了諮詢幕僚的工作成果，即具有歷史意義的「十四點和平綱領」。綱領包括，廢除秘密簽訂的外交條約；公海航行自由；除卻經濟障礙，使利益普及於熱愛和平諸國；裁軍；尊重殖民地人民的公議；德國在歐洲強佔的土地應退回；組織國際聯合會，對大小各國同等保障其政治獨立與土地完整的權利……等等。這是威爾遜總統「新外交」的基礎，實質就是越過歐洲國家的政府，直接與人民對話。這一年，沃爾特只有二十七歲。這個年紀的美國年輕人，許多還在為自己的學士或碩士論文東拼西湊、摘抄材料，而沃爾特卻已經為總統起草了影響世界進程的劃時代的文件。

這個沃爾特，就是後來在美國大名鼎鼎、家喻戶曉的著名新聞評論員沃爾特・李普曼。

美國總統威爾遜，法國總理克雷孟梭，英國首相勞合・喬治，三位大國政治家，商定了和平會議的地點和日期：於一九一九年新年過後，在法國首都巴黎舉行。

英國女歷史學家、勞合・喬治的外孫女瑪格麗特・麥克米蘭在她的專著《大國的博弈——改變世界的一百八十天》中寫道：

一九一九年的巴黎是世界的首都。舉世矚目的巴黎和會正在這裏召開，參加和會的和談者都是舉足輕重的國際要人。他們天天會晤，談判時辯論不休、爭吵不斷。但最終總能言歸於好。他們互做交易、制訂條約、創建新國家和組織，甚至一起吃飯，一起去劇院看戲。從一月到六月的半年中，巴黎一躍成為世界的政府、上訴法庭和國會，同時也是人們恐懼和希望的所在。按照官方的正式說法，和會一直持續到一九二〇年，但最關鍵的是最初六個月，和會做出了最重要的決定，一系列事件也付諸實施，這一切是空前絕後的。

而各國議和代表，尤其是伍德羅・威爾遜，在動身前往法國之時，絕沒有想到這次和平會議會是如此的艱難和波詭雲譎。他更沒有想到，他會在歐洲、在巴黎，待上長長的半年時光。

一九一八年十二月四日，美國總統伍德羅・威爾遜，率領一個龐大的代表團，乘坐喬治・華盛頓號客輪，從紐約港出發，前往法國參加第一次世界大戰和平會議。碼頭上，舉行了隆重的歡送儀式，鼓樂齊鳴，人頭攢動。人們歡呼雀躍，擊槍致禮；水上，拖船汽笛一齊拉響；空中，軍用飛機和飛艇低低地盤旋。代表團成員之一、美國國務卿羅伯特・蘭辛，用家中的信鴿帶信給親友表示，一定竭盡全力實現戰後持久和平。

喬治・華盛頓號曾是一艘德國客輪，美國人可不在乎這些，得到它後，修葺一新，讓這艘敵對國的客輪擔綱時代大任。此刻，喬治・華盛頓號正緩緩駛過自由女神像，它將先開往亞特蘭大。那裏，一支由驅逐艦和戰列艦組成的護航艦隊，將護送美國代表團穿越大西洋，前往歐洲，前往法國。

威爾遜的隨行人員中，有從美國各大學和政府部門中篩選出來的最好的專家，有法國和義大利駐美國大使，他們攜帶了成箱的參考材料和專門的研究資料。

至於威爾遜總統親往歐洲參加和平談判是否明智，當時的各政治派別意見並不一致。反對黨共和黨極力貶低此行目的自不待說，就是民主黨內，也對總統的舉措深表擔憂。和談一旦破裂，斡旋一旦失敗，美國還怎樣在國際事務中佔有一席之地？對此，威爾遜的態度十分明確。在他看來，贏得和平和打贏戰爭同等重要。他曾對憂心忡忡的國會議員們說：「我將盡我的最大努力彌補並實現他們試圖用鮮血爭取的東西。」

威爾遜是帶著他的新婚夫人伊蒂絲・伯林前往歐洲的。原配夫人一九一四年去世後一年多，在一九一五年底，威爾遜迎娶了小他十七歲的富裕的華盛頓寡婦。伊蒂絲熱情、活潑、愛笑，喜歡高爾夫球、購物、蘭花，並熱衷於各種聚會。她的眼睛非常漂亮，不過有人認為她略過豐滿，嘴巴太大而且衣服稍顯太緊，領口太低，裙子太短。但威爾遜總統覺得她很漂亮。同威爾遜一樣，她也來自南方。伊蒂絲對她的一個朋友說，她不想帶女僕去倫敦，以免把她慣壞了。因為，英國人對黑人太好了。前夫去世後，留給伊蒂絲一間頗有規模的珠寶店，她的富有，在華盛頓盡人皆知。

在橫渡大西洋的喬治・華盛頓客輪上，威爾遜夫婦基本上在他們的特等艙用餐。飯後，手挽手在甲板上散步，和其他人保持著距離。威爾遜飲食有度，最多有時晚上喝一小杯威士忌。他特別喜歡看最新電影，晚飯後一般都去客輪上的影劇院。有一天晚上，威爾遜夫婦專門去看了情景喜劇《第二任妻子》，這讓許多人驚訝不已。

威爾遜長得風流倜儻，一表人才，很有女人緣。幸虧那個時代，媒體不是太發達，才沒有揭破他的這些緋聞。與第一位夫人結婚後，威爾遜一直與幾個女人過從甚密，甚至有些曖昧關係。英國一位外交官編派了一個威爾遜與女人的笑話，並迅速傳遍華盛頓：「總統在向新夫人求婚時她是如何反應呢？她驚訝地掉下了床。」由此，威爾遜記恨上了這個英國外交官，一直就沒有給他好臉看。

經過十天的航行，一九一八年十二月十三日，喬治・華盛頓號抵達法國布列斯特港。威爾遜總統威嚴地挺立在艦橋上，檢閱英、法、美三國戰艦。幾天來，陽光第一次這麼明媚，街道兩旁佈滿桂枝、花環和旗幟，牆上貼滿了歡迎的海報。左右翼政治派別都湧上街頭歡迎威爾遜。右翼歡迎他是因為威爾遜把他們從德國的魔爪下解救了出來；左翼則是因為威爾遜許諾的新世界。街道上、屋頂上、行道樹上擠滿了歡迎的人群，甚至連路燈燈桿上也爬上了人。人們身著華麗的布列塔尼傳統禮服，空氣中瀰漫著布列塔尼風笛嘹亮的樂聲，以及群眾狂熱的呼喊：「美國萬歲！」「威爾遜萬歲！」

法國外交部長歡迎道：「非常感謝你的到來，感謝你帶給我們真正的和平。」

美國代表團當晚乘專列火車前往巴黎。凌晨三點，威爾遜的醫生無意中向車廂外望去，「我看到許多成年男女，還有小孩，光著腦袋站在打開的視窗前，歡迎這趟列車。」

令威爾遜沒有想到的，他在巴黎受到了規模更大、更為熱烈的歡迎。一位居住在巴黎的美國人說：「這是我所聽說過的，當然更是我所見過的，巴黎市民最富激情的一次集會。」威爾遜乘坐的專列駛入精心裝飾的盧森堡車站，站內彩旗飄飄，鮮花遍佈。法國總理克雷孟梭及其政府官員，法國總統雷蒙德・龐加萊等，都在車站恭候威爾遜駕到。當禮炮在巴黎上空齊鳴宣佈威爾遜到來時，歡迎和歡呼的人群湧向守衛士兵組成的人牆，差點讓這些戰士們失去位置。

威爾遜總統夫婦乘一輛敞篷馬車前往住處，沿途狂熱的歡呼聲不絕於耳。當晚，在家庭晚餐時，威爾遜對如此禮遇非常滿意：「我仔細觀察了群眾的態度，很高興他們都非常友好。」

唔，開頭的一切看起來還真不錯。

和談進入實質階段之後，威爾遜逐漸發現，一切並非他想像得那麼簡單。美國是帶著他們的十四點原則前往巴黎的。和會秘書長莫里斯・漢克爵士一直在他最重要的文件包裏放著這份文件，並稱之為「道德基礎」。歐洲的普通百姓、參戰士兵，爭相稱頌威爾遜的和平主張；甚至像沙漠裏的阿拉伯叛軍、華沙的波蘭民族主義者、希臘群島的起義軍、北京的學生，以及試圖擺脫日本控制的朝鮮人，都把十四點原則當作他們的救星。

德國人知道大勢已去，懲罰之劍就高懸在他們頭頂。他們知道，只能依靠威爾遜的憐憫，才最有可能得到溫和的和平條款。於是，他們別無選擇地擁護十四點原則，請求威爾遜以這個原則為依據制定停戰協議。反觀英國和法國卻是態度強硬。

英國人似乎沒有表示出強烈的領土要求，但它向德國索取高額戰爭賠款。勞合・喬治的態度十分明確，就是要用這種嚴酷的懲戒手段，摧毀德國再次發動戰爭的基礎。也是給其他戰爭販子以嚴厲警告，一旦蠢蠢欲動，下場便會同德國一樣悲慘。

法國表現得與英國大相徑庭。法國人既不估算戰爭損失，也不表示他們想讓德國人賠償什麼。克雷孟梭繞來繞去，終於亮出了法國的底牌。他說，英美都有海洋保護，大西洋以及太平洋、英吉利海峽是這兩個大國最好的屏障。法國需要陸地屏障。他索取德國西南部的薩爾盆地，並要求對萊茵蘭進行軍事佔領。

原本以為幾個星期就會結束的和平談判，沒想到延續了幾個月之久，這令威爾遜煩躁不安。三月下旬，威爾遜提議由英國首相勞合・喬治、法國總理克雷孟梭、義大利總理奧蘭多和他組成四人會議，不帶秘書，不要翻譯，召開絕對秘密會議，商談和會上的重大事項。

這同樣是一個不容易達成一致的小型團體。

三月二十八日，當克雷孟梭在四人會議上再次索要薩爾地區時，引發了一場衝突。威爾遜忍無可忍，向克雷孟梭動了脾氣，他說，法國人從未提及將此作為戰爭目標之一，而且把薩爾分給法國有悖於十四點原則。克雷孟梭指責威爾遜親德，並以辭職相威脅，拒絕在和約上簽字。威爾遜的下巴因憤怒而暴突，他說這是克雷孟梭的謊言，目的是想把他逼回美國。同樣狂怒的克雷孟梭衝出房間，摔門而去。他對守在門外的法國代表團莫達克說，他沒有料到法國的要求會遭到如此堅決的反對。

兩天後，下雪了。那年，四月的巴黎天氣非常糟糕，而且迅速惡化。儘管四人會議的內容嚴格保密，但會議細節還是洩露出去了。有人預測，「巴黎和會將在一周內破產」。一位加拿大代表在家書中寫道，德國可能會爆發革命。《每日郵報》巴黎版標題：「走向毀滅。」《紐約時報》記者發回電報說：「國聯已死，和會失敗。」

四月三日，威爾遜因重感冒臥床休息，豪斯上校代替他出席四人會議。克雷孟梭非常高興，他半是認真半是玩笑地對勞合・喬治說：「他今天的病情惡化了。你認識他的醫生嗎？難道你不能說服他，賄賂他嗎？」克雷孟梭的意思是，要想辦法拖住威爾遜的感冒，延長他痊癒的時間，盡可能地把威爾遜排斥在四人會議之外。

生病倒讓威爾遜有了靜坐深思的時間。他對他的顧問格雷森說：「我不停地在想。我在想如果這些法國政客可以為所欲為，得到他們聲稱法國應該得到的一切，世界將會怎樣。我的觀點是，如果他們那樣做，世界將在很短的時間內四分五裂。」他表示，決不允許法國人那樣做。

做出了最終決定，威爾遜倒顯得輕鬆了許多。他通知格雷森，將喬治・華盛頓號召至布列塔尼海岸的布列斯特等候。「我不想說一有船我就走。我想讓船停在這兒。」其實，威爾遜此舉的潛臺詞已十分明顯——達不成協議，就放棄和談！《紐約時報》很好地配合了他們的總統，在頭版頭條的消息中寫道：「和會處於危機之中。」

威爾遜「罷會」的威脅產生了轟動效應。英法意等國開始認真考慮十四項和平原則，巴黎和會有了轉機。

後來的四人會議，儘管仍有爭吵和辯論，仍有勾心鬥角，但至少有了談判的前提和基礎。他們常常在地圖前仔細討論，由於威爾遜帶去的那張歐洲地圖太大，他們只好鋪在房間的地板上，然後趴上去分割土地，劃分邊界。威爾遜儒雅而有教養，他常常對克雷孟梭開口說：「我親愛的朋友。」克雷孟梭叫道：「你一說『我親愛的朋友』，我就害怕，不知又要有什麼倒楣事落到法國頭上。」威爾遜笑笑說：「我別無選擇。但如果你樂意，我就叫你『我傑出的同僚』。」

四人會議全部結束後，克雷孟梭問勞合・喬治：「你覺得威爾遜怎麼樣？」勞合・喬治說：「我喜歡他，非常喜歡他。現在比剛開始時好多了。」克雷孟梭承認道：「我也是。」

四人會議還真討論和處理了不少問題：德國賠款、薩爾煤礦、協約國對萊茵蘭地區的佔領、海峽隧道、比利時的要求、匈亞利革命、匈牙利和羅馬尼亞的武裝衝突，以及派遣斯馬茲代表團等等。

根據四人會議討論的要點，專門的起草委員會草擬了巴黎會議和約。這個和約，又經過了與會各國代表無數次的爭吵、討論、修改之後，終於可以簽字生效了。

六月二十八日，一個輝煌的夏日正在破曉。簽字儀式定在凡爾賽宮的鏡廳。這是一個特殊的日子和獨特的地方。一八七一年，就是在鏡廳裏宣佈了德意志帝國誕生。今天，幾乎就要在這裏宣佈它的滅亡了。六月二十八日，更是一個讓歐洲心頭泣血的日子。五年前的這一天，奧地利王儲斐迪南大公和他的妻子在薩拉熱窩被刺殺，第一次世界大戰隨即爆發。汽車載著各國談判代表駛向凡爾賽宮。從大門到凡爾賽宮一英里的路上，靜佇著身著藍色軍服、頭戴鋼盔的法國騎兵，白色三角旗在他們的長矛上迎風飄揚。庭院裏佈滿了軍隊，客人們沿著螺旋樓梯向鏡廳走去。樓梯上站滿了精銳的共和國禁衛軍士兵，他們白褲黑靴，穿著深藍色外套，裝飾著長長的馬鬃的銀色鋼盔熠熠生輝，手握馬刀，莊嚴敬禮。

鏡廳裏，政治家、外交官、將軍以及隨機抽取的協約國士兵，陸續走了進來。各大新聞媒體記者擠在大廳一端。這是有史以來第一次一個重要條約的簽字儀式被攝影，這令很多人感到新奇，很難集中自己的注意力。中國代表的席位是空的。中國因反對將山東半島殖民地判給日本而拒絕簽署和約。不過這似乎並不影響整個簽字儀式的進行和生效。

下午三點，服務人員讓大家安靜下來。「將德國人請進來。」克雷孟梭莊嚴地命令道。一位聯軍士兵走進門來，身後跟著兩個德國代表，他們穿著正式服裝，臉死一般蒼白，一點沒有了昔日軍國主義的殘暴形象，許多和談代表甚至在內心裏同情他們了。

克雷孟梭發表了簡短聲明。德國代表走上前去，他們被所有的眼睛注視著。他們從自己的懷中掏出了悉心準備的鋼筆，小心地避開了法國愛國團體提供的簽字用筆。因為他們明白，一旦使用了法國人的鋼筆，這兩支筆將作為恥辱的見證而收藏於博物館中。他們用顫抖的手在條約上簽下了自己的名字。德國簽字投降、賠償戰爭損失的消息很快傳遍了世界。凡爾賽宮外慶賀的槍炮開始轟響，一站一站迅速傳遞，一時間，法國大地槍炮齊鳴。

德國簽約代表之一穆勒，在簽字儀式上告誡自己，一定要公事公辦：「作為這個悲劇時刻的德國代表，我要讓以前的敵人看不到德國人一絲一毫的痛苦。」但是一回到酒店，穆勒就崩潰了，「從未有過，我渾身上下不停地冒冷汗——難以言表的緊張引起身體本能的反應。現在，我第一次明白，我一生中最糟糕的時刻已經結束。」他要求隨行人員立即整理行裝，當晚便啟程回國。

威爾遜英雄般地凱旋了。然而，他的十四項原則真的能為歐洲乃至世界帶來持久的和平嗎？凱恩斯就表示了強烈的質疑。條約簽訂之前，他因堅決反對對德國索取過度戰爭賠款，辭去了英國財政部的職務，然後喬裝離開了巴黎。這一年夏季的大部分時間，凱恩斯都在寫作。《和約的經濟後果》於一九一九年聖誕前夕發行，一年之內便銷售了十萬冊，至今仍在不斷再版，並翻譯成多國文字。

凱恩斯對巴黎和會的主旨驚駭不已。當歐洲文明搖搖欲墜、幾近崩潰時，貪婪的政治家們卻在想著如何從德國攫取更多的戰爭賠款以自肥：

> 在巴黎，與最高經濟委員會相關的部門幾乎每小時都會收到有關中歐和東歐國家（包括協約國和敵國）苦難、混亂和機構腐朽的報告；而且還從德國和奧地利財政代表口中得知他

們國家耗盡枯竭的無可辯駁的證據；偶爾去總統房裏四巨頭會晤的地方拜訪只能加重夢魘般的危機感。

四巨頭們在鍍金的房間裏談了些什麼？凱恩斯認為，他們達成了和平，結束了戰爭對歐洲經濟所造成的破壞。僅此而已。凱恩斯尖苛指出：當他們應當建立自由貿易區時，他們卻在地圖上重劃國界；應該把舊賬一筆勾銷時，他們卻在為相互之間的債務爭吵不休；還有在德國最受批評的巨額賠款。他大量引用自己為和會寫的備忘錄，證明德國最多只能支付二十億英鎊（一百億美元）。再多就會把它推向絕望，並可能引發革命，那將會對歐洲帶來危險的結果。凱恩斯慷慨激昂地寫道：

德國陷入受奴役地位達一代之久、降低數百萬生靈之生活水準以及剝奪其整個國家、整個民族之幸福，是一項令人深惡痛絕的政策——即使這種政策事實上可行，即使藉此能夠養肥我們自己，即使它不會埋下造成歐洲文明生活墮落的種子，也仍然是令人深惡痛絕的。

凱恩斯「深惡痛絕」的這項政策，同樣在奧地利顯現著它的惡劣影響。帝國垮臺後，由奧地利領導的經濟組織也相繼崩潰。一九一八年十一月，進口食物和原材料、出口成品的貿易停止了，就像維也納的一家報紙所說的那樣，這一切，一瞬之間「被斧頭砍斷了」。來自波西尼亞的煤炭和土豆，以及來自匈亞利的牛肉和小麥就在新國界的另一邊。奧地利沒有錢購買，而各鄰國也不願意慷慨捐贈。他們忙於索要奧地利的資產中原本屬於他們的那些東西：藝術品、傢俱、收集的盔甲和科學設備、書籍、檔案甚至圖書館。義大利人索要義大利成立之前運到維也納的藝術品；比利時人索要由瑪麗亞・特蕾西亞帶走的三幅一聯的繪畫……這從一個側面說明，在過去的歲月中，奧地利人從歐洲各國掠走了多少藝術品和無價之寶。

來自奧地利的「警報」每天頻繁地傳進巴黎，傳進和會。鄉村的家禽被搶劫一光，商店裏貨架空空，肺結核四處蔓延，人們衣衫襤褸，成千上萬人失業，僅在維也納就有近十三萬人沒有工作。工廠停產，火車和電車只能偶爾運行。原皇家軍隊總司令現在在經營煙草店；饑餓的孩子沿街乞討，施捨處門外排著長隊；中產家庭出身的女孩子為了溫飽而賣身。當暴力遊行中員警的馬匹被殺時，馬肉幾分鐘內就被搶光了。

奧地利的上層人士依然不願放棄他們慣常的優雅生活，維也納的咖啡館堅持開著，樂隊也堅持演奏，但顧客們卻喝著炒焦的大麥磨成的代用咖啡，而且，要穿著大衣坐在咖啡館裏，燃料不足，咖啡館已經燒不起暖氣了。同樣為了節省燃料，商店和餐館早早就打烊了。劇院只准一周開放一次。街道骯髒不堪，無人打掃。窗戶上釘著木板，因為到處買不到玻璃。哈布斯堡王朝宮殿被洗劫一空，美泉宮變成了遺棄兒童收容所，霍夫堡皇宮則出租給了私人。一位美國觀察家說：「他們就像遭遇了一場嚴重的自然災害，如洪水或饑荒。我們應該排除怨恨，滿懷同情地幫助他們自力更生。」

奧地利出席巴黎和會的代表團由總理倫納率領。倫納性格活潑，一表人才，是個溫和的社會主義者和現實主義者。前往巴黎時，聚集在火車站的奧地利人高呼：「帶回滿意的和平！」倫納回答：「包在我身上！我一定為我們可愛的人民贏得一切可能的利益。但不能忘記，我們沒有贏得戰爭，我請求你們不要懷有過高的期望。」

豈止是「過高的期望」？奧地利人一點希望都沒有了。巴黎和約以及陸續簽署的《凡爾賽和約》、《聖日爾曼條約》，將擁有七千萬人口，領土面積為英國、法國之和的奧地利，七分八割，變成了一個國土面積比葡萄牙還小，人口只有六百萬的微不足道的小國。奧地利人的震驚和絕望是可想而知的。他們憤怒地表示，和平協議竟然將奧地利變成了一個「生存空間不大，但死亡空間足夠的一個地方」。

德國的狀況似乎更糟糕。失去了百分之十三的領土和百分之十的人口，並要償還高達一千兩百億美元的戰爭賠款，這將使德國經濟在幾十年內無法恢復。這對崇尚尊嚴的德國人來說是一種無法容忍的羞辱。而新創建的捷克斯洛伐克這個國家，竟然安置了四百萬講德語的奧地利人。

熊彼特說，威爾遜夢想著「用這一次戰爭結束所有戰爭」，但現實最終是「這一次和平結束了所有和平」。

德國人是懷著復仇心理發憤圖強的。他們的工業體系迅速完善，鋼鐵產量躍居世界前列，軍工企業紅火發展。更重要的，他們的民族意識、他們的變革理念，竟引領著他們將希特勒這樣的偏執狂熱分子送上了總理和元首的寶座。幾乎就在巴黎和約簽署整整二十年之際，又一次更為慘烈的世界大戰爆發了。戰爭之初，德軍便出兵佔領了捷克斯洛伐克的蘇臺德地區，「解救」那裏的數百萬德國同胞。

眾多歷史學家指出，正是嚴苛的十四項和平原則，埋下了又一次世界大戰的火種。巴黎和會上，中國的山東半島是一塊被出賣的利益，是討價還價以維持平衡的籌碼，是政治斡旋的犧牲品和替罪羊。

早在一九一五年，日本就覬覦山東半島的利益，內政外交上做了大量臺前幕後的交易。大戰結束後，日本公開提出要將德國在山東半島的特權轉入它的名下。

那時的中國，南北尚未統一，為推選和會代表，先是自己匆忙在上海召開了議和會議，協商方略，確定人選。這樣背景下派出的和會代表團，誰會尊重並善待你呢？許多外國代表指出，真不知道中國的代表究竟代表的是哪方利益。

四月下旬，絕望的義大利人宣佈退出巴黎和會。精明的日本人看準時機，向四人會議（實則只剩三人）陳述自己的觀點。日本代表牧野說，日本必須得到山東半島，以平息國內的憤怒情緒。如果實現不了這一要求，日本也將退出巴黎和會，退出即將宣告成立的國聯。

這一軍，將得威爾遜無路可退。

威爾遜的媒體秘書貝克警告說，全世界都支援中國。威爾遜回答說：「我知道。但是如果義大利退出，日本也回家，國聯怎麼辦？」

美國談判代表布利斯以辭職和拒絕在和約上簽字相要脅，並給威爾遜寫了一封措辭嚴厲的信函：「如果員警可以留下撿到的錢包內的東西，而只把空錢包交還失主，並聲稱他履行了職責，那麼日本的行為就是可以容忍的。」布利斯還從道德層面看待這個問題，如果日本能得到山東，為什麼義大利不能得到阜姆？他憤怒地說：「和平令人嚮往。但還有比和平更珍貴的——公正和自由。」

威爾遜為避免和會的破裂殫精竭慮，這幾乎要了他的命。他對醫生說：「昨晚一宿未睡，滿腦子都是中日爭端。」

日本將取代德國佔領山東半島的消息傳回國內，群情激憤。五月三日，星期六，北京大學學生連夜聯絡北京各大專院校學生，決定第二天上午在天安門廣場舉行遊行示威。

五月四日，天氣涼爽多風。中午時分，三千多名示威學生聚集天安門廣場，他們打出了「還我青島」、「還我山東」、「外爭主權，內懲國賊」等標語。這就是中國近代史上著名的「五四運動」。

巴黎和會並沒有因為中國代表的拒絕簽字而夭折，但中國國內狂飆突進的思想解放運動已風起雲湧。

陸征祥和會歸來的最大感受是：弱國無外交。半年會議，不要說美國總統威爾遜，就是法國總理克雷孟梭、英國首相勞合•喬治，沒有一個與中國代表認真溝通過，聽取他們的意見和要求。我們被如此輕慢的理由只有一個，國家積貧積弱，民族四分五裂。

巴黎和會幾乎完全摧毀了伍德羅・威爾遜的健康。會議期間，他就發過小中風，回到美國後，威爾遜終於被中風擊倒了。第二任期最後一年多時間，他是在病床上度過的。

一九二〇年年底，沃倫・哈定當選為新一屆美國總統，伍德羅・威爾遜一九二一年初卸任。一九二四年二月三日，伍德羅・威爾遜逝世於美國首都華盛頓，享年六十八歲。

美國作家丹尼爾・哈蒙說：「今天，我們不僅把他看作是一位像林肯那樣具有戰爭領導才能的總統，而且是一位全身心為了和平而奮鬥的總統。」儘管這和平的結果並不十分完美。

公正地講，戰爭和健康嚴重影響了威爾遜的日常行政管理。但在一九一三年至一九一六年的第一個總統任期內，威爾遜致力於社會改革和經濟進步，舉措連連，成就斐然。他力推政府制定「新自由」政策，提高了美國工商業的競爭力；他推進童工保護法；在鐵路系統嘗試八小時工作制；修改法律，降低關稅等等；他建立了聯邦儲備系統，為國家提供了所需要的彈性貨幣供應量。這是一個偉大的創舉，這個具有美國特色的中央銀行（FED），一直運行到現在，並還在發揮著越來越巨大的作用。美聯儲主席格林斯潘、伯南克等等，他們的一句評論，一點預測，甚至是一個小小的暗示，都會在世界經濟領域掀起一股不小的風暴。格林斯潘更被世界各國戲稱為「地球上的影子總統」。

其實，伍德羅・威爾遜真正的行事原則來自於他的信仰。也許是家傳，也許是啟蒙所致，威爾遜一生當中對基督教信仰終貞不渝，孜孜矻矻。任職總統，威爾遜曾對朋友說：「如果沒有宗教力量的促動，我將枉度此生。」知名威爾遜研究專家亞瑟・林克，在回答其他傳記作家時說

韋伯的
社會

韋伯的社會

馬克斯・韋伯，一個典型的德國人，高大，魁梧，滿臉絡腮鬍子，舉止優雅，目光深邃，略帶憂鬱。一眼望去，便是那種時刻處於思辨狀態中的思想者。

馬克斯・韋伯一生的成就是令人矚目的，那些耀眼的光環，似乎要罩滿他那顆碩大的頭顱：現代社會學奠基人，德國經濟歷史學派代表人物，組織管理理論之父，無所不知的通才，「海德堡精神」的象徵。

如果我們更深入地走進韋伯的生活和精神世界，便會吃驚地發現，韋伯的所有這些學術成就，是在他嚴重的神經官能症，說得直白一些，是在他的精神分裂略有好轉的情況下，靠著頑強的自我克制和超乎常人的毅力完成的。這應該是現代文明史上的一個傳奇故事。探詢韋伯的心路歷程和精神之旅，便成了韋伯之後一些讀書人的心結和理想。

一個偉大的心靈正在緩緩向世人打開，我們做好了深入其中探究的準備了嗎？

韋伯的祖先是典型的德國貴族和上流社會人家。韋伯的母親一系，屬於一個叫做法倫斯坦的龐大家族。這個家族可以一直追溯到十七世紀中葉的圖林根。這個家族的掌門男性，早就被稱為了知識分子。有的曾任赫爾福德大學預科學校校長助理，有的任克勒弗地方教育學院院長。韋伯的父親一族是比勒菲爾德的一個亞麻商，這個家族躋身商業上流社會已經好幾代了，家族的自豪感將他們緊緊團結在一起。韋伯的外祖父是一個剛強的年輕人，二十歲時，為了他十六歲的心愛女孩貝蒂，他不顧家人的反對，毅然與她結婚成家。清苦的生活沒有磨滅他對他心中天使的摯愛，他做過家庭教師、縣府秘書、作家和詩人，無非就是養活他的六個孩子、呵護他的柔弱的嬌妻。一八一三年，他響應普魯士國王的號召投身軍隊，加入了呂佐夫軍團，開赴前線與法軍作戰。戰爭期間，他的一個孩子因營養不良夭折了。他把這筆賬記在了拿破崙頭上，終身對其咬牙切齒，與法國皇帝誓不兩立。

外祖父的強撼的體魄、剛烈的性格和桀驁不馴的稟賦，一點不走樣地遺傳到了韋伯身上。

韋伯父母相遇時，老馬克斯·韋伯二十四歲，是一個法學博士，才華橫溢，前程光明。海倫妮剛剛十六歲多一點，是法倫斯坦家溫柔而聰慧的三女兒。兩個年輕人一見鍾情，墜入了愛河，他們悄悄地訂了婚，羞澀地向家族宣佈了他們的愛情。當家中的長輩們認為他們還年輕，不要急於結婚成家時，相識了才幾個星期的這對年輕人，竟迫不及待地要舉行婚禮了。

在家人的勸說下，婚禮於兩年後舉行。一年之後，一八六四年四月二十一日，他們的第一個兒子出生了。夫婦倆對這孩子寵愛有加，取了跟父親一樣的名字。此後，幾乎是每隔兩年，小馬克斯就會添加一個弟弟或妹妹，直到他有了七個弟、妹。在夭折了兩個女孩之後，最終，這個長子身後，有三個弟弟，兩個妹妹。

小馬克斯很早便有了繼承人意識，畢竟，他與他最小的妹妹相差十六歲。他一直對他弟弟妹妹們的生活、學習十分在意，像個小大人似地管教著他們。

小妹妹莉莉五歲生日時，馬克斯·韋伯已經是二十一歲的海德堡大學的學生了。他從學校給妹妹寫了封生日賀信：

親愛的莉莉：

我剛剛想到，後天是你的生日，到時你就五歲了，是個真正的大莉莉了，現在不會再哭了吧，你會願意快快喝湯的，不用再讓媽媽餵你了，別人給你講話的時候你會一直好好聽講的，這樣爸爸媽媽還有每個人都會喜歡你、疼愛你，從後天開始，你會希望成為一個真正長大了的、懂事的莉莉的。我已經去過生日老人那裏了，把一切都告訴了他，並請求他送我一些非常好玩的東西給我的小妹妹……

最讓海倫妮驚奇的，是小馬克斯的沉靜。當他還很小的時候，扔給他一堆玩具，他會不聲不響地擺弄好幾個小時。一天，兩歲半的馬克斯用積木搭起了一個火車站，並在車站內擺放了一輛滿載旅客和貨物的小火車。他找來一張白紙片，撕成下窄上寬的長條，插在火車的煙囪裏充做車頭冒出來的白煙。馬克斯自己都被這創造性的設計大吃一驚。他緊盯著自己的傑作驚喜萬分，並拉過外婆和母親，讓她們也來分享他的喜悅，並一定要讓她們也顯出大吃一驚的樣子。

馬克斯·韋伯在柏林郊外的夏洛滕堡上了幾年小學。還沒有完全發育的他，頂著一個碩大的腦袋，與那纖細的四肢很不協調。就是這個聰慧的腦袋，充滿著對歷史和家族史的深深熱愛。他很小的時候，就被訓練著記錄事情，表述見聞。這為他帶好弟弟妹妹創造了條件，因為他時常妙語連珠，詞意準確。十一歲時，馬克斯用他細緻的觀察，記錄了一群小貓咪的誕生：

重要新聞：生小貓了！兩星期前那隻紅黃相間的貓在策爾貝的床上（！）生了四隻小貓。接著那隻灰貓又在通向布盧姆小姐走廊的樓梯間生了四隻；其中一隻黑雄貓成了我們的特殊客人。接著那隻「老大」又在爸爸的盥洗室裏生了三隻，一隻黑雄貓，一隻灰貓，還有一隻也是灰的。紅黃貓的小貓都給淹死了；其他那些在我們頭一次看到的時候都已經很大了。這樣，我們又有了七隻貓（！）。

夏天的時候，父親會帶著三個稍大的男孩外出旅行，讓他們去領略美麗動人的德國鄉村和歷史悠久的文化名城。「這真是一項絕非每個父親都有耐心和精力能夠完成的成就！三個小搗蛋竭盡了胡打亂鬧之能事，其狀難以用語言形容，而他們肯定都是天天快樂無比！」

懂事的小馬克斯答應給媽媽寫信，講述旅途中的見聞和故事。於是，海倫妮便收到了大兒子寫的流水賬般的長信，這其中，不乏小馬克斯專注於人間美好事物的沉思和對歷史想像的感悟。

我們乘上一般渡輪渡過清澈的薩勒河水，來到了魯德爾斯堡。……古老的城堡勇敢而壯觀地坐落在俯瞰著薩勒河的岩石上。您可能知道它，如果我沒記錯的話，爸爸告訴我您去過那裏兩次。不管怎樣，他們有極好的啤酒和新鮮咖啡供應。薩勒河谷看上去並不特別寬闊，但是很美。綠樹蔥蘢的山巔一座接一座；可以看到一些小鎮和村莊散佈在鬱鬱蔥蔥的山峰和精心修整過的山谷裏。就在我們喝咖啡的時候，卡爾突然不見了。我們找到他時，他正坐在靠窗的一個房間裏俯視山谷。他說他正在觀察火車。爸爸問他，「猜猜看，為什麼古代的騎士不能造火車？」他回答說：「因為他們沒有時間。」……

從瑙姆堡我們順著美麗的薩勒河到了耶拿。您可能知道，它的四周全是秀麗的山脈。在火車上就能看到左邊高聳著的狐狸塔，右邊是耶拿城。……耶拿無疑是個漂亮、好客的地方，一個真正的學生城，和海德堡一樣。我們從市中心沿著薩勒河右岸往高處走去，穿過一片松林，有些地方很美，順著幾乎讓人心驚的懸崖峭壁，我們到了一個古代要塞遺址，那個要塞也像許多其他要塞一樣，毀於那場著名的自相殘殺的戰爭。……

回歸途中，父子一行去了科隆。

從火車站我們去了大教堂。進入通向未來的主門，我們立刻就對這座宏偉的大廈產生了完美的、真正是壓倒一切的印象。那些支柱真是高極了！如果一個人看到這些，他會被這座建築巨大而不可思議的結構所打動，但是他要看到那個壯麗的哥特式拱門，他就會產生無法形容的寧靜與安全感。……於是我們往上爬，只有從頂上才能看到建築的完整結構和雕刻，才能看到整個大廈的基本構思。目光越過的村莊——可以望到幾英里外的「七山」——，越過這個城市，就能看到兩座巨大的城樓，這使人感到遠景不再像是些不可知的碎片……

當然，對於思想豐富的馬克斯來說，他最喜歡做的事情是讀書，是聚精會神地坐在角落裏，一連幾個小時地研讀歷史、哲學和古典著作。十二歲時，他就借閱了馬基雅維里的《君主論》。聽說腓特烈大帝反駁過馬基雅維里，他決心要找來《反馬基雅維里》讀一讀。也是在這一年，馬克斯想用他十分鍾愛的一本蝴蝶標本集，去換表哥家裏自製的兩本家譜。外婆不同意，不想放棄這些傳承有序的傳家寶。兩年後，十四歲的馬克斯告訴外婆，他正在製作一三六〇年的德國歷史地圖：

這張地圖費了我好大的勁，因為我不得不到各種各樣的族譜、地區史和百科全書裏去搜集資料。我常常花很多時間到百科全書中去尋找最微不足道的村莊的情況。我終於快要完成這個地圖了，我想，只要我在它的幫助下掌握了這段歷史，我會非常喜歡它的。

這樣一個懂事的外孫，這樣如此急切地希望從家譜中尋找資料，而他又如此珍視這些家譜，外婆還有什麼反對的理由呢？

這個還在讀中學的孩子，在給母親的信中極有個性地寫道：「我不幻想，我不寫詩，除了讀書，別的我還應當幹什麼？所以我正在一絲不苟地做這件事情。」大約就在這個時候，馬克斯開始寫讀書筆記了。

十四歲生日之前，馬克斯完成了兩篇論文。他表示，這是他「根據眾多資料」撰寫的。一篇是「與皇帝和教皇的地位特別有關的德國歷史的進程」，另一篇是「從君士坦丁到民族大遷徙時期的羅馬帝國」。對於第二篇論文，馬克斯煞有介事地題寫了「作者獻給無足輕重的自我以及他的父母和弟弟妹妹的」。在第二篇論文的最後，還附有一幅君士坦丁堡的草圖、君士坦提烏斯·克洛盧斯族譜以及凱薩與奧古斯都的頭像。這顯然是馬克斯從他搜集的資料和古代錢幣上描摹下來的。真讓這孩子費了苦心。

十六歲時，馬克斯又撰寫了「論印歐民族的人種特徵及發展史」。這篇論文融合進了一些獨創性思想成果，是「歷史哲學」的發軔之作。馬克斯的意圖是據此理解文明民族的全部歷史，並試圖揭示「支配著它們的發展歷程的那些規律」。年僅十六歲，就涉獵了「歷史哲學」這一宏大領域。一個年輕學者的形象，正日漸豐富起來。

韋伯的家庭有歡樂，有親情，有必要的溝通和交流，但基本上屬於那種古老而呆板的德國人之家。老馬克斯威嚴且寡言，他忙於自己的工作，忙於自己的政治活動，閒暇之時，與自己的一幫男性朋友打牌、釣魚、旅行。韋伯的母親海倫妮，溫柔善良，勤儉持家，嫁給丈夫之後，除了生育，還是生育。老馬克斯和海倫妮之間，缺少真正的心靈和諧，甚至連宗教信仰都沒能一致。

海倫妮一直沒有說服丈夫將萬能的上帝裝入心中。

一八七五年，三十一歲的海倫妮已經生育了六個孩子的時候，她給她的姐姐寫信，描繪她一天當中的忙碌生活：

我們六點就要起床，七點鐘以後，小馬克斯拾掇完就要立刻吃早餐。等他吃完早餐被帶去上學、然後給其他孩子和我的大馬克斯做好三明治、把餐具準備好並且擺上食物的時候，就差不多九點了。接著我要給寶貝女兒洗澡，她六點就來找我吃飯了。給她洗完澡下來的時候，做父親的馬克斯一般正在用餐。我要和他再喝一杯，匆匆看一眼報紙，因為這是我現在能夠看到他的唯一機會，他的約會太多了。然後我又要去廚房，或者在屋裏轉轉做些其他事情。十一點餵小寶寶，大孩子們也要開始分批用午餐了，這頓飯我們要吃四五個小時。不過父親馬克斯一般很晚才能回家，接著我要盡可能給他做點好東西吃。七點鐘孩子們吃晚飯。等到小馬克斯上床睡覺時我們才能結束晚餐，這時已經九點了，我對一切都不再有什麼感覺，特別是我丈夫不在家的時候。整個白天就這樣過去了，然後我會問自己：除了操辦飲食、照料孩子，我還做了些什麼？

多少年以來，像海倫妮這樣的母親，遍佈在世界的各個角落，她們將自己全部無私的母愛，獻給了丈夫，獻給了孩子，獻給了家庭。孩子們沒有感覺，他們似乎覺得這是與生俱來的，自然而貼切。是的，他們自幼就在這種周到的眷顧下生活、成長，這影響了孩子們對母親的理解。韋伯同樣如此。直到他自己長大成人、成家立業，直到他自己面對繁雜的生活，他才真正理解了母親的操勞和逆來順受的偉大。而往往在此時，一切都已經太晚了。

一八八二年春天，十八歲的馬克斯•韋伯考入了海德堡大學。這是一所美得令人心動的大學，她的悠久歷史和燦爛星群，讓她在德國人民乃至世界學子的心中舉足輕重。這一年的馬克斯還沒有完全發育成熟，儘管個子高大，但他又瘦又弱，四肢細長，雙肩下垂，一副肺結核患者的模樣。這個其貌不揚的年輕人起初沒有給海德堡大學帶來任何榮耀，當然他也無損於海德堡的天生麗質。

是的，海德堡是德國最具詩意的城市，浪漫主義運動的中心。這裏擁有歐洲最雄偉的中世紀古堡，也擁有全世界最古老的大學之一。幾百年來，在這裏生活和學習過的名人不勝枚舉。位於內卡河北岸山丘之上的「哲學家小徑」，不知行走過多少卓爾不群的偉大沉思者。

歌德這樣記錄他在海德堡的人格錘煉：

只要我們不喪失自我，
什麼樣的生活都可容忍；
我們盡可以失去一切，
只要我們依舊是我們。

荷爾德林，那個寫下「詩意地棲居」的浪漫詩人，筆下的《海德堡》情真意切，令人疑為天人之語：

我愛了你很久，為自己的樂趣
願稱你做母親，獻上樸素的詩
你，祖國的城市中
我所見最美的一個

德國學者保羅・霍尼希施海姆在他的《論韋伯》一書中寫道：「任何一個人想要繪製一幅馬克斯・韋伯的畫像，無論像中人是作為學者的韋伯，還是作為一個人的韋伯，都必須以他那個時代的海德堡為背景。」

霍尼希施海姆的話是有道理的。在韋伯五十六年的生命歷程中，他在海德堡大約生活了三十八年。韋伯的生命日誌裏，已經深深烙下了海德堡的印記。然而，入學之初，馬克斯・韋伯，卻不是海德堡大學的優秀學生，甚至算不上一個好學生。

韋伯很快便成了學生組織的積極參與者，他加入了「兄弟會」，和他們共進晚餐，舉辦每週兩次的晚間酒會，在兄弟會的擊劍室裏練習擊劍。他甚至變成了一個酒徒，表現出了非同尋常的過人酒量，啤酒、葡萄酒，幾乎成了他每日不可缺少的東西，他的體重在迅速增加，肚子慢慢地凸了起來。到了第三學期，他按照兄弟會的慣例參加了決鬥，儘管得到了優勝勳帶，但他的脖子上也留下了長長的一道決鬥的疤痕。

他甚至抱怨學校的課程開始得太早。一門邏輯課的上課時間是早上七點，講授這門課程的是著名黑格爾哲學研究專家庫諾・菲舍爾。韋伯在日記中居然寫道：「我恨這個人，他迫使我早晨六點一刻就從床上爬起來。」

馬克斯・韋伯幾乎成了海德堡大學學生中的另類：熱衷於兄弟會的「義務」，戴著紅帽子，時常穿著節日盛裝招搖校園，多得不勝枚舉的啤酒晚會和流行歌曲，沉迷於擊劍步伐，以及饕餮般的好胃口。所有這些花銷，大大超出了父母給他的預算費用。韋伯毫不羞愧地一再寫信向家裏要錢，這讓老馬克斯不勝其煩。

韋伯沾沾自喜地記錄下了他這一時期的遊哉優哉的生活：

上午七點的邏輯課迫使我一大早就要起床。每天早晨還要圍著擊劍廳跑一個小時，然後誠心誠意地一直挨到聽完我的課。十一點半到隔壁花一馬克吃午餐，有時還要喝上四分之一升葡萄酒或啤酒。然後我和奧托、小旅館老闆伊克拉特先生常常一起去滑旱冰，玩到兩點（奧托不滑冰就沒情緒），我們就返回各自的住處。我溫習聽課筆記，讀施特勞斯的《舊信仰和新信仰》。下午我們有時去爬山。晚上我們又在伊克拉特那裏聚會，花上八十芬尼吃一頓精美的晚餐，接著照舊去讀洛策的《人類社會》，我們已經對它進行了最熱烈的討論。

當海倫妮第一次見到由海德堡回家的「大小子」時，她吃了一驚，有些肥胖的身軀，脖子上的傷疤，懈怠的神情……這一切，與她記憶中的馬克斯完全不一樣。這個充滿活力和生活理想的母親，二話沒說，抬手猛搧了韋伯一記耳光！也許，正是這一巴掌，打醒了馬克斯・韋伯那並未泯滅的良知。從此以後，他真的變了一個人。

大學生的韋伯被征召入伍，進行為期一年的軍事訓練。起初，韋伯十分厭惡這種軍旅生活，他把它視為一種痛苦而浪費生命的經歷。這些年輕的士兵們，要負重行軍，每天身上磕得青一塊，紫一塊。他們還要進行千篇一律，無休無止的操炮和戰術演練。韋伯尤其不能忍受軍官的傲慢和無禮。這些士兵，無論來自哪裏，無論是大學、工廠或是社區、農村，軍官統統稱之為「一年兵」。他們驅使僕人一般地使喚這些「一年兵」，令他們飽受奴役和羞辱。

慢慢地，韋伯對這種簡單的軍旅生活有了新的感受，令行禁止，整齊劃一，個人溶入了集體之中。超強度的運動量，體魄大增，入伍之初被軍官們無情嘲笑的大肚子，也一點點縮了回去。軍訓結束，韋伯回到柏林大學繼續學業，在夏洛滕堡父母家中住了一年。母親海倫妮對兒子的成長和變化心滿意足。她覺得，她想像中的馬克斯又回來了：

馬克斯再次變得非常令人滿意，過去一年他的內在發展讓我極為高興。他是那麼善解人意，那麼健談，我想他完全知道這給了我多大的快樂。每天早上他去上課之前我們都要讀一個小時的強尼（美國牧師，著有多部宗教著作），雖然我能夠應付，特別是他論成人教育和自修的演講。這使我們興致盎然，樂在其中，儘管馬克斯和我有著截然不同的觀點，因為我不同意他的理論，他說有些人活著只是為他人勞作，像機器一樣賺取每天的麵包。

一八八六年五月，二十二歲的韋伯大學畢業了，幾乎與此同時，韋伯參加了見習律師的考試，這是他走向獨立生活的第一步。韋伯在給母親的信中表示，他現在已經不適合再過學生生活了，「這些歲月將一去不返了，這是非常肯定的；不過我感到，它們也應當結束了，我不會為此而遺憾的。」但是，當他在海德堡兄弟會的一位兄弟趕到火車站為他送行，並唱起了梅特費塞爾的歌曲「我走了，一個老學生」時，馬克斯的雙眼還是充滿了淚水。

馬克斯・韋伯打算拿到法律學位，而在當時的德國，這一考試嚴厲而漫長。馬克斯一邊做著沒有任何報酬的見習律師，東奔西跑辦案子，積累必要的實踐經驗，一邊在戈德施密特與邁岑的研究班上學習。

這種職業準備與專業學習，竟然整整六年！這期間，韋伯不得不讀了數百部義大利語和西班牙語的法律彙編。西班牙語的學習簡直把韋伯整慘了。這些西班牙語的法律文書竟是用古代方言寫的，馬克斯・韋伯於此傾注了大量的精力，才讀下來這些艱澀的文字。

韋伯的學位授予儀式非常隆重，那是一場真正意義上的「嚴格考試」。韋伯不僅要參加七門法律科目的考試，甚至還包括了一次公開辯論。這要由應試者提出三個問題，請熟悉這一領域的三位專家進行抗辯。

參加答辯的教授們與韋伯唇槍舌劍，辯個不休。在與這些人辯論之後，韋伯已經駁倒了所有對手，並成功地為自己做了辯護。按照慣例，韋伯需要用拉丁語詢問聽眾中是否還有人向他挑戰？

這時，聽眾席上，一位形銷骨立、滿頭平滑白髮的老先生站了起來，他是特奧多爾・蒙森。這是這位老先生第一次與韋伯面對面交鋒。他說，他對第二個問題，即應試者關於殖民地和城市問題的陳述似乎有些意外。他說他對這個問題已潛心研究了一生，要求應試者進一步澄清看法。

於是，在蒙森和青年韋伯之間開始了一場廣泛的討論。蒙森最後說，他對韋伯論題的正確性並無完全的把握，但是他不想阻礙這位應試者的進步，他宣佈退出抗辯。蒙森說，年輕一代往往會提出一些新的觀念，老一代可能無法立即予以接受，今天這個情況大概也是如此。「但是，」蒙森動情地說，「我在某一天走向墳墓的時候，可能除了極為可敬的馬克斯・韋伯以外，我不會對任何人這樣說：『孩子，這是我的矛，它對我的手臂來說過於沉重了。』」蒙森的言外之意再明白不過了。他要將自己的學術研究之「矛」，交予韋伯的手上，讓他繼續挺槍躍馬，馳騁於學術研究的廣闊疆場。學術委員會一致通過了馬克斯・韋伯的博士學位。

在這期間，馬克斯・韋伯完成了他的另一件人生大事——走進婚姻的殿堂。

起初，韋伯鍾情於他的姨表妹埃米。但埃米身體孱弱，病體不支，常年在德國南部溫暖地區養病將息。埃米對自己這位才華出眾的表哥也是心向仰慕，但鑒於自己的身體狀況，她還是堅定地關閉了自己情感的閘門。

韋伯又戀上了瑪麗安妮。這也是一位遠房親戚，論輩份，瑪麗安妮應該叫韋伯表舅，叫韋伯的母親海倫妮姑奶奶。兩人在瑪麗安妮的家鄉舉行了簡樸而有鮮明鄉村特色的婚禮。婚後，他們在夏洛滕堡的父母家裏住了一段時間。隨著馬克斯・韋伯在弗萊堡大學任教職，小倆口又一同移居弗萊堡——馬克斯・韋伯被弗萊堡大學聘為法學講師。這場婚姻，是韋伯的一次絕對正確的選擇。歷史證明，瑪麗安妮對韋伯精神、韋伯思想和理論的提煉、傳播，發揮了無法替代的巨大作用！

一八九二年，做好了充分準備的韋伯登上了弗萊堡大學的講壇，他將向學生們講授羅馬法、德國法及商法課程。他越來越接近自己的學術目標，成為政治經濟學教授。不滿二十九周歲的韋伯已經有三部專著面世，包括撰寫起來十分困難的《羅馬農業史》。

充沛的精力和年輕人的衝動，讓馬克斯・韋伯不顧一切地攬下了令人吃驚的學術研究、社會調查和其他為教會服務的義務活動。

他要保質保量地完成教學任務；他答應福音派代表大會去做新一輪農業工人生存狀況的調查；他要為牧師們準備秋季有關土地政策的講習；他欠下了不少於三十本的書評，這些都是出版社和作者朋友們向他預約的；他還有自己大量的閱讀任務，這是保持他的良好的學術水準的重要手段……等。

這一年的夏天，家裏人照樣消夏避暑去了，人去樓空時是韋伯最為興奮的時刻。「今天我讀了一百頁生理心理學，一百頁認識論，一本義大利文的法律書，腦子並沒有消化不良。」「我需要這種新鮮的動力，因為六個月以來我已經欠了三十本書的書評。我收到了一些怒氣衝衝的來信，儘管我也怒氣衝衝地回了信，但是我很煩惱地認識到，這些人確實是對的。」一八九七年，韋伯的母校發現了這個年輕的英才，他們立即將他聘為海德堡大學教授。韋伯夫婦懷著極其喜悅的心情重返海德堡。這裏，有韋伯青春的印記，甚至有他們這個家族祖傳的基業——一座矗立於海德堡內卡河畔三層高的典雅的樓房。

在海德堡大學，馬克斯・韋伯是以出類拔萃的學者身分展現在講臺上的。扛鼎的老教授退休了，教鞭就直接交到了韋伯手中；需要新設哪些專業，一應韋伯的意見，並讓他著手構建這一門新學科的圖書室。韋伯內心積淤的壓力越來越大，他那根生命之弦綳得越來越緊。所有這一切，韋伯自己沒有查覺，他的家人也沒有感覺到，爆發在一八九七年的夏天，緣於家庭內部的一次劇烈的爭吵。

遠在柏林夏洛滕堡的老馬克斯和海倫妮，每年都要到「大小子」家住一段時間，一來幫他們料理一下家務，二來也是在融融的家庭氛圍中享受一下天倫之樂。老馬克斯的固執和傲慢在於，他從來不考慮海倫妮的感受，凡事得由他說了算，他說住幾天就住幾天，他說來就來，說走就走。

夏季還未過去，假期還沒結束，老馬克斯突然提出，他們要回柏林了。海倫妮與「大小子」沒待夠，不想早早離去，老馬克斯不聽勸告，執意要走。韋伯的怨氣突然爆發了。他當著母親和妻子的面，與父親大吵了一通，指責他的粗暴和不近人情，批評他的自私和自我中心論。父親沒有想到兒子會用如此的態度對待他。父子二人不歡而散——老馬克斯獨自北歸，海倫妮則繼續留在了海德堡韋伯家中。

接下來的日子裏，海倫妮在自責中惴惴不安。秋天來臨時，海倫妮趕回了夏洛滕堡。丈夫不在家，他與一位好朋友外出旅行了。海倫妮心裏略鬆了一口氣，這說明老馬克斯已經消了氣，甚至還有了外出旅行的興致。她盼望著不久的將來，會有一個精神面貌大為改觀的丈夫出現在面前。那時，她再向他慢慢解釋。

「將來」沒有了！幾天後，海倫妮迎來的竟是丈夫的遺體——胃出血突然之間結束了他的生命。醫生甚至說，這是長期疏於照料，起居無序的結果。海倫妮陷入了深深的悔恨之中，馬克斯・韋伯也震驚無比。

八月裏的一個絢麗的日子，海倫妮和她所有的孩子都圍到了花園的靈柩旁。年幼的孩子朦朦朧朧地意識到了這個結局的悲劇性，大孩子們則是一清二楚。多少年後，韋伯在給他最小弟弟的信中，披露了自己的心情：

在那些日子裏，各個方面無疑都犯了許多錯誤，特別是我，更其如此。不過就事情本身來說，媽媽只是遵從了自己的天性和良心。……但是對她來說，凡事都必須得到他的同意。這一次她沒有得到，而她又生性不會強有力地表明自己的態度，這使她內心苦不堪言，最終變得與他形同陌路，這遠遠超出了他的想像，直到最後他才認識到這一點。他自己並不瞭解她，也不瞭解自己的長處。如果他能按照「自己活、也讓別人活」的格言給她完全的行動自由，他本可以過得無比幸福。

失去父親、尤其是因為自己的原因失去父親，這對韋伯的打擊實在太大了。葬禮過後不久，韋伯夫婦去了西班牙，他需要用旅行來放鬆頭腦和精神，他們去攀登高聳的比利牛斯山，在西班牙北部那新奇的世界裏感受驚奇和意外。懶洋洋的西班牙人的低效率，有時讓韋伯激動和上火，但也多少鍛煉了他的耐心和沉著。

回程途中，韋伯緊張的肢體出現了病態反應，他開始發燒，並且憂心忡忡。回國的日程不能耽擱，必須儘早恢復常態，以適應繁忙的教學和講座。越是強迫自己儘快好起來，康復的狀態越不理想。這完全是自身壓力的結果。

回到家中，奔波依舊。上午上完了學校的課程，下午三點要由海德堡趕往卡爾斯魯厄，為福音派社會代表大會的領導人授課。當晚返回。有一天，趕回海德堡已是凌晨三點了，因為課後教會的領導人與韋伯又進行了座談。而天亮之後，學校的課程還在等著他呢！

不僅僅是卡爾斯魯厄，韋伯還在曼海姆、法蘭克福以及斯特拉斯堡兼著大量的課程。他還尤其喜歡研究學生的論文，遇到精彩的洋溢著學術熱忱的文章，他會將自己的工作拋在一邊，聚精會神地批閱修改，這又佔去了他大量的精力和時間。

到了期末，在他工作最繁重的時候，「一個魔鬼從生命的最隱秘處向他伸出了爪牙」。一天晚上，韋伯對一個學生進行了期末考試之後，伴隨著發燒、頭疼和強烈的緊張感，他感到了一種徹底的筋疲力盡。

於是，這一年——一八九八年——當中，馬克斯•韋伯的病情時好時壞，反反覆覆，他跌入了病魔的萬丈深淵，他嚴重失眠，不能入睡，煩躁不安，精神高度緊張。

為了分散他的注意力，放鬆他的壓力，瑪麗安妮想盡了辦法。她找來黏土，買來積木，甚至弄上一大堆兒時的玩具。但韋伯的脊背和雙臂已經毫無力氣，搭一會兒積木，他的雙手就會發抖。除了精神活動，韋伯沒有任何癖好。他茫然地呆呆坐在一旁，擺弄著自己的指甲，或者坐在窗戶跟前，看著窗外開始抽芽的樹梢。瑪麗安妮擔心地問他：「你在想什麼？」韋伯疲憊地回答：「如果我有辦法，倒是寧可什麼都不想。」

是的，他的精神壓力實在是太大了。他想給自己放個長假，但他知道他其實不可能。課要上、書要寫、講座要開……一想到這些還沒完成的事情，他就歇斯底里般地瘋狂無比。家中的一點輕聲細語對他都是一種折磨。養了多年的小貓基蒂，也讓他心煩。清晨或晚餐時基蒂的喵喵叫聲，弄得馬克斯幾乎神經錯亂，嚇得瑪麗安妮趕緊將基蒂送給了別人。

韋伯辭掉了一八九九年的課程，也辭掉了教授職務。

任何有規律的工作，都讓他緊張、焦慮得無法自持。他害怕上課時間的到來；在鈴聲響起之前，他不能入睡哪怕一分鐘。這種恍惚的精神狀態，肯定是不能站在講臺上的。

而辭去了課程和教職，又反過來折磨韋伯，加重了他的焦慮。他擔心他未來的學術研究，甚至更擔心今後的生活開支和治病的用度。這種惡性循環，彷彿是一個解不開的死結，將韋伯送入了萬劫不復的可怕境地。他只有用不斷的旅行來打發時光、麻醉自己。

那些年中，韋伯基本上是在旅行的路上，他用長時間的散步和從未領略的風光，來轉移他的心情和壓力。

韋伯三十八歲那年的七月，他最小的妹妹莉莉要結婚了。這是海倫妮最小、也最鍾愛的一個孩子，她一心想讓韋伯來參加婚禮，甚至暗自希望韋伯能在婚宴後發表一番動情的演說。如果在韋伯生病之前，這的確輕而易舉，而如今，海倫妮心裏一點底也沒有。

那一天，海倫妮小心翼翼地問韋伯，能不能參加半小時的婚宴？韋伯非常激動地回答：「決不！」一想到在那麼多陌生人面前舉杯祝酒，就會讓他接連三個晚上失眠。他甚至說，他無法理解海倫妮怎麼會有這樣的想法！

馬克斯・韋伯實質上是自己把自己累倒了。他曾經的座右銘是：「一個晚上一點鐘之前上床睡覺的教授不配被稱為學者。」

在自我放逐了七年之後，在一九〇四年這個炎熱的夏季，韋伯的病情有了根本性的好轉。這得益於朋友們的經心安排，韋伯、瑪麗安妮、海倫妮遠涉重洋，去美國訪問並參觀在紐約舉辦的世界博覽會。這片美洲神奇大陸的廣袤原野，工業化的巨大成果和陽光向上、熱情開朗自信的各種膚色的人民，給韋伯留下了極其深刻的印象。紐約的擁擠仄逼、芝加哥巨大而現代化的屠宰場、聖路易斯那風塵僕僕的無邊農場，都讓韋伯充滿著好奇。他開始思索，開始與人交談，開始進行實證性調查。在伊利諾依州，韋伯結識了一位叫弗洛倫斯・凱莉的婦女，她是工廠的一個巡視員，一個傑出的勞動婦女。她會將巡視中發現的問題，代表工人與政府和工廠主嚴正交涉，最大限度地保護工人的利益。「了不起的人民！」韋伯從心底發出由衷的讚歎。他在這裏看到了朝氣蓬勃、充滿自信的活力。

紐約世博會的德國館，堪稱一個民族的傑作。外表粗俗、笨拙的德國人，竟然將這樣一個充滿著象徵意義的如此精美的藝術品奉獻給了世界人民。德國館展示了德國具有代表性的工藝產品和傳統藝術品，它的綜合水準大大超越了其他國家。置身德國館中，韋伯倍感自豪，他應主辦者的請求，發表了「過去和現在德國農業狀況」的演講。他講得非常出色，沉靜而又充滿活力，無論形式還是內容，依舊是那麼才華橫溢，有些政治觀點引起了美國人的關注。

瑪麗安妮深情地注視著韋伯，靜聽他的演講。她的眼中充盈著喜悅而激動的淚水。要知道，整整六年半了，韋伯又一次站在了聚精會神的聽眾面前！他終於掙脫了那可怕的緊張和焦慮，從容地組織他的思維和語言了。瑪麗安妮興奮得幾乎要顫抖！

在被疾病折磨的那些艱難歲月裏，韋伯的創造性衝動指向了一個完全不同的知識領域。他從一個大學教師和政治家的活躍生活，被迫轉入了安安靜靜做研究的沉思氣氛。但韋伯本質上是一個天才的教師，他對教育的理解是清晰而出類拔萃的。在他的教師生涯中，韋伯形成了這樣的觀點：作為知識生活中心和教育機構的大學，不應當滿足於向年輕人灌輸知識和提高他們的智力程度，而更要注重其他一些任務，比如：塑造整體人格、傳授信念、掌握思維方式。在所有重大人生問題上，教師能夠教會學生進行實際的價值立場的判斷，重建一種一以貫之的世界觀，正確地發佈意識形態宣言。用當下的中國語境說，不僅要教書，還要育人。當然，這裏指的是大寫的「人」，是真正意義上具有獨立人格、獨立思想和觀念的現代人。所以有人認為，學生在大學校園裏不僅應該能找到教師，而且應該發現可以給他確立目標、指導著沿著正確方向發展的領路人。

當韋伯還是一名青年教師時，就已經不知不覺地被他的學生奉為「領路人」了。對此，韋伯並不情願，甚至有些惶恐。他謙遜地表示：

認為自己應該充當年輕人的顧問並享有他們的依賴的教授，最好還是在人際關係上把握自己。如果他覺得應該參與世界的鬥爭和黨見之爭，最好還是到外面的生活廣場上去——報紙、集會、協會以及他喜歡的任何地方。否則，面對著被迫保持沉默的聽眾和潛在的持異議者，來展示自己信仰的勇氣，這實在是過於便利了。

韋伯的話十分清楚，教師——包括任何強勢人物——不能靠獨霸講臺來展示自己的話語霸權。任何平等的對話，應該進行在公共平臺上，給予每位參與者以說話和表白的權利。

韋伯常常是通過指陳謬誤並加以駁斥而發展了自己的觀點。他清晰的思路和現實感再次幫了大忙。病後初愈這一時期，韋伯撰寫的邏輯論文，大多數都有一個批判和論戰的出發點。棘手的邏輯分析始終都在借助於明確而生動的實例進行闡述。它們出人意料地使這些通常難以理解的著作變得那麼平易和富有魅力。比如，韋伯用歌德給弗勞•施泰因的書信來表明同一種文化現象從許多截然不同的觀點來看，都會具有「重大的歷史意義」；他還用斯卡特紙牌的遊戲程式來討論規則概念的基本差異。母親抽了孩子耳光再告訴他理由，韋伯認為，即使是對某個事物的經驗感受，也並不是經驗的簡單重複，而是由思維規則所形成的感受。母親不會因為完全相同的一件事而抽孩子耳光。孩子要從挨打的原因尋找錯誤的根源。

韋伯是個即興演說的大師，他能把最遙遠的事情活靈活現地拉到眼前來，彷彿他剛剛目睹了一般。儘管他的聲音令人傾倒，但他好像不必費力，不用技巧，不需修飾，只用很簡單的方法就能得到極大效果。

有一段時間，韋伯似乎在故意回避自己的學術風格。他反對一種流行趨勢，即過分重視形式價值，浪費大量時間給學術創新賦予藝術品的特徵。韋伯特別厭惡那種很容易令人生疑的「浮誇」表達方式，以及牽強附會的「個人感觸」。他時常引用《浮士德》中的一句話為自己的觀點撐腰：「毋須什麼技巧，清晰的頭腦和感覺自會明暢達意。」思想家自身不應在學術領域招搖過市，而應當隱藏在問題的背後。

韋伯以哲學家的敏感省悟著生活的細節。在杳無人跡的森林裏散步，大自然的靜穆、和諧、歸真、質樸，有時竟感動得他放聲大哭，一抒胸臆！在夏日的魯斯坦因，他發覺：「只有冷杉林掀起外衣的地方，底下羊齒植物和歐洲越橘活潑的亮光輝映著黑色的莊嚴時，森林才是美麗的。」當然，再敏感的學者，路遇世俗之事，也是無可奈何。一次，韋伯獨自外出旅行，下榻山中一個條件簡陋的旅店。他的一側隔壁房間，住著一對年輕夫婦；另一側住著一對深深相愛的老年伉儷。入夜，年輕夫婦做著年輕人該做的事情，韋伯隱忍著。而另一側，年老的丈夫在給妻子朗誦讚美詩，且沒完沒了。韋伯吼了一嗓子，朗誦消失了。可過了一會兒，讚美詩又以更低的聲音誦讀了出來。這一夜，韋伯只好轉輾反側。

應當承認，敏感，是學者最重要、最基本的素質。對於哲學家來說，敏感，是探索哲學天國的第一級臺階。沒有敏感，便沒有行進的座標。當然，敏感也是一柄銳利的雙刃之劍，多少豪傑英才，倒在了由敏感割裂的心靈創口之處，倒在了由敏感引發的精神疾患。克萊斯特、舒曼、荷爾德林、尼采……他們本該在哲學和藝術的殿堂有更精彩的著述，他們本該在哲學和藝術的星空中更加閃亮。敏感，讓他們倒在了登頂的途中。韋伯是幸運的。敏感，將他帶到了學術的大門口；敏感，讓他墜入心靈的深淵；敏感，又讓他完成了自我救贖，重新升騰在燦爛的陽光下！

一九一〇年秋天，社會學學會在法蘭克福召開了第一次會議。這被普遍認為是社會學的發軔之秋。

馬克斯·韋伯參加了這次會議。會上，群星閃耀，少長咸集。格特恩、齊美爾、松巴特、特勒爾奇、舒爾策－加弗爾尼茨、蜜雪兒斯等等悉數登場。那時的社會學還不是一門專業學科，而是針對著全部人類知識，涉及了幾乎所有的分支學問。這次會議的主題就包括「社群社會學」、「技術與文化」、「經濟與法律」、「法學與社會學」、「種族與社會」等等。

馬克斯·韋伯幾乎參加了所有的討論。他最寶貴的貢獻，是以「業務報告」的形式，按照自己的願望闡述了社會學的任務，尤其強調要以純科學的，「價值中立」的態度對待所有問題：「我們應該問的問題是，這是什麼，它為什麼會這樣，而不是判斷它可取還是不可取。」

這實際上是為社會學標定了研究的宗旨和路徑。韋伯從他那實證主義原則出發，明確提出了關於新聞業和自願聯合體的那些值得考察的問題，概括列出了可行的考察方法，所有問題最終都歸結為一個主要問題：那些現象是如何影響了現代人性格的？譬如就新聞業來說，問題在於它在何種程度上使人們對待超個人的文化價值的態度發生了轉變，它在大眾的信仰、希望、生活前景和可能的態度上毀滅了什麼，又創造了什麼。對社團的社會學研究同樣如此，它的範圍從保齡球俱樂部一直到政黨和宗教派別，而最重要的問題在於，個體的生理習慣和精神習慣在何種程度上會受到團體活動的不同方面的影響。韋伯說：

一個男人，在日常生活中如果習慣於經由他的歌喉把他的強烈感情從胸膛中宣洩出來，和他的行為不發生任何關係，因而也不會把強有力的感情適當地發洩在相應的強有力的行為上，那麼簡單來說，他就很容易變成一個消極意義上的「好公民」。毫無疑問，君主們對這樣的娛樂方式是特別偏愛的。「人們唱歌的地方，你可以高枕無憂。」那裏不存在偉大、強烈的激情和強有力的行動……

娛樂吧！歌聲高亢嘹亮之日，正是統治者暗自竊喜之時！粉飾的太平，終究經不住哲學思辨的致命一擊。

韋伯和瑪麗安妮長久以來一直關注著現代觀念。比如，對於性解放，韋伯既不是一概拒斥，更不是無原則地認同。韋伯極為關心不受規範約束的性慾對整個人格帶來的影響。他對奮鬥不已的人類的命運那種設身處地的思索，改變了他對個體行為的態度。他保留了以超脫的態度用普遍標準去衡量並判斷他人行為的權利。韋伯辯證地認為，任何人如果不能憎恨邪惡的話，實際上也做不到熱愛美好而偉大的事物。

當然，韋伯對那些性愛方面超然於善惡之外的人的本性並沒有改變看法，對那些不可替代的規範的重要性也堅信不移，但是他對拋棄規範的人們的態度卻有了變化。他不再那麼關注他們在激情支配下做出的行為，而是更關心他們整個的生存狀態。

道德價值並非遺世而獨立的東西。如果它們要求作出犧牲，就會使犯下罪過的人們顯得很渺小。而且，它們可能會在不可能存在無罪行為的地方導致無法解決的衝突。從倫理上來講，肯定存在著這樣的行為，即行為者在個人尊嚴、善與愛的能力、義務的履行以及人格的價值上只付出了盡可能最小的損失，但這常常是高不可攀的。

韋伯概括了他的最後結論：一夫一妻制的道德理想仍然理應是性愛共同體的最高形式。我們無法總結出一些原則可以在倫理上用來把握人們婚姻之中和婚姻之外多樣性的具體情境。但是有一些東西仍然是普遍有效的，那就是對一切人際關係承擔責任的體認以及對道德努力的嚴肅性的體認。在韋伯看來，這個核心原則是極其重要的，本性和命運迫使我們越出了常規，我們仍然必須謙卑地服從於超個體的規範，並且承認規範與個人自身行為之間出現了距離就是罪過。

韋伯的學生雅斯貝爾斯對韋伯的道德評判原則敬佩不已，他把自己的老師奉為心目中的道德楷模。雅斯貝爾斯曾經直言不諱地勸告自己這位才華橫溢的老師，少在政治活動和社會交際中浪費時間，空耗思想的寶藏，而是應回到學術研究的靜雅之地，為人類的精神家園貢獻智慧。

韋伯去世後，雅斯貝爾斯從瑪麗安妮撰寫的《韋伯傳》中獲悉，早在一九一〇年，韋伯與自己的女學生埃爾澤就邁出了師生關係的常規範疇，韋伯甚至與同為海德堡大學教授的親弟弟阿爾弗雷德，共同爭奪、最終共同享有了這個年輕、嫵媚但聰慧的情人。一九二〇年春，在韋伯去世幾個月之前，瑪麗安妮甚至對自己的婚姻產生了絕望和危機之感。她沒有生育，承認自己「沒有埃爾澤以無可比擬的方式擁有的要素生產力」，這顯然是指孩子，也是指陳了埃爾澤對韋伯有著更強大的影響力和吸引力。

讀著這一切，雅斯貝爾斯心中道德楷模的「偶像」訇然倒塌了。

其實，馬克斯·韋伯在學術之外，也時常流露出凡人的情懷。是的，韋伯是把女人看作「人」的，但他始終覺得她們是人的另一個側面。他曾居高臨下地說過：「如果沒有你們這些小女人，生活將會多麼令人厭煩!有時你們總是令人出乎意料。」他在給朋友的另一封信中說得更坦率：「那些能把生活弄得複雜多變的女人是多麼美妙！而且，如果沒有這樣的女人，生活還有什麼意思！」

令人奇怪的是，所有具有敏銳眼光和正確價值判斷的人文學者，都對美國有著一種清晰的認知。第一次世界大戰期間，韋伯痛感德國政府研判失誤，舉止失措，居然採用「全潛艇」戰術，用魚雷攻擊並摧毀了商船盧西塔尼亞號，生拉硬拽地將美國這個龐然大物拖進了一戰的戰場。韋伯痛心地指出，美國這個具有榮譽感的大國，可以容忍你破壞它的財產，但絕不會容忍你殺戮它的公民。這種清醒的認識還發生在經濟學家和政治學家雙棲身分的熊彼特身上。當然，學者只是清談，權柄在握者才是決策的主體，其中複雜的歷史及個人因素，不是幾句話就能講明白的。

馬克斯・韋伯大家庭的毀滅，發生在一九一九年的秋季。

就在韋伯開設冬季學期課程之前，七十六歲的海倫妮走到了生命的盡頭。夏天，她還在海德堡與馬克斯、瑪麗安妮共同生活了幾個月，而寂靜秋天裏，死神一下子就降臨了。

她的所有的孩子都聚集到了她的棺木前，他們壓根兒也沒有想到，這竟是他們最後的團圓。她最年長的兒子在敞開的靈柩前致悼詞，使人聯想起她的個人魅力。他特別讚揚了她對生活的熱愛，她充滿激情的力量，她那一份歷經命運最為變幻無常而仍保持如初的無窮無盡的幽默。

寒假剛剛結束，從休假地伊爾興豪森回到家中的第一個早晨，韋伯就接到了妹妹莉莉去世的消息。莉莉是韋伯最小、也最喜愛的一個妹妹。她剛剛四十歲，有四個未成年的孩子。丈夫在第一次世界大戰中陣亡，帶給了莉莉無限的悲傷，她終於沒能走出這沉重打擊罩下的陰影，在抑鬱和孤獨的雙重壓力下，莉莉打開了煤氣閥門，自殺身亡。

一九一六年春天，韋伯曾陪著莉莉去祭奠她的丈夫。墓地在遙遠的東部前線地區，一片片新壘起的墳頭，讓人有一種「隔絕」之感。他們是德意志帝國的烈士。但是，戰爭結束不久，他們就很快被人遺忘了，甚至連陵墓也許都不知去向。因為那片東部戰場，劃入了波蘭的版圖。

兄弟姊妹們沒有想到，分別剛剛半年，全家人竟以這樣的方式重逢。韋伯夫婦幾乎是當即決定，收養莉莉留下的四個孤兒。韋伯甚至有些大喜過望，瑪麗安妮成為母親，這是女人生命中的最高境界，是生命的真正圓滿。在去奧登瓦爾德學校看望孩子們的途中，韋伯神秘地說：「如果一個人能再次體驗了上升然後離去，也很開心了。」陰影瞬間掠過瑪麗安妮心頭，一個念頭在瑪麗安妮腦中閃過：死神的翅膀已經在韋伯頭頂輕輕拍打了。

韋伯在海德堡住了下來，但他精神疲憊，氣色非常不好。他曾有一次心肌痙攣，「機器也有轉不動的時候。」他說：「沒有一個人能說清死亡是什麼——那是我的母親將我帶離的夜之黑暗王國嗎？」

一個月光如水的夜晚，韋伯與他的小情人埃爾澤坐在伊札爾河畔的長凳上，他們觀察著河水中的後浪是怎樣推走前浪的，韋伯輕輕地說：「是的，生命就是如此；一個浪潮緊追另一個浪潮，但河流本身卻長流不息。」

五月下旬，韋伯病了，他著了涼，發高燒。課程取消了，去看了醫生，醫生沒有發現什麼大毛病。

患病第二週，韋伯心情愉快，充滿著愛心。他的第一位博士生急於工作，他必須儘快獲得學位。韋伯要在自己的病床前對他進行考試。系主任愛惜韋伯，讓別的教授接替韋伯對博士生的考核。六月七日，韋伯跟女友埃爾澤討論了他將要出版的著作題獻給誰的問題，一本題獻給海倫妮，一本題獻給瑪麗安妮。這對瑪麗安妮來說，是一個意外的驚奇。

六月九日，他處於輕度譫妄狀態。伴隨著劇烈的咳嗽，醫生這才診斷出，他患了深位肺炎。他在神志不太清醒時，清楚地唱出了費加羅的一句歌詞：「在綠色的荒野上給我挖一個小小的墳墓。」

臨終的前兩個晚上，韋伯一直覺得他的學生就坐在床邊，他測驗他們，大聲地與他們辯論。他已經神志不清，時不時冒出一句不著邊際的話：「這是一樁跟現在的我毫無關係的事。」「啊，我們會看到將要發生的事情。」「真理就是真理。」「啊，孩子們，不要再煩惱，那樣於事無補。」

黑暗終於降臨。六月十四日，星期一，韋伯心靈之外的世界靜止不動了。黑夜來到之前，他完成了最後一次呼吸，安靜而從容地死在了瑪麗安妮和埃爾澤的懷中。

瑪麗安妮將韋伯葬在了海德堡的市政公墓。她請韋伯的老朋友、哲學家海因里希·萊克特的兒子阿諾德，為韋伯和她自己設計了一座希臘柱式的墓碑，墓碑簡潔明快，沉穩大方。瑪麗安妮精心選擇了浮士德的兩句詩作為銘文，刻於石碑之上：

> 我們將再也見不到他的同類，
> 塵世的一切莫不如此。

我們真得要來談一談瑪麗安妮·韋伯了。

瑪麗安妮，一個普通的家庭主婦，沒上過大學，沒受過專業訓練，快到二十歲時才讀了兩年寄宿學校，在韋伯的耳濡目染下，投身婦女運動，涉足學術領域。她的政治活動和學術研究的領域指向簡單而且始終如一，那就是關於婦女、關於婦女運動和婦女生活的話題。瑪麗安妮發表了數不清的演說，出版過《與馬克思學說有關的費希特的社會主義》、《法律演進過程中的妻子與母親》、《女人與愛情》等專著。她在海德堡大學舉辦的一場關於婦女運動的對話時，拉去了病情稍有好轉的韋伯。在那種熱烈討論氣氛的感染下，韋伯也插入了交流，講了幾段話。

對話結束，兩位大學生在返回寢室的途中，一個問：「馬克斯・韋伯是誰？」另一個回答：「噢，我知道，他是瑪麗安妮・韋伯的丈夫。」這笑話在海德堡大學流傳了足足半年之久。

以這樣顯赫的業績，瑪麗安妮躋身德國婦女領導人之列，也就不足為奇了。但是，瑪麗安妮對現代文明的貢獻不限於此。

「韋伯復興」，或者換一種說法，韋伯的涅槃再生，瑪麗安妮居功至偉，功不可沒！

馬克斯・韋伯逝世之後，瑪麗安妮在心中對自己說道：「馬克斯・韋伯的書桌就是我的祭壇，一個因他而變得神聖的地方。」她首先整理、修訂、再版了韋伯的著作，著名的傳諸後世並影響至今、絲毫經久不衰的《新教倫理與資本主義精神》、《經濟與社會》，滲透了瑪麗安妮的巨大心血和努力。

此後，她埋頭書桌，一頭栽進了韋伯傳記的寫作：

整理好這些遺著之後，我就可以開始我的著作了——寫我丈夫的傳記。我一心要刻畫出他的偉大與豐富。要完成這個任務的念頭在我沉浸到他死後留下的書信中時就開始萌生了。思想的創新是他的，但是現在我要靠自己的力量使他再生。一個才具平平的人能夠描繪出一個偉人的風貌嗎？哦，那只有碰運氣了。……盡可能地，不是由我，而是通過他那些最具特性的書信內容，由他來說我筆下的一切。我還希望他的亡靈，尤其是他母親海倫妮的亡靈，能夠獲得新生。

六年之後，瑪麗安妮成功了。她將一個新生的馬克斯·韋伯，推到了世界熱愛並景仰他的人們的面前。煌煌七十萬字的《韋伯傳》，再現了韋伯傳奇而豐富的一生。一個學者與命運的不懈抗爭，讓所有的讀者為之動容。書中詳盡收錄的韋伯與母親、與妻子、與兄弟、與妹妹，甚至與情人的幾十年的通信，尤其彌足珍貴，它再現了韋伯的精神世界，是韋伯研究當中的重要文獻。瑪麗安妮是聰明的，這些信件，很大程度上代替了她的敘述和評價。

當然，並不是所有的人都認可這種細緻入微的冗長寫法。韋伯研究者之一、英國人弗蘭克·帕金評價瑪麗安妮的著作：「糟糕的是，這本書並不那麼吸引人，它被大量平淡的家庭通信嚴重壓抑。」看來只好見仁見智了。

一九五四年，在馬克斯·韋伯逝世三十四年之後，瑪麗安妮在海德堡的祖宅中棄世。同韋伯一樣，她也是死在了埃爾澤的懷中。一生得一這樣的紅顏知己，韋伯夫婦足以欣慰了。

主要參考文獻

【德】瑪麗安妮·韋伯著，閻克文、王利平、姚中秋譯，《馬克斯·韋伯傳》，商務印書館，二〇一〇年九月第一版。
【英】弗蘭克·帕金著，劉東、謝維和譯，《馬克斯·韋伯》，譯林出版社，二〇一一年六月第一版。
魯尹，《尋找馬克斯·韋伯》，三聯生活週刊，二〇一一年第三十八期。

愛因斯坦的
世界

愛因斯坦的世界

在愛因斯坦的眼中，我們所處的宇宙，不僅僅是長、寬、高的三維空間，而是應該包含時間在內的四維時空。空間和時間都是相對的，它們必定在某一點上合而為一。空間從來不是我們想像中的平直，空間是彎曲的。宇宙彎曲，意味著你朝自己的正前方發射一束光線，無論多少年後，總有那麼一天，如果地球還存在的話，你會發現，光線從你的背後飛了回來。

在愛因斯坦的眼中，人類社會應該是公平、正義的。各民族之間友好相處；各國家之間睦鄰相待。和平與安寧是永恆的主題，戰爭與殺戮是不可饒恕的罪行。世界應當在相互尊重、相互協商中共生共榮，共睦共用。

在愛因斯坦的眼中，人應該信仰上帝。他認為，應該信仰斯賓諾沙那個在事物有秩序的和諧中顯示出來的上帝，而不信仰那個同人類的命運和行為有牽累的上帝。事實上，愛因斯坦已經把上帝哲學化了。他把人類的道德和福祉置於最高位置。他堅定地認為，一個人的真正價值首先決定於他在什麼程度上和在什麼意義上從自我解放出來。一句話，人應該有獨立的人格，並懷疑你遇到的所有「真理」。

愛因斯坦是一個徹底從自我意識中解放出來的偉大先知，且絕對是一個天才，是上蒼為人類社會賜予的無價之寶，是幾千年來才誕生的一個天之英才。沒有愛因斯坦，也許就沒有現代文明。

亞伯特・愛因斯坦一八七九年三月十四日誕生在這個世界上的時候，並沒有曠世之才降臨人間的任何異兆。他出生在德國南部的烏爾姆小鎮。父親叫赫爾曼・愛因斯坦，是一個非常友善、平和而睿智的猶太人。母親波林是一個優秀的鋼琴家，她把自己對音樂的全部熱情，都遺傳給了自己的兒子。

愛因斯坦的出生地——烏爾姆小鎮——在德國南部的名氣可真不小。這個小鎮的城訓是：「烏爾姆人個個都是數學家」。他們自我標榜，烏爾姆人平均智商全德第一。

可是，幼年的愛因斯坦，不但沒有給烏爾姆帶來絲毫榮耀，而且，大有拖累烏爾姆人之嫌。長到快三歲了，愛因斯坦還不會說話，對身外的一切事物，沒有任何好奇心和關注度，很有些頑冥愚鈍的樣子。一天，有個小姑娘騎著兒童自行車，隨父母到愛因斯坦家作客。灶具上，待客的咖啡還未燒熱，從未開口說過一個字的愛因斯坦，突然開口對小女孩的自行車產生了疑問：「是的，可是，她的小輪子在哪兒呢？」

就這一句話，當場驚得全家目瞪口呆。三年不說話，一開口就是一個完整的句子，而且是在仔細觀察之下的疑問之句。這大約就是絕頂聰明之人異於常人之處吧！

開化晚不等於愚鈍，儘管口納於言，但愛因斯坦的思維一刻也沒有停止。

四五歲的時候，父親給小愛因斯坦看一個羅盤，這讓愛因斯坦驚奇不已。指南針以如此確定的方式行動，執著而正確地指示著方向。愛因斯坦確信，一定有什麼東西深深地隱藏在事物的背後。

探究一切未知之謎，成了愛因斯坦的立志目標。因而，從早年開始，愛因斯坦就不喜歡被收編歸類。

母親竭盡心智，想讓愛因斯坦成為一名音樂家。從兒子六歲開始，她就請了好幾位老師教他拉小提琴。可是小愛因斯坦拒絕所有機械式的練習，也不肯拉奏練習曲，他覺得這些太枯燥乏味。直到十三歲那年，他被突然聽到的莫札特的奏鳴曲深深陶醉了。他決心一定要拉出這樣優美的樂曲，於是，重新拿起小提琴，沉浸在音樂大師的著名曲目之中。愛因斯坦這樣說道：

> 這些曲目富於藝術內涵，帶有獨一無二的優雅，我祈願自己或多或少能將這些重新演繹出來，而驅使我去改善我的琴藝的，就是這個願望；我透過這些奏鳴曲而非系統的練習提高了琴藝。我由衷相信，比起責任感來，熱愛是更好的老師——至少對我是如此。

愛因斯坦正是循著「熱愛」之路，去追尋他的知識夢想。

愛因斯坦的叔叔心靈手巧，且極富創新精神。他辦了一間像模像樣的工廠，生產電動機和電燈泡。這在當時，也屬高技術的新興產業。清潔、方便的電燈，取代了瓦斯燈；一通上電源，轟響的電動機便爆發出巨大的動力。電磁學領域裏的一系列變革，刺激了愛因斯坦對發明創造的珍視。而純數理邏輯思考，又讓他對這種「智力體操」癡迷而沉醉。

十二歲的時候，愛因斯坦經歷了另一個性質完全不同的驚奇。新學年開始時，他得到了一本關於歐基里得平面幾何的小書。這本書中有許多定理和斷言，比如，三角形的三個高交於一點。感性上似乎懷疑這一論斷，但可靠的推理卻可以完全證明這一結論的正確。這種明晰性和可靠性給了愛因斯坦一種難以形容的印象，他不是對這些定理和斷言感到不安，而是對這些證明過程心嚮往之：誰想到了這種證明方法？誰尋找到了這正確的證明路徑？

一位慕尼克大學醫學系的學生，告訴了愛因斯坦畢達哥拉斯定理（即畢氏定理，直角三角形中兩條直角邊的長的平方之和等於斜邊長的平方），經過艱苦努力之後，愛因斯坦運用三角形相似性的原理，成功證明了畢達哥拉斯定理，這讓他欣喜異常。愛因斯坦認為：「在純粹思維中竟能達到如此可靠而又純粹的程度，就像希臘人在幾何學中第一次告訴我們的那樣，是足夠令人驚訝的了。」

德國中學整齊劃一、呆板森嚴的教育模式，令愛因斯坦很不適應。他一直沉醉於他的純理性思維，天馬行空，思接千載之外。愛因斯坦最厭惡「強迫」，他強烈反對在信仰、意志、紀律的前提下，一千人令行禁止地同時做一件事情。學校裏身穿制服的軍訓，就讓他頭疼不已。他常常尋找藉口，逃離這些所謂「集體」活動之外。

十六歲那年，叔叔的工廠在德國的競爭日趨激烈，一家人乾脆搬到了瑞士從事生產經營。能逃脫令人窒息的德國教育，愛因斯坦求之不得。他興高采烈地與父母一同移居蘇黎世，並在第二年放棄了德國國籍，成為了瑞士公民。

作為基礎教育階段的學生，愛因斯坦的作為實在是太另類了。他人坐在課堂上，可兩眼發直，神遊天外，永遠是一副迷迷糊糊的樣子，永遠聽不進去老師講授的內容。瑞士的阿勞中學歷史悠久，英才輩出。愛因斯坦當時的表現，令任課老師大為惱火。終於有一天，有位老師忍無可忍，用優雅之語罵了愛因斯坦：「您這個永無出息的貨！」愛因斯坦怒而回斥：「我永遠不會再來這所學校了。」家裏人只好給他換了所學校。

高中畢業後，愛因斯坦接連考了兩次大學，才勉強進入蘇黎世聯邦理工高校。愛因斯坦醉心於物理學。他的人生目標是拿到數學物理學師範碩士，然後進入大學當老師、晉教授，在講臺上風光地傳道授業，教書育人。未來的某一天，桃李滿天下，英才遍地走。

可愛因斯坦的學習方法和學習態度，仍然不入老師的法眼。蘇黎世聯邦理工高校中，有一位德國數學家閔可夫斯基，他對愛因斯坦的拒斥全校有名。有一天，當他看見蓬頭垢面的愛因斯坦從物理實驗室裏走出來時，迎上前去，以日爾曼人的坦率對愛因斯坦說：「也許你是個聰明人，但你絕對不適合搞物理。為什麼你不嘗試一下其他工作，比如說醫學或法律呢？」

愛因斯坦默默地從閔可夫斯基身邊走開。他已不屑於與任何人爭辯。他心中的大目標已漸漸顯出輪廓，他長時間思考的時空問題正一縷縷地清晰。

多少年後，愛因斯坦因提出和證明了相對論而暴得大名。有好事的記者追蹤採訪了閔可夫斯基：「您當初為什麼說愛因斯坦絕對不適合研究物理呢？」閔可夫斯基教授以學者的嚴謹率真回答：「他太懶了。至少那時太懶。」

又過了幾年，閔可夫斯基因病去世。彌留之際，他慨歎道：「在相對論剛出現的時候就死去，真是遺憾呀！」閔可夫斯基明白，用相對論去研究物質世界，人類對自然、地球、宇宙的認識，將產生根本的、突飛猛進的變化。一百年來，人類的實踐活動已經完全證明了這一事實。

當然，閔可夫斯基並未說錯，在聯邦理工高校，愛因斯坦的確是太懶了。他懶於上課，懶於完成老師派發的作業，更懶於寫那些實驗論文。愛因斯坦自己承認，「我逐漸學會抱著某種負疚的心情自由自在地生活，去聽某些課。」

課餘時間，愛因斯坦經常與同學去蘇黎世馬特河口的「都會」咖啡店，討論學習中一切感興趣的話題。在參與討論的同學當中，他結識了一個最要好的朋友馬爾塞耳・格羅斯曼。格羅斯曼是一個浸透了瑞士風格的嚴謹而自主的年輕人，一點沒有愛因斯坦流浪漢的裝束和離經叛道的思想。格羅斯曼有著敏捷的理解能力，井井有條的處事作風。他從不蹺課，上課認真聽講。他的課堂筆記，讓任何人看見都自歎弗如。正是這些詳盡而工整的課堂筆記，幫了愛因斯坦的大忙。因為，每逢考試之際，這些筆記都成了愛因斯坦的救命稻草。愛因斯坦回憶道：「我無論如何也不能設想，要是沒有這些筆記本，面對考試我將會怎樣。」

參加愛因斯坦課外學習小組討論的，有一個塞爾維亞女同學米列娃・瑪麗琦。這是一個了不起的女性，她是全歐洲有文獻記載的第一個數學系女學生。敢於在理性思維見長的艱澀的數學王國裏與男人們一較高下，米列娃也算是巾幗不讓鬚眉。正是米列娃的特立獨行，讓愛因斯坦對她另眼相看，儘管米列娃比愛因斯坦大三歲，他們還是墜入了愛河，大學四年級時開始相愛。不久後，米列娃成為了愛因斯坦的第一任妻子。

一九〇〇年七月，畢業考試結束了。遭受沉重打擊的，恰恰是這對情侶學生。愛因斯坦三個要好的同學，包括格羅斯曼，都順利通過了考試，並被教授選中，留校做助教。米列娃・瑪麗琦未通過考試，愛因斯坦考試雖然通過了，但論文被判不及格，只能修改補充，再行答辯。這意味著，愛因斯坦和瑪麗琦，畢業之日，便是失業之時。

而在此時，愛因斯坦的父母知道了他與米列娃・瑪麗琦的戀情，他們堅決不同意這門婚事，這更激怒了愛因斯坦的叛逆性格，他們遠赴伯爾尼，毫無顧忌地同居了。

同居後不久，他們有了一個女兒萊瑟兒。因為是婚前所生，在法律上有一些複雜的手續需要完成，兩人便將女兒送給了別人。後來經多方查找，依然下落不明。

愛因斯坦最窮困潦倒的時候，大約就是在二十世紀的最初兩年。他一邊修改論文，一邊打零工糊口。他曾經在一個技術學校裏謀到了一個代課教師的工作，上午教了五六節課後，下午在圖書館裏自己進修。他還在報紙上刊登「私人講授數學和物理學」的廣告，幾天後就有一位工程師和一位建築師來聽課，後來又來了兩個大學生，一個是學哲學的索絡文，一個是學數學的哈比希特。五個人在科學哲學的領域裏海闊天空地信馬由韁，熱烈討論，從一九〇二年春天持續到一九〇五年的深秋。他們戲稱為「奧林比亞學院」。這是愛因斯坦在那段艱苦的日子裏，精神最為愉悅的一段時光。

困頓的生活絲毫沒有動搖愛因斯坦對理論物理的熱愛。他一直都在以純理性的思維論證物理學問題。從一九〇〇年到一九〇四年的五年內，他每年都寫出一篇論文，在頗負盛名的《物理學雜誌》上發表。愛因斯坦以這樣的豪言為自己的困厄境遇打氣：對人來說，關鍵不在於吃什麼，而在於想什麼。

格羅斯曼的父親與伯爾尼市專利局局長是老相識。一九〇二年的某一天，格羅斯曼說動父親，讓他向伯爾尼專利局推薦了愛因斯坦。弗里德里希・哈勒局長對愛因斯坦進行了一次詳盡的口試後，認可了愛因斯坦的能力。進專利局工作，愛因斯坦的優勢是明顯的。叔叔和父親經營的電器工廠，讓他從小就對技術有一種獨特的感覺；而扎實的數學、物理學知識，又讓他對專利的鑒別獨具慧眼。哈勒局長聘他為三級技術員，年薪四千五百瑞士法郎。這讓愛因斯坦一舉告別了貧困，邁入了中產。最重要的意義在於，這種無憂的生活給了愛因斯坦充裕的時間，讓他在物理學的深奧海洋裏徜徉。不能肯定的是，它是不是提早催生了相對論的誕生。毋庸置疑的是，從一九〇二年之後，愛因斯坦與格羅斯曼的討論、交流、爭辯更頻繁了，終於促成了幾年後他們推出相對論的驚世之舉。

當然，最先分享愛因斯坦工作喜悅的是米列娃・瑪麗琦。愛因斯坦給回到匈牙利、待在父母身邊的米列娃寫信說，餓肚子這檔子惱人的事已告終結。我們總算租得起房子，可以相聚了。

米列娃・瑪麗琦立即回到了愛因斯坦身邊，並於一九〇三年完婚。一年後，生下大兒子漢斯‧愛因斯坦，一九一〇年，次子愛德華出世。

人類社會千年一遇的奇蹟，發生在一九〇五年。這一年，愛因斯坦撰寫了五篇論文，顛覆了自然科學領域的諸多傳統理論。由愛因斯坦引爆的物理學革命，正是從這一年開始的。

一九〇五年三月，愛因斯坦完成了他在這一年中的第一篇論文：《關於光的產生和轉化的一個推測性觀點》，六月九日發表在國際物理學的權威刊物《物理學雜誌》上。它提出的光電效應理論，成為眾多現代技術、包括雷射技術的理論基礎。

一九〇五年四月三十日，愛因斯坦完成了他的第二篇論文：《分子大小的新測定法》。憑這篇僅僅十七頁的論文，愛因斯坦獲得了蘇黎世大學博士學位。《物理學雜誌》也在次年的第四期上刊登了該文。

一九〇五年五月十一日，愛因斯坦將第三篇論文寄給《物理學雜誌》，論文的題目玄妙而深奧，《熱的分子運動論所要求的靜液體中懸浮粒子的運動》。它以歸納的分子理論為前提，證明了一種由熱運動所產生的可知覺的不規則運動，簡單說，它證實了原子的存在。

一九〇五年六月三十日，在一個這一年當中的中分之時，愛因斯坦完成了他最為驚世駭俗的偉大之論：《論動體的電動力學》。這是一篇完美的科學經典文獻。它概念清晰，邏輯嚴密，文字簡潔，且具有巨大的創新能量。實際上，它是狹義相對論的宣示之作、誕生之作。著名的「尺縮效應」、「鐘緩效應」和「質增效應」，就是在這篇論文中首先提出來的。

一九〇五年九月二十七日完成的《物體的慣性是否決定其內能》，可以看作是《論動體的電動力學》的姊妹篇。這篇論文證明了品質和能量可以互換。那個顛覆了牛頓力學的不朽公式E＝MC²，就是第一次寫在了這篇論文當中。

從三月到九月，僅僅七個月當中，愛因斯坦「奇蹟」般地完成了五篇高品質的論文，而且「奇蹟」般地全部發表在國際著名的《物理學雜誌》上。難怪後世之人將這一年稱為「愛因斯坦奇蹟年」。

一個二十六歲的年輕人，一個物理學的癡迷青年，身邊沒有一個物理學家，更沒有一個可以請教的名師，他白天要忙於專利局的工作，審核專利申請，進行技術鑒定，晚上還要幫忙妻子照看一歲多的兒子。愛因斯坦說，他常常是一手推著搖籃，一手執筆寫論文。七個月，突破了人類幾百年的知識積累和幾千年的理論架構，除了稱他為天才，實在找不到更恰當的表述。

愛因斯坦說，關於狹義相對論的思考，他在十年前就已經開始了。持續不斷的艱苦思考，讓愛因斯坦在一天早晨醒來時靈光閃現。他將時間、空間的同時性引入了物理學，一個人類全新的時空理論，就這樣在一個睿智的大腦中誕生了。

許多人難以理解狹義相對論的深奧理論，經常追問愛因斯坦作通俗解釋，被問煩了的愛因斯坦，只好從每個人生活中的切身感受去比喻相對論的科學定義：「如果你和一個美女一起坐了兩個小時，你會認為僅僅是一分鐘；如果你在通紅的火爐上坐了一分鐘，你會認為已經過了兩小時。這就是相對論。」當然，這是愛因斯坦的戲謔之語。

從常人難以覺察的時空關係上，揭示出狹義相對論的偉大發現，的確是愛因斯坦對現代文明最傑出的貢獻。有論者指出，愛因斯坦的非凡創造力，不僅來自他對自然奧秘的驚奇和敢於向傳統與權威挑戰的反叛精神，更來自他那深邃的哲學思考——來源於理性論哲學家斯賓若莎的自然界統一性的信念，以及來源於經驗論哲學家休謨和馬赫的懷疑精神和獨立批判精神。

愛因斯坦似乎不接受這種崇高和理性的精確評價。他只是輕描淡寫地將自己對相對論的思考歸結於他的發蒙遲緩和開智較晚：

我曾問自己，特別是我發現相對論的情況是怎樣出現的。當時似乎是處於如下情況。正常的成年人決不會為空間—時間問題傷腦筋。在他看來，關於這個問題所應該思考的一切事情，在童年時代都早已思考過了。相反，我發育很緩慢，在我已經長大的時候，才開始搞清楚空間和時間問題。其結果，我鑽研這個問題比通常的兒童所鑽研的要深。

奇蹟發生時，芸芸眾生難以覺察到撬動世界的槓桿已經立在了支點之上。儘管後世之人將一九〇五年定義為「愛因斯坦奇蹟年」，但在那一年平穩過去之後，愛因斯坦本人並沒有發現在他身上有什麼奇蹟出現。他只是勤奮地撰寫了五篇論文，並全都發表在頂級專業刊物上；他只是提出了四項突破性的理論思考，為光電子、原子、相對論和核能理論奠定了基礎；如此而已。愛因斯坦仍被厄運困擾著。一九〇七年，他甚至因論文數量不夠，被瑞士伯爾尼大學拒絕了教授資格的申請。這對一直夢寐以求想登上大學講壇教書育人的愛因斯坦來說，無疑是當頭一棒。

其實，事情就是這樣簡單，愛因斯坦需要時間，需要科學界和社會公眾對他的認知和理解。愛因斯坦的時來運轉發生在一九一〇年。蘇黎世大學向愛因斯坦搖起了橄欖枝，聘他前去任教。此刻，伯爾尼專利局的哈勒局長，已提升愛因斯坦為二等技術專家，若一直幹下去，可享受到豐厚的政府退休金。可愛因斯坦毫不猶豫，直奔蘇黎世大學而去，就任一個非講席教授，以課時取薪。實際上，也就是一講師而已。

好運開了頭，驚喜便接踵而至。一九一一年，設在布拉格的德意志大學聘愛因斯坦為講師，這個美麗的東歐城市留下了他盤桓的身影。

一年後，愛因斯坦的母校——蘇黎世聯邦理工高校，突然發現了這個昔日學生身上的巨大價值和科學才能。當初之時，正是他們判愛因斯坦的論文不夠博士標準，正是他們不屑於將愛因斯坦留校任教。這一年，他們以優厚的條件延聘愛因斯坦為聯邦理工高校理論物理學教授。

回到了母校熟悉的環境，與大學時代的好友格羅斯曼同校執教，這令愛因斯坦十分愉快。因為，他有了更多的時間，與格羅斯曼面對面地討論廣義相對論的所有理論依據。這一對好朋友，正在向科學史上一座前所未有的高峰攀登。

事實上，最為關注愛因斯坦的是德國權威物理學家普朗克。普朗克對愛因斯坦懷有某種複雜的情感。作為一名傳統的物理學家，普朗克堅決捍衛物理學的既有定理，從不相信愛因斯坦的「異端邪說」。但普朗克的內心是忐忑的，他隱隱感到愛因斯坦是正確的。當實驗和實證一步步證明了愛因斯坦的推理和假設，自然科學家的良知終於在普朗克的心中佔了上風。他承認了自己的失敗，並力主德國皇帝將這位德意志的海外遊子召回國內。

一九一三年，普朗克親赴蘇黎世聯邦理工高校，專邀愛因斯坦去柏林。普朗克帶來的「協議」很難讓人不動心：普魯士科學院院士、柏林大學終身教授，年薪一千兩百馬克，並出任籌建中的威廉皇帝物理研究院院長。

普朗克馬到成功，而愛因斯坦的家庭因素和情感糾葛，也助了普朗克一臂之力。此時的愛因斯坦，與第一任妻子米列娃的婚姻出現了裂痕，他戀上了他的表姐──人在柏林有兩個女兒的艾爾莎。

愛因斯坦先是感謝普朗克的厚愛，他事後曾說，當初，「普朗克看我之仔細，活像我是一隻得獎的母雞」。愛因斯坦更是急於逃出他的婚姻地獄蘇黎世，前往柏林與他的情人相會。就這樣，在去國將近二十年後，愛因斯坦又回到了德國，重新取得了德國國籍，在柏林一住就是十九年。

早在一九〇七年，愛因斯坦就發現引力場與參照系相對應的加速度在物理上是完全等效的。這使愛因斯坦進入了一次更深刻更嚴密的邏輯思考。在大學同學、數學家格羅斯曼的幫助下，一九一五年，愛因斯坦終於證明了他的引力場定理，這便是廣義相對論的誕生。廣義相對論是關於引力的理論，是對牛頓引力理論的根本性修正。愛因斯坦計算出，三項天文觀測可以檢驗廣義相對論與牛頓引力理論的歧異。愛因斯坦確信，存在引力的空間必然彎曲。日全食時，可以觀測到太陽邊緣的恒星位置要發生一點七弧秒的偏轉。這是使全世界人民目瞪口呆的怪誕之論。好在愛因斯坦的信誓旦旦很快就可以付諸印證，因為三年之後，將有一次日全食發生在地球之上。

一九一九年五月二十九日「那個偉大的日子」，英國劍橋大學天文臺長愛丁頓，率領觀測隊，攜帶大批器材趕到了西非幾內亞的普林西比島，在日全食時拍攝了大批照片。這批照片中的十六張，被送到了英國皇家學會。在照片的底片上，可以清晰地看到，當一道筆直的星光越過處於日全食的太陽邊緣時，它竟然像愛因斯坦預言的那樣發生了彎曲！

為慎重起見，愛丁頓甚至派出了另一支觀測隊遠赴巴西，在日全食時拍下了太陽邊緣星光的照片。南美歸來的觀測隊，得出的結論與普林西比島的完全一致！

十一月六日，英國皇家學會會長湯姆遜宣佈，兩地觀測結果都證實了愛因斯坦的預測。湯姆遜聲稱：愛因斯坦的工作是「人類思想史中最偉大的成就之一，也許就是最偉大的成就」；「它不是發現了一個週邊的島嶼，而是發現了整個科學新思想的大陸」。

各國新聞媒體立即加入了傳播和鼓噪。英國《倫敦泰晤士報》借助地利優勢，第二天便在頭版宣佈了這一重大新聞：

科學界的革命，宇宙的新理論

牛頓學派觀念遭到顛覆

三天之後，《紐約時報》也加入了報導大合唱：

天上所有的光都是歪斜的

愛因斯坦的理論獲勝

九月下旬，在湯姆遜向外界正式發佈消息之前，愛因斯坦的好友、荷蘭物理學家洛倫茲，已經從英國皇家學會得到了確切消息，他給愛因斯坦拍了封電報，通告這一天大喜訊。收到電報的當天，愛因斯坦給他媽媽寄了一張明信片：「今天有個好消息。洛倫茲拍電報給我，他說英國科學探測隊證明太陽確實造成了光線的彎曲。」

愛因斯坦的口氣，絲毫沒有狂喜、興奮和抑制不住的激動。平平淡淡的幾個字，折射的是愛因斯坦的自信。他從一開始就知道，他的預測肯定是正確的。

廣義相對論實現了人類時空觀的根本革命。從廣義相對論出發，科學家們推斷出了宇宙黑洞、宇宙常數、暗能量、引力波……它帶給我們的驚喜遠沒有結束。每一次在廣義相對論指導下的重大發現，既引起人們的萬分驚訝，又似乎是在情理之中。是的，愛因斯坦的宇宙觀就是如此。

相對論（無論是狹義還是廣義）像一個巨大的光環，罩在了愛因斯坦那銀髮倒豎的頭顱之上，他渾身上下金光閃爍，流光溢彩。讚美的歡呼聲響徹世界的每一個角落；邀請訪問、聆聽講座的信函雪片般飛來。愛因斯坦在榮譽的海洋裏上下沉浮，神聖無比。

當然會有人妒心驟起，心生不服。同是猶太人的弗洛依德便發出了嗆聲。也是在一九〇五年，身為維也納年輕醫生的弗洛依德，從精神分析的嶄新角度，出版了一本《夢的解析》的跨時代著作，這是生理學與精神學、哲學、社會學的首次融合。傳統的醫學界和評論界不能容忍這種標新立異，更不會承認，人的發展、進步的所有動力源自「利必多」（性慾）。批判、討伐的唾沫星子差點淹死了這位才華出眾的醫生。他向愛因斯坦抱怨說：「你真是幸運。當你發表自己的學說時，大家都承認看不懂，卻都贊成你的意見；而當我發表自己的學說時，大家都不懂裝懂，而且還七嘴八舌地批評我。」

另一位猶太人、喜劇大師卓別林，也從愛因斯坦身上感受到了這種巨大歡呼的共鳴迴響。一九三一年，卓別林完成了他的著名影片《城市之光》。一月三十日，首映式在紐約百老匯新落成的豪華洛城劇院上映。卓別林特別邀請了愛因斯坦出席觀看。這種明星疊加的效應，迅速引發了追星族們的狂熱。從午後開始，大批影迷湧進曼哈頓，道路為之阻塞，秩序為之大亂，狂熱的人群甚至擠碎了數家商店的櫥窗玻璃，員警不得不出面維持秩序。當卓別林陪著愛因斯坦步入劇院時，薈萃了好萊塢幾乎所有精英的《城市之光》首映式上，全場起立，長時間鼓掌致敬。愛因斯坦理解不了這種歡呼背後的原因，他問卓別林，觀眾為何如此地歡迎我。卓別林以他慣有的風趣和幽默回答：「大家為我鼓掌，是因為他們懂我；大家為你鼓掌，是因為沒人懂你。」

愛因斯坦從未將自己當成天才，他也沒覺得自己與別人有什麼不同。他曾認真說過：「我的天分不比任何人高。我只是比一般人更好奇。除非找到問題的正確解答，否則我不會放棄。」

諾貝爾獎委員會，注意到了天才的愛因斯坦，他們急於想將自然科學領域中的這一最高獎項，授予屢有創新的愛因斯坦。他們明白，這是一次真正的雙贏。甚至從某種意義上說，是愛因斯坦抬高了諾貝爾獎的知名度和美譽度。於是，從一九一一年到一九二二年的十二年中，諾貝爾獎委員會十次提名愛因斯坦，居然就是沒能通過。個別評審委員的理由是，愛因斯坦的相對論，沒有經過科學實證的檢驗。任何假設和推斷，都不能作為獲獎的依據。大名鼎鼎的牛頓就曾經說過：「我從不假設。」

生活中到底不乏聰明之人。一九二二年，諾貝爾獎評審委員奧森突發奇想，劍走偏鋒。他不再糾纏於相對論，而是提名愛因斯坦另一項經實驗證明了的研究成果——光電效應定律為諾貝爾物理學獎。

這是一次意想不到的、十分漂亮的側翼進攻。一九二二年十一月的那個深夜，當瑞典皇家科學院院長宣佈將一九二一年度的諾貝爾物理學獎授予亞伯特・愛因斯坦的時候，你分明能感覺到，不僅是院長、全體評審委員長舒了一口氣，似乎是全世界的幾十億人民，都長舒了一口氣。這是毋庸置疑的當之無愧，眾望所歸。

專家指出，愛因斯坦一生中，至少應當獲得八項諾貝爾獎。一九〇五年四項，一九一五年至一九一七年第二次學術研究高峰時四項。最令人不可思議的是，相對論居然一直沒有獲得諾貝爾獎，真不知道該對諾貝爾獎評審委員會說什麼才好。一項改變人類、改變世界、改變太陽系，甚至改變宇宙的科學定理，竟然在諾貝爾獎委員們的眼中一文不值。

差強人意。光電效應定律也足以成就愛因斯坦的不朽和英名。記者們四處奔走，遍尋愛因斯坦以採訪獲獎體會。可哪兒也沒有愛因斯坦的身影。

愛因斯坦哪裏去了呢？此刻，他正在蒼茫的大海上。

愛因斯坦正應邀赴各國講學。由印度而中國而日本。諾獎宣佈的那個時刻，他正在由印度前往中國上海的航行之中。

上海的大學生們，以空前的熱情迎接著這位科學巨人，他們甚至把愛因斯坦扛上了肩膀，扛著他遊覽了上海的外灘一帶。中國的媒體，表現得興奮而矜持。《時報》、《申報》、《民國日報》、《字林西報》等中英文報紙，派出得力記者，追蹤著愛因斯坦在上海的行跡。

《時報》幾乎是上海灘執牛耳的大報，它連續多日刊發愛因斯坦抵滬的消息。十一月十五日，該報在第十版上，刊登了記者的特寫性報導：「博士面貌溫和，一君子人，其神氣頗類村莊傳道教士。衣黑色，極樸實，領結黑白色，髭黑，髮灰而短，二目棕色，閃爍有神。談話時，用英文頗柔和，無德語之硬音。」在尚無電視的年代，傳統媒體對被採訪對象的肖像描寫，既是記者的功力，更是讀者的需求。只有通過這些細緻、詳盡的刻畫，才能讓讀者如見其人，如聞其聲。當然，記者行文時，確有賣弄之嫌。字裏行間，他讓讀者分明感受到，他既習英文，又曉德語，似在歐洲大陸廣泛遊歷。

《申報》是上海另一份有聲望的報紙。愛因斯坦蒞滬之時，正是史量才接手《申報》十年之際。該報除消息、通訊大加報導之外，還獨闢蹊徑，在一九二二年年末和一九二三年歲首，利用兩期星期特刊，刊發了兩篇有關愛因斯坦的論文。一篇是北京大學物理學教授丁巽甫講演、劉元斗記錄整理的《愛因斯坦以前的力學》；一篇是法國物理學家夏爾・諾曼德介紹相對論的文章《人類思想界之大革命》。這大約是中國大陸較早刊發評介愛因斯坦物理學創新和相對論的文字。

儘管行程短促、盤桓有限，但敏感的愛因斯坦，對中國和中國人民有了一些細緻入微的觀察：

中國人的勤勞是他們外表上最引人注目的特點。他們對生活和兒童福利要求十分低微。他們比印度人樂觀，也更天真。但他們大多數負擔沉重，男人女人天天敲石子。日工資五分錢。看上去，他們魯鈍得不理解他們的命運之可怕……這個城市鮮明體現了歐洲人與中國人的社會地位差別，這差別讓人十分理解近年來的革命事件。在上海，歐洲人是統治階級，而中國人則是他們的奴僕。這個受折磨的、魯鈍的、不開化的民族與他們國家偉大文明的過去好像毫無關係。他們是淳樸的勞動者……呻吟著，並且是頑強的民族……這是地球上最貧困的民族，遭受著殘酷的虐待，所受的待遇真是牛馬不如。

愛因斯坦哲學意義上的覺醒，遠遠高於他在物理學領域裏的突破。他似乎是一個天生的和平主義者，民主主義者。第一次世界大戰結束、巴黎和平協定簽署之時，美國總統威爾遜自豪地宣佈，世界「可以安全地實施民主了」。欣喜萬分的愛因斯坦從柏林寫信給在瑞士的母親：「那件大事終於發生了！這裏的軍國主義和官僚體制已被徹底剷除。」

愛因斯坦從來沒有如此錯誤地預測一件事情。僅僅四個月後，他就為自己的上述文字臉紅了。在紐約舉行的諾貝爾年會的晚宴中，愛因斯坦用以下講話糾正了自己的觀點：

世人得到承諾，即將從恐懼中解放，可是自戰爭結束後，國與國之間的畏懼卻在大幅增長。世人得到承諾，即將從困乏中解放，可是，雖然某些地方人民豐衣足食，有廣大地區的人還在忍受饑餓。世界各國得到承諾，自由與正義即將到來，可是，即使是現在，我們還在目睹軍隊朝要求政治獨立和社會公義的人開槍的可悲景象……

愛因斯坦對德國軍國主義的崛起始終保持著高度警惕。他不斷發表演講或撰寫文章，抨擊納粹，抨擊希特勒政權。他的摯友、德國科學家馮・勞厄寫信勸他將主要精力用於科學研究，在政治問題上要明哲保身，少惹是非。愛因斯坦禁不住提筆回信，嚴正闡明自己的立場：

我不同意您的看法，以為科學家對政治問題——在較廣泛意義上來說就是人類事務——應當默不作聲。德國的情況表明，這種克制會招致：不作任何抵抗就把領導權拱手讓給那些盲目和不負責任的人。這種克制豈不是缺乏責任心的表現？試問，要是喬爾達諾・布魯諾、斯賓諾莎、伏爾泰和洪堡也都是這樣想，這樣行事，那麼我們的處境會怎樣呢？我對我所說過的話，沒有一個字感到後悔，而且相信我的行動是在為人類服務。

愛因斯坦是一個純粹的民族主義者，他強烈地熱愛著自己的猶太民族，並不遺餘力地推崇民族平等和世界和平與自由。他熱情地張揚著猶太人的理想：

為知識而追求知識，幾乎狂熱地酷愛正義，以及要求個人獨立的願望——這些都是猶太人的傳統的特徵，並使我為自己屬於它而感到慶幸。

那些在今天倡狂地反對理性的理想和個人自由，並試圖依恃野蠻的暴力建立死氣沉沉的國家奴隸制的人，當然要把我們看做他們不共戴天的死敵。歷史給了我們艱巨的任務；但只要我們仍然是真理、正義和自由的忠實勤務員，我們就不僅要繼續像現存的最古老民族那樣生存下去，而且要像以前一樣，用創造性的工作所產生的成果為提高人類的精神境界而做出貢獻。

愛因斯坦的言行日漸不容於德國的軍國主義和納粹的政治理想，希特勒親自操縱的反猶排猶行動暗流湧動。愛因斯坦敏感地覺察到了迫近的危險。一九三二年，他偕夫人移居美國。在駛往美國的客輪上，愛因斯坦便莊嚴聲明，永遠不再踏上德國的土地。

愛因斯坦在美國舉行記者招待會，談到了自己出走德國的理由：

只要我在這件事情上有任何選擇，我只會居住在一個法律之前人人平等、所有公民都有自由人權及包容的國度裏……

這些條件，在目前的德國並不存在。

納粹控制的報紙對愛因斯坦暴跳如雷，大加撻伐，並揚言出五萬美元懸賞愛因斯坦的人頭。愛因斯坦嘲謔道：「我還真不知道我值那麼多錢。」

愛因斯坦在批判納粹獨裁主義的恐怖專制和種族滅絕的同時，常常流露出的是對資本主義的厭惡、對社會主義的欣賞。這讓美國聯邦調查局左右為難。一方面，他們承認愛因斯坦是一個無畏的反納粹鬥士；另一方面，他們又為他的「親共親俄」和社會主義傾向所苦惱。最終，他們將他劃歸了左派。一九三〇年代，臭名昭著的美國聯邦調查局胡佛局長親自下令對愛因斯坦進行秘密調查和跟蹤，直到愛因斯坦去世為止。二十多年來，他們七拼八湊、道聽塗說的秘密調查檔案竟有一千八百多頁。當然，所有這一切，愛因斯坦生前也許並不知道。但將他排斥在研製原子彈的「曼哈頓計畫」之外，愛因斯坦隱隱感覺到，他的政治態度已經引起了美國安全部門的擔憂。作為一個已經入籍的美國公民，愛因斯坦對此是既無奈，又傷感。

原子理論終於要在現實生活中被應用被檢驗了。然而，這種應用，是以魔鬼般的猙獰面目出現的。德國科學家要運用原子核裂變的原理，製造一種殺傷力巨大的炸彈，應用於二戰戰場，應用於對同盟國的戰略打擊。可以肯定地說，若愛因斯坦早知道原子理論會推導出這樣一個殺人魔彈，他絕對不會將它公諸於世！

最早發現這一蛛絲馬跡的是匈亞利物理學家齊拉德。齊拉德也是猶太人，對愛因斯坦的原子理論爛熟於心。他在匈亞利大規模排猶行動之前逃出了魔掌，流亡美國。

一九三九年初，齊拉德出逃到義大利時，就意識到納粹在研製原子彈。四月，德國佔領捷克斯洛伐克後，立即下令禁止捷克的鈾礦出口。這是最明顯不過的徵兆：納粹打算積存這種戰略金屬，為製造原子彈做準備。

一九三九年七月十五日，一個週六的早晨。來到美國沒有多久的齊拉德，下定決心要採取行動了。他與另一位匈亞利猶太人物理學家威格納，駕車從紐約市區前往長島培科尼克海邊去找愛因斯坦。他們知道愛因斯坦正在那兒休假、航海。他們就是要故意打斷愛因斯坦的假期，向他發出這一嚴重事態的警告。

在前往長島的路上，他們路過了一個叫做「法拉盛草原」的濕地。這裏正在舉行紐約世界博覽會。一個透明的地球形狀的巨大圓球建築和其他幾幢漂亮時尚、深具特色的建築拔地而起，展示著世界各國的最新生產、生活成果。通用汽車以「未來世界」為主題，向觀眾承諾，在不久的將來，人人有舒適的住家，家裏有電視機、洗衣機、可製冰的冰箱，還可駕駛通用新研製的汽車，奔馳在錯綜龐大的高速公路上。儘管兩位科學家見多識廣，幾乎走遍了大半個世界，面對這如此燦爛輝煌的現代文明，他們還是從心底感到震撼。想一想這些如此先進的現代文明成果，將被戰爭和原子彈徹底摧毀，兩人的憂懼且深且劇。

齊拉德和威格納趕到培科尼克海邊時，愛因斯坦身著汗衫、穿著捲到小腿的皺巴巴的長褲歡迎了他們。二人走進了愛因斯坦的夏日小屋。溫和的七月午後，三位物理學家坐在裝有紗窗的陽臺上，一邊喝茶一邊急匆匆地交流著可怖的資訊。齊拉德解釋了他的懷疑，並提供了他的最新證據：德國已經開始積存鈾元素。

愛因斯坦一下子就看出了其中的含義，他立刻變得憂心忡忡。他同意齊拉德的看法，如果希特勒率先造出原子彈，整個世界就會成為他的俎上之肉，盤中之餐，任其宰割，任其斧斫。愛因斯坦表示，他百分之百地願意負起敲響警鐘的責任！

愛因斯坦一直對德國的窮兵黷武懷著高度警覺。當年，他正是為了逃避「全民皆兵」的兵役制度而逃離德意志帝國的。一九三三年，希特勒上臺執政剛剛幾個月，愛因斯坦便在給友人的信中寫道：「我要說的話會讓你大為驚訝……希特勒顯然不遺餘力地朝戰爭揮進。」

在長島的這個七月的下午，三位有良知的科學家達成共識，必須立刻採取行動，阻止德國成為第一個製造原子彈的國家。他們設想出了數個方案，幾經思慮，決定採取最有效的策略，由愛因斯坦給美國總統羅斯福寫信，籲請他考慮趕在德國之前造一枚核彈出來。

愛因斯坦立即拿出紙筆，在桌子上草擬信函。八月二日，在經過修改、並同齊拉德共同署名的這封致羅斯福總統的信，送達了華盛頓白宮。愛因斯坦開宗明義：

總統先生大鑒：

費米和齊拉德兩位博士最近的研究……讓我預見到，在不久的未來，鈾元素將可被轉化為一種新的重要能源。對於這種情況，某些方面似乎需要提高警覺，政府這邊，如果必要，亦須迅速採取行動……

愛因斯坦在信中告訴羅斯福總統，美國境內的科學家將可「以大量的鈾啟動核連鎖反應」以產生巨大能量及「大量類似鐳的元素」，「這個發展看來幾乎是可以確定的了」。愛因斯坦告訴總統，雖然不是百分之百確定，但這個新的現象有可能造出「威力極其強大」的炸彈：

這種炸彈，只要區區一顆，無論是以船隻運載或在港口引爆，都可能徹底摧毀整個港口和部分鄰近地區……

愛因斯坦在信中力勸總統，要讓政府部門與在美國進行連鎖反應實驗的物理學家建立持續的聯繫。愛因斯坦建議，白宮和這些科學家之間最好有個聯絡視窗，可以解決鈾的取得、安排更多的研究經費、加速實驗腳步等等。最後，愛因斯坦向總統呈上了那駭人聽聞的證據：

據我瞭解，被德國佔領的捷克斯洛伐克的鈾礦，其實已遭勒令停止出售……

儘管羅斯福總統一開始沒有給予十二萬分的高度關注，但這封信還是起了相當大的作用。政府先是撥出了六千美元用於鈾計畫的研究。不久，就招集了美國國內頂尖的物理學家，開展了極其絕秘的「曼哈頓計畫」，即製造人類有史以來的第一顆原子彈。愛因斯坦因為自己身上的「紅色印記」和「左傾」傾向，竟被美國聯邦調查局和陸軍部排斥在了這項計畫之外。

那一段時間，愛因斯坦極為熟悉的奧本海默、齊拉德、費米等物理學家突然從他身邊消失了，且去向不明，聯繫不上。愛因斯坦明白，他們去研製核彈了。

德國研製原子彈失敗和羅斯福總統的突然去世，都沒有讓美國人停滯製造原子彈的步伐。他們已經是箭在弦上，不得不發。

一九四五年七月二十五日，也就是在愛因斯坦建議美國研製原子彈剛好六年之際，美國總統杜魯門接到了原子彈已經完工，即將用於實戰的報告。此時的杜魯門，在他當天的日記中，還表達了些許人性的閃光：

從現在到八月十日之間，這個武器將會用來對付日本。我已經告訴戰爭部長史汀生先生，它的目標必須是軍事基地、士兵和水手，不能是婦孺……身為以共同福祉為念的自由世界領袖，我們不可以將這一枚可怖的炸彈丟擲到舊都或新都……它絕對會以軍事目標為鵠的，而且我們會在事前發出警告……

兩星期不到，杜魯門便將自己的表白徹底遺忘。

八月六日，美國一架空軍轟炸機毫無預警地在日本廣島投下了第一顆原子彈，廣島市區幾乎被夷為平地，男女老少十萬人失去生命，數十萬人遭到核輻射。

八月九日，同樣的悲劇在日本長崎上演，又有十萬人葬身在核爆炸產生的熱輻射和衝擊波之中，絕大多數死亡者仍是平民百姓。

杜魯門這樣為美國的行為辯解：「他們唯一聽得懂的語言，似乎就是我們的轟炸。你和禽獸打交道，就得把他們當禽獸看。」

第一顆原子彈爆炸的消息傳到杜魯門耳朵裏的時候，他正乘坐美國海軍巡洋艦「奧古斯塔」號，從波茨坦會議返航的途中。杜魯門自豪地告訴一群正與他同桌進餐的海軍士兵：「這是有史以來最棒的事情！」士兵們興奮不已，歡聲雷動。

「曼哈頓計畫」的領銜人奧本海默卻陷入了深深的自責之中。他見到杜魯門時這樣表白：「我的雙手像是沾染著鮮血。」杜魯門卻輕描淡寫地回應：「別擔心，洗洗就沒有了。」

愛因斯坦義無反顧地站在了反對原子彈的行列之中。他認為，美國應該象徵性地宣示原子彈的威力，以震懾法西斯敵人，而絕對不應該用於實戰，尤其是用原子彈去殺傷那些無辜的平民。愛因斯坦呼籲美國及世界各國，禁止核武器的生產和擴散，消毀這種大規模的殺傷性武器。

沒想到，核武越禁越多。繼美國之後，蘇聯、中國、印度、巴基斯坦，甚至朝鮮，都宣稱自己擁有了核武器和核打擊能力。如果這些駭人的炸彈一同啟爆，我們這顆蔚藍的星球也許會不復存在。

愛因斯坦終其一生，一直站在反核禁核的第一線。他為一九三九年夏天寫給羅斯福的那封信痛悔不已，深深自責。

愛因斯坦最為人詬病的是他對女人的態度。愛因斯坦是一個民主主義者，追求社會的平等和自由。但他似乎覺得，這種「平等」不包括女人。他對自己的兩任妻子和同居的女人，從來都不夠尊重。非但是不尊重，他蔑視她們的存在，隨意傷害她們的心靈和情感。對仰慕和追求他的女人，他又隨便施以恩澤，甚至到了「濫情」的地步。這不是一個偉大而純粹的人應該具有的生活態度和道德操守。可上哪兒去找那種十全十美的完人？尤其是被推上榮譽和成就的最高峰後，長時間地獨領風騷，俯臨天下。萬眾仰視，孤獨求敗的感覺，很難讓人準確地把持住自己。愛因斯坦當然也不例外。

有一次，愛因斯坦與米列娃吵架後，憤而離家出走。無奈的米列娃只好來到愛因斯坦的棲居處請他回家。愛因斯坦竟隨手給米列娃列出了一系列苛刻條件：

你要負責：

一、將我的衣服整齊地放好，

二、一日三餐送到房間，

三、我的臥室和書房收拾整齊，尤其注意，我的書桌只讓我一個人使用……

米列娃委曲同意後，愛因斯坦又給她寫了第二封信：

因為我不想失去孩子，並且也不想他們失去我，確切地說，只是因為這些原因，我準備搬回去住。畢竟在發生這一切之後，我無法再與你保持一種志同道合式的關係。它將是合乎紳士規範的商務關係，所有私人事務都應該減少到最低限度……我向你保證我這一方會正當行事，學會像對待任何一個陌生的女人那樣對待你。

幾乎所有的愛因斯坦傳記的作者都譴責愛因斯坦的這些表述。有人說：人們非常震驚於這些「苛刻條件」和「冷酷無情的話語」。

這樣的婚姻能走多遠？明眼人一看便知。一九一九年，愛因斯坦與米列娃分手了。米列娃獨自帶著兩個兒子鬱鬱地離去了。她不得不走。因為，愛因斯坦身邊又有了新的女人。

這個女人叫艾爾莎·洛文塔爾，是愛因斯坦的表姐。兩人青梅竹馬，兩小無猜。得知艾爾莎離婚後帶著兩個女兒生活在柏林，愛因斯坦便一頭栽進了艾爾莎的懷抱。

他寫信給艾爾莎，貶斥自己的妻子：

米列娃是我毫無希望背負著的十字架。……如果能和你過幾天，而沒有我的十字架，我願為此付出一切。……我對待妻子就像對待一個不能解雇的雇員。我有自己的臥室，避免和她單獨在一起。對於這種方式的「同居」，我頗能忍受。

他寫信給艾爾莎，傾訴對她的思念：

如果允許我在您身旁散步，即使只有幾次，我也會感到幸福，或者只要我能靠近您，我也會感到歡樂。」愛因斯坦急切地表達著渴望與艾爾莎在一起的心情；「在你的陪伴之下，我可以卸下重負，與你敘談，與你一起漫步在柏林近郊的那一片親切的老林之中。

像一切偷腥的饞貓一樣，愛因斯坦尋找一切機會，編造多種謊言，潛到柏林與艾爾莎幽會。兒子病了，得了哮喘、中耳炎，醫生建議去瑞士南部的陽光地帶休養半月。米列娃帶著孩子去了。愛因斯坦興奮地告訴艾爾莎，「我將在四月一日前後到達柏林——感謝上帝——我有十四天自由的時間」。愛因斯坦對米列娃謊稱去巴黎參加數學哲學國際會議，他甚至連會場都沒去，直接撲到了柏林，他告訴艾爾莎：「為了品味這一段美好時光，巴黎的大會我就不參加了，可以和你盡情地散步。」

當普朗克代表德皇，邀請愛因斯坦返回德國，執教柏林大學時，這正是愛因斯坦求之不得的天大好事。艾爾莎這個強大的磁場，就這樣把愛因斯坦從蘇黎世吸到了柏林。

距離是感情變遷的重要因素。心留不住，人也留不住，米列娃只能選擇離婚。

從情人上升為妻子，卿卿我我的愛戀沒有了，日常生活的瑣細顯現了。艾爾莎立即感受到了愛因斯坦的暴躁脾氣和剛愎自用。艾爾莎寫信勸愛因斯坦注意起居飲食，講究生活品質，竟惹惱了愛因斯坦，他回了一封信，將艾爾莎大罵一通：

在來信中你竟然敢於給我以醫療方面的說教？神氣十足地像一位一貫正確的醫生那樣，要我雨天游泳，晴天跑步？……我已下定決心，若大限一到，就是倒斃，也儘量少用醫療手段。在此之前將按我罪惡之心的願望任意行動。我日常的生活是：吸煙像煙囪，工作像騾馬，飲食無所顧忌不加選擇，至於散步，只有真正有了愉快的同伴才願意進行，這樣一來就很少散步了，不幸的是睡眠也無規律，如此等等。

艾爾莎的好心，真被愛因斯坦當成驢肝肺了。

移民美國，定居普林斯頓之後，愛因斯坦夫婦在墨瑟街一一二號買下了一棟住宅，這是一個普通的獨居二層樓。

艾爾莎喜歡交際，家中的客廳裏經常是高朋滿座。當客人們想要見見大名鼎鼎的愛因斯坦時，正是艾爾莎最為難的時刻。因為每次艾爾莎請愛因斯坦下樓見客人時，總會得到他的惡聲咆哮：「不！不！我不能去！我不能去！我不能忍受這樣的騷擾，使我不能安心工作。我要立刻離開此地！」

一九三四年，艾爾莎在巴黎的小女兒突患肺炎。艾爾莎趕到時，伊爾莎已是彌留之際。這讓艾爾莎深受打擊。安葬了伊爾莎回到美國後，艾爾莎衰老得幾乎讓人認不出來了。不久，嚴重憂鬱當中的艾爾莎又染上了腎病和心臟疾病，纏綿病榻一年多之後，於一九三六年十二月與世長辭。自此，艾爾莎的大女兒瑪戈特和愛因斯坦的女秘書海倫·杜卡斯成了他生活中不可缺少的女人。

愛因斯坦的情人還有許多。其中有朋友的侄女倪貝娣和蘇聯女間諜瑪加麗塔、舞女伊夫琳、圖書管理員范圖娜……等等。

愛因斯坦對自己的兒女，也是淡漠寡情。他與米列娃婚前所生的第一個女兒萊瑟兒，出生不久就送給了別人。萊瑟兒一直不知所終，也沒有聽說愛因斯坦認真查找過。他的小兒子患精神分裂症，最後死在精神病院裏。他與伊夫琳還有一個私生女。但愛因斯坦至死都不知道他有這樣一個女兒。說穿了，是他自己不想知道。他不想負責任，不願意讓這些瑣事牽扯他的寶貴精力。這個女孩，一直是由他的大兒子漢斯養大的。

倒是有一次，愛因斯坦表現了少有的慈父情懷。二兒子愛德華生病之前曾經問他：「您是怎樣發現相對論的？您是怎麼知道時空是彎曲的？」愛因斯坦風趣地回答：「當一隻甲殼蟲在一根彎曲的樹枝上爬行的時候，它沒有覺察到這根樹枝是彎曲的。我有幸覺察到了甲殼蟲沒覺察到的東西。」

在描述和評價愛因斯坦這類偉人時，人們往往脫不出這樣一個窠臼：他們是事業上的巨人，生活中的孺子。

愛因斯坦在生活中絕對是個低能兒。

一九三三年十月，愛因斯坦答應了普林斯頓大學高級研究院的邀請，應聘到該研究院任職。

這可樂壞了高級研究院院長弗萊克斯納。他知道，無論花多少錢，研究院都不會虧本。「愛因斯坦」這四個字本身，就是一筆巨大的財富！

秋日的一天，愛因斯坦偕妻子艾爾莎，繼女瑪戈特，秘書杜卡斯和助理邁耶爾，來到了普林斯頓。普林斯頓小鎮景致美得令人心醉，夕陽下的校園、研究室、湖泊、樹木，讓人恍惚有置身世外桃園之感。愛因斯坦非常喜歡這個地方。

應聘會談開始了。坐在桌子另一端的弗萊克斯納院長請愛因斯坦隨便提要求，他將完全滿足愛因斯坦的願望。

愛因斯坦囁嚅了半天，很不好意思地說：「給邁耶爾安排個工作。」

「沒問題。」弗萊克斯納一口答應。

「還有呢？」弗萊克斯納問。

愛因斯坦迷惘地搖搖頭：「沒有了。」

弗萊克斯納只好遞給愛因斯坦一張空白支票，讓他自定年薪。

愛因斯坦這才想起，還有個吃飯問題。他馬上掏出紙筆，仔細計算了他、艾爾莎、瑪戈特和杜卡斯的生活開支，然後再將德國馬克兌換成美元，鄭重地在支票上填寫——三千美元。

「這太少了！」弗萊克斯納差點驚掉了下巴。

愛因斯坦的經濟顧問、會計師薩萊德斯多夫差不多花了一個小時，給愛因斯坦解釋德美兩國物價的不同、指出消費方式和習慣的差異，以及作為一個名人必須應有的社交活動等等，愛因斯坦不停地點頭表示同意，但仍舊固執地認為，三千美元也足夠花銷。

生了氣的薩萊德斯多夫不再對牛彈琴，他與艾爾莎商量了之後，確定了愛因斯坦的年薪一萬七千美元。這是愛因斯坦自定年薪的將近六倍，也是當時美國平均年薪一千五百美元的十一倍多。

愛因斯坦強烈不滿，他想不通他及他的一家為什麼非得在一年之內花這麼多錢？弗萊克斯納當了和事佬，他後退一步，減少一千美元，定為一萬六千美元，這當然也是一個不小的數目。不待愛因斯坦表態，眾人便強行通過了院長的提議。

愛因斯坦真的毫無財富觀。人們曾經看到，他用洛克菲勒基金會給他的一千五百美元的支票做書簽。夾來夾去，最後連這張支票夾在哪本書裏都不知道了。靈感突發、演算緊張時，他抓過一張紙來就在背面推演。事後翻過來一看，竟是比利時王后親筆題詩的寶貴信箋。

剛到紐約時，愛因斯坦在大街上遇到一位老相識。朋友對他說：「你應該添件新大衣。你身上的大衣實在太舊了。」愛因斯坦回答：「這有什麼關係？反正在紐約誰也不認識我。」幾年後，愛因斯坦依然穿著那件舊大衣。朋友見後再次勸他買件新的，愛因斯坦又說：「何必呢？反正在紐約人人都認識我了。」

常年給愛因斯坦拍照的攝影師，憋了好久問他一個問題：「您為什麼從來不穿襪子呢？」愛因斯坦說：「年輕時穿襪子，大拇指頭那兒老是頂破一個洞，後來就乾脆不穿了。」他還認為，襪子與鞋的功能是一樣的，既然穿了鞋子，幹嘛還要再穿襪子？

腦電圖剛剛發明時，科研與醫務人員非常想用它來揭開愛因斯坦大腦的秘密。一九五一年二月，他們將愛因斯坦請到了麻省理工學院綜合醫院。接好各種電極後，研製人員請愛因斯坦思考。這時，只見顯示器的指針上下劇烈震動。他們欣喜地問：「您在思考什麼深奧的課題？」愛因斯坦淡淡一笑：「我剛才在解一元二次方程式。」又一會兒，指標忽然歸零不動了。研究人員再次趨前請教，愛因斯坦著急地說：「我聽見了雨聲，忽然想起雨鞋忘在家裏了。」

這足以讓我們笑抽了肚皮。

愛因斯坦的不拘小節，在普林斯頓是出了名的。他經常穿著短褲、拖鞋去一些非常重要、正式的場合。他出門後經常忘了家住哪兒，要打電話回去問街名和門牌號碼。他不開車，永遠是步行上下班。倒背雙手，手握一柄雨傘，頑童般地在路過的每一格柵欄上「噠、噠」劃過。少劃了哪一根，非要回去補上不可。普林斯頓鎮上一個上小學的小女孩看到了這一幕，回家像講笑話似的說給正在吃飯的父親聽。父親放下刀叉，莊重地對女兒說：「孩子，記住這一天吧！今天你見到了世界上最偉大的人！」

人們願意傳播和咀嚼明星與偉人的奇聞秩事、笑話趣談，無非就是覺得，他們就該與常人不一樣。沒有這些「八卦」和「味精」，明星和偉人的生活會平凡無奇、平淡無味。我們大多數人，都在這種「俗惡」之氣的裹挾下，扮起了長舌婦的角色。

愛因斯坦的世界觀滲透著人文精神和民主平等的意識。早在一九三五年，他便這樣表達對世界的看法：

我每天上百次地提醒自己：我的精神生活和物質生活都依靠著別人的勞動，我必須盡力以同樣的分量來報償我所領受了的和至今還在領受著的東西。我強烈地嚮往著儉僕的生活，並且時常為發覺自己佔用了同胞的過多勞動而難以忍受。我認為階級的區分是不合理的，它最後所憑藉的是以暴力為根據。我也相信，簡單淳樸的生活，無論在身體上還是在精神上，對每個人都是有益的。

我完全不相信人類會有那種在哲學意義上的自由。每個人的行為，不僅受著外界的強迫，而且還要適應內心的必然。叔本華說：「人雖然能夠做他所想做的，但不能要他所想要的。」這句話從我青年時代起，就對我是一個真正的啟示；在我自己和別人生活面臨困難的時候，它總是使我們得到安慰，並且永遠是寬容的源泉。

每個人都有一定的理想，這種理想決定著他的努力和判斷的方向。就在這個意義上，我從來不把安逸和享樂看作是生活目的本身——這種倫理基礎，我叫它豬欄的理想。照亮我的道路，並且不斷地給我新的勇氣去愉快地正視生活的理想，是善、美和真。要是沒有志同道合者之間的親切感情，要不是全神貫注於客觀世界——那個在藝術和科學工作領域裏永遠達不到的目標，那麼在我看來，生活就會是空虛的。人們所努力追求的庸俗的目標——財產、虛榮、奢侈的生活——我總覺得都是可鄙的。

我對社會正義和社會責任的強烈感覺，同我顯然的對別人和社會直接接觸的淡漠，兩者總是形成古怪的對照。我實在是一個「孤獨的旅客」，我未曾全心全意地屬於我的國家、我的家庭、我的朋友，甚至我最接近的親人；在所有這些關係面前，我總是感覺到有一定距離並且需要保持孤獨——而這種感受正與年俱增。人們會清楚地發覺，同別人的相互瞭解和協調一致是有限度的，但這不足惋惜。這樣的人無疑有點失去他的天真無邪和無憂無慮的心境；但另一方面，他卻能夠在很大程度上不為別人的意見、習慣和判斷所左右，並且能夠不受誘惑要去把他的內心平衡建立在這樣一個不可靠的基礎之上。

我的政治理想是民主。讓每一個人都作為個人而受到尊重，而不讓任何人成為崇拜的偶像。我自己受到了人們過分的讚揚和尊敬，這不是由於我自己的過錯，也不是由於我自己的功榮，而實在是一種命運的嘲弄。……我完全明白，一個組織要實現它的目的，就必須有一個人去思考，去指揮，並且完全擔負起責任來。但是被領導的人不應當受到強迫，他們必須有可能來選擇自己的領袖。在我看來，強迫的專制制度很快就會腐化墮落。因為暴力所招引來的總是一些品德低劣的人，而且我相信，天才的暴君總是由無賴來繼承，這是一條千古不易的規律。……在人生的豐富多彩的表演中，我覺得真正可貴的，不是政治上的國家，而是有創造性的、有感情的個人，是人格；只有個人才能創造出高尚和卓越的東西……

我自己只求滿足於探索生命永恆的奧秘，滿足於覺察現存世界的神奇的結構，窺見它的一鱗半爪，並且以誠摯的努力去領悟在自然界中顯示出來的那個理性的一部分，即使只是其極小的一部分，我也就心滿意足了。

讓一個自然科學家，說出如此精闢透徹、簡明扼要的關於哲學、社會、民主、理性的思考，而且是在八十年前的那個紛爭和動盪的世界，足以讓所有人文學者和社會學家臉紅和羞愧！

愛因斯坦晚年，患上了腹腔動脈血管瘤。今天，這只是一個普通的外科手術，通過摘除完全可以治癒。而在當時，這卻是不治之症。愛因斯坦等於懷抱著一個定時炸彈，隨時等待它的爆炸。這給愛因斯坦精神和身體上帶來極大的痛苦。一九五五年四月十八日，正是這個可惡的血管瘤奪去了愛因斯坦的生命。這顆聰慧的大腦停止了思維，人類有史以來最偉大的科學家去世了。這個了不起的偉人享年七十六歲。

愛因斯坦生前留下遺囑，遺體火化，不存骨灰。給愛因斯坦做屍檢的是普林斯頓大學醫學院四十二歲的醫生哈威，他在徵得漢斯・愛因斯坦同意後，於火化之前取出了愛因斯坦的大腦。哈威認為，愛因斯坦的大腦一定能解開這個天才物理學家的全部秘密。哈威錯了！他的研究令他自己及全世界的所有人大吃一驚，愛因斯坦的大腦，表面皮層的面積、結構，與普通人毫無二致，而他的腦重卻只有一千兩百三十克，略低於成年男性的平均值。俄國著名作家屠格涅夫大腦重兩千零一十二克。也就是說，愛因斯坦的大腦比屠格涅夫整整輕了七百八十二克。這個平常的大腦中為什麼思考並證明了那麼深邃而奧秘的世界級課題？這是一個謎。也許不是謎。愛因斯坦的好奇、勤勉、毅力、韌性和破除一切規則的勇氣，應該是他成功的先決條件。愛因斯坦曾經明確說過：「所有的科學理論無非是人們每日所思所想的精華提煉。」

愛因斯坦的骨灰不知埋在了什麼地方。許多人認為是普林斯頓大學高級研究院後面的那片樹林中，因為愛因斯坦生前很喜歡去那裏散步。知道這個秘密的女人瑪戈特、杜卡斯都去世了。沒有人能確切地知道埋葬骨灰的地點。

世紀之交，美國《時代》週刊評選這一個百年的「世紀人物」。愛因斯坦無可爭議地入選。《時代》週刊稱他為「天才、政治難民、人道主義者、原子和宇宙之迷的開啟者」，他是「本世紀最偉大的思想家和政治理想主義者」。

二〇〇五年，在相對論提出一百周年、愛因斯坦逝世五十周年之際，聯合國第五十八次大會做出決定，命名二〇〇五年為「世界物理年」，以紀念愛因斯坦這位有史以來最偉大的科學家。

英國也在這一年的三月十八日——愛因斯坦的誕辰之日前後，搞了一次民意調查，百分之六十四的男性表示他們最崇拜的人是愛因斯坦。

英國哲學家羅素，在愛因斯坦逝世後，為他寫下了一個準確的哲學意義上的評價：「愛因斯坦不僅是一個偉大的自然科學家，他還是一個偉大的人。他是一個駛向戰爭深淵的世界中和平的象徵。他是一個病入膏肓的世界中的健康人，一個充滿偏執狂的世界中保持了思想自由的人。」

愛因斯坦推翻了牛頓，但有誰能推翻愛因斯坦嗎？此人也許是霍金。霍金認為，量子宇宙論可以單獨解釋宇宙中的一切現象，並且他認為宇宙本身就是無中生有。但這並不妨礙霍金對愛因斯坦的高度讚揚：「在過去的一百年裏，世界的變化比過去任何世紀都大，其原因在於技術直接緊隨基礎科學的進步而發展。顯然，沒有誰比亞伯特・愛因斯坦的成就更能代表科學的進步！」

宇宙何其有幸！

太陽系何其有幸！

地球何其有幸！

人類何其有幸！

因為，在幾十億具有思維能力的高等動物當中，出現了一個亞伯特·愛因斯坦！是的，僅僅一個。但是，一個就足夠了！

主要參考文獻

【美】弗雷德·傑羅姆著，席玉蘋譯，《愛因斯坦檔案》，廣西師範大學出版社，二〇一一年二月第一版。

【美】亞伯特·愛因斯坦著，許良英、王瑞智譯，《走近愛因斯坦》，遼寧教育出版社，二〇〇五年六月第一版。

【美】亞伯特·愛因斯坦等著，范岱年譯，《愛因斯坦全集》（第五卷）湖南科學技術出版社，二〇〇九年九月第一版。

虎頭著，《瞧，大師的小樣兒》，人民文學出版社，二〇〇八年三月第一版。

熊彼特的
創新

熊彼特的創新

名」。

熊彼特生前聲名顯赫，死後威望日隆。沒有哪一個西方經濟學家能有他這樣的「生前身後

熊彼特孜孜以求，以畢生的精力，如癡如醉地研究資本主義的運行特點、經濟週期和制度創新，以至於當今有關資本主義的思想，絕大部分出自熊彼特的學術體系。他是西方經濟學界公認的自亞當・斯密之後，又一位偉大的經濟學家。

「熊彼特何許人也？」若拿這個問題拷問當下的中國人，大約百分之九十五以上的人回答不出來。若不說出他的全名「約瑟夫・熊彼特」，許多人甚至連他是中國人還是外國人都搞不清楚。

今天看來，要想準確地說出熊彼特是哪國人，還真得費點周折。

一八八三年年初，約瑟夫・熊彼特出生在奧地利的特里希鎮。這是一個古老而潔淨、清幽的小鎮，它位於摩拉維亞省布拉格以南七十五英里處的河谷中。第一次世界大戰後，奧匈帝國被肢解，特里希鎮成了捷克的一部分，更名為特熱石特。小鎮較好保留了原有的風貌，街道逶迤，房屋依舊。熊彼特出生時的二層磚石小樓完好無損，二十一世紀之初，改建成了熊彼特博物館。這

是當地人引為自豪的一處故居，像斯特拉特福的莎士比亞故居一樣，小鎮因名人而聲名遠揚，八方來朝。

歐洲人對規劃的敬畏和建築的膜拜，在全世界都是數一數二的。穿行在歐洲的大小城鎮，你會很容易地與前人對話，與先賢溝通。二〇〇二年，我去聖彼德堡旅遊。導遊小姐安娜是個美豔驚人的俄羅斯姑娘，一口優雅的漢語純正而悠揚。她告訴我們，聖彼德堡的老城完全保留了沙俄時代的風貌，甚至連路名、門牌號碼都沒有改變。她極端地告訴我們：「如果你現在打開托爾斯泰的作品《安娜・卡列尼娜》，你可以根據書中的描寫，找到省長卡列寧的官邸，找到沃淪茨基住的公寓，甚至找到安娜與沃淪茨基幽會的小旅館。」安娜的話毫不誇張。我就是憑著依稀的記憶，沿涅瓦大街一路北上，穿葉卡捷琳娜廣場，過喀山大教堂，在莫尼卡街十二號，順利地找到了普希金的故居。

熊彼特的父親在特里希小鎮上經營著一家紡織廠。鎮上的人知道，熊彼特家族四百年來一直以這個紡織企業為生，一步步成為鎮上受人尊敬的中產階級。說德語的熊彼特的祖父、曾祖父，不保守，能創業，他們是這個鎮上最早使用蒸汽機的企業。若不是因為一場意外事故，鎮上的人確信，約瑟夫・熊彼特也一定會像他的父兄一樣，在特里希鎮上終老一生。

這場意外事故是一個徹頭徹尾的悲劇。熊彼特剛剛四歲的時候，他三十一歲的父親外出打獵不幸喪生。這對熊彼特的母親瓊安娜，真是一個致命的打擊。瓊安娜要強、愛面子，甚至有點虛榮，事事要拔頭籌。丈夫的意外早逝，讓她的生活軌跡和生活目標發生了天翻地覆的變化。這還不是瓊安娜所有悲劇的全部。此後一年當中，瓊安娜的父母相繼辭世。這個可憐女人的所有依靠和希望瞬間坍塌了。特里希成了她心頭永難撫平的傷心之地。她決心帶著年幼的兒子離開這裏。

無論是當時還是現在，這個大膽的決定，對於一個年輕的寡婦來說，都是一個艱難的抉擇。瓊安娜帶著熊彼特，勇敢地登上火車，經過漫長的旅程，來到一個他們完全陌生的奧地利城市格拉茨。正是從這一刻起，熊彼特與他特里希的家族斷絕了聯繫。他老是在旅程中，老是過著動盪不安的生活，以至於他老是疑惑：我是誰？我來自哪裏？將去向何方？

是生活的多變和多舛，造成了熊彼特這一連串的疑惑。離開特里希的時候，瓊安娜只有二十六歲，從未出過遠門，又沒有多少財產。她是為了兒子毅然決然離開那個小鎮的。她知道，如果她與熊彼特不走出那個河谷中的特里希，熊彼特的一生將一事無成。

這是一個偉大的母親，用苦難和淚水演繹而成的動人故事。

佛洛德在用他的精神分析法解剖歌德童年的時候，說過這樣一段經典之語：「如果一個人始終都是他母親的心愛之人，那麼他一生都會鬥志昂揚並抱著必勝的信念，而這通常又會帶給他實實在在的成功。」熊彼特就是在母親瓊安娜的深情期望中長大並成名的。

選擇格拉茨，已經是瓊安娜最浪漫的想像了。這個十五萬人口的城市，在瓊安娜的眼中，儼然是一個繁華的大都市。這裏的大多數居民講德語，環境優雅，文化底蘊深厚，格拉茨還擁有奧匈帝國為數不多的幾所大學之一。瓊安娜並不富足，但她也不缺錢，從丈夫和自己的父母那邊繼承下來的遺產，讓她覺得，能夠維持她和熊彼特在格拉茨的日常生活。

沒過多久，瓊安娜的觀念發生了根本改變。這是一個足智多謀的母親對客觀環境的迅速適應。儘管住在靠近格拉茨市中心的一幢公寓之中，但金錢和財產不能決定一切。在那個時代的奧匈帝國，要想出人頭地，邁入上流社會，你必須有顯赫的出身，這是上升到更高社會等級的唯一通道。格拉茨不相信金錢，許多人正是為了這高貴的出身，要不知疲倦地奮鬥幾十年，甚至幾代人。

瓊安娜可等不了那麼久。女人有女人的資本，女人有女人的優勢。只要能為兒子打開通往上流社會的通道，任何代價她都可以考慮。

瓊安娜將目光瞄上了退休三星上將西格蒙德・范克勒。范克勒比瓊安娜大三十多歲，為奧匈帝國的軍隊服役了四十多年，退休後來到了素有「養老之都」的格拉茨定居。范克勒並不富有，但他打了大半輩子光棍，積蓄不少，政府還給他一筆豐厚的養老金，生活無虞。瓊安娜不關心這些。她看重的是，范克勒是奧地利上層社會人士，是瓊安娜實現自己更高目標的再好不過的扶梯。

一八九三年，瓊安娜同范克勒結婚了。這一年，范克勒六十五歲，瓊安娜三十二歲，熊彼特剛剛十歲。這是一場基於感情還是出於利益考慮的婚姻，明眼人一看便知。在小熊彼特看來，自從有了這位身分顯赫的繼父，帶給他的顯而易見的變化是，一夜之間，他便可以進入奧匈帝國最好的學校讀書了。

熊彼特傳記作者湯瑪斯・麥克勞寫道：「幾千年來，許多偉大的思想家都描寫過母子關係。」索福克勒斯在西元前四百年寫道：「兒子是母親一生的航標。」愛默生於一八六〇年觀察到：「男人是由他們的母親打造出來的。」麥克勞感歎道，瓊安娜與熊彼特保持著異常親密的關係。瓊安娜在不同階段扮演著不同母親的角色，永不停息地為熊彼特尋找能充分展示他才華的更大空間。她是熊彼特卓有成效的「老師」和「發現者」，她一生在熊彼特成長的關鍵時刻，發揮著決定性的作用：作為特里希小鎮上缺少機會的年輕寡婦，她決定搬到一個更大的城市；而當她的搬遷計畫遭到家庭成員的反對時，她不為所動，毅然決然地搬到了格拉茨；當她認為她的兒子需要一個有頭銜的繼父時，她嫁給了范克勒；而當她想為自己兒子的才華尋找一個更大的展示舞臺時，她又如願以償。

這一次的「如願以償」，是瓊安娜在結婚不久，成功說服范克勒搬到了奧匈帝國的首都維也納。

在維也納，熊彼特進入了最著名的特蕾沙預科學校。這是以奧匈帝國十八世紀的女王瑪麗亞・特蕾沙的名字命名的學校。在同類預科學校中，特蕾沙學校是最優秀的，對學生的要求也最嚴苛。對熊彼特來說，進了特蕾沙，便等於加入了一個聲名顯赫的組織或圈子。幾乎與他同時，未來最著名的世界經濟學家梅納德・凱恩斯正就讀於英國溫莎的伊頓公學；美國未來最傑出的總統佛蘭克林・羅斯福正就讀於麻塞諸塞州的格羅頓公學。西方諺語常說：「出身決定出路」，由此可見一斑。

熊彼特在特蕾沙學校完成了性格的養成。他的一位朋友說，他在特蕾沙學校學到了「恰到好處、有時過於謙遜的舊式禮儀，這和他與生俱來的魅力、親和力以及活力組合在一起，便生成了一個我們熟知的熊彼特」。

熊彼特沒有在特蕾沙學校寄宿。金錢似乎不是其中的原因。范克勒和瓊安娜在維也納環城大道租下了整整一層的豪華公寓。環城大道是維也納最著名的街區，也是歐洲最雄偉的街道之一，大道長二點五英里，呈半圓形走向，熊彼特家的窗戶，正對著國會的背面，熊彼特每天穿行在這條著名的街道上，他覺得他在閱讀歷史，並將成為這歷史的一部分。

從特蕾沙學校畢業後，熊彼特順利進入了維也納大學。這是當時享譽歐洲的一所著名學府，聚集了奧地利最優秀的學生和頂尖的教授。熊彼特選擇了當時很少有人問津的經濟學專業。也許與特蕾沙嚴格的訓練有關，熊彼特發現，他對抽象思維十分有興趣，並具有進行理論探索的知識儲備。從他進入維也納大學的那天起，瓊安娜就堅定地認為，熊彼特具備非凡的才華，是個天才，將來必定出人頭地，成為一個名人。她是按照名人和天才的標準來要求他、培養他的。

在熊彼特上大學期間，馬克思及其社會主義支持者的著作幾乎隨處可見。這時的馬克思及其社會主義理論，是作為經濟學的流派之一存在著。社會主義及其無產階級專政還沒有在任何一個國家真正實行。熊彼特對馬克思的理論是下了一番工夫的，他發現馬克思最強調資本主義的動態特徵，即強調資本主義不斷變化的本性，認為「喧囂是其唯一的音樂」。這是馬克思最偉大的貢獻。熊彼特大學期間對馬克思及其理論的分析、解讀，讓他一生受用不盡，在探討資本主義、社會主義本質特徵的時候，熊彼特始終比其他經濟學家高出一籌。

熊彼特廣泛涉獵經濟學的研究方法。他對古典學派推崇有加，他發現古典學派中有很多值得欣賞的東西，他甚至將亞當・斯密尊崇為一位文學藝術家，他宣稱《國富論》「不僅是所有經濟學書籍中，而且是除達爾文《物種起源》以外的所有科學圖書中，迄今為止最成功的一本。」

維也納大學有一支經典的經濟學教授隊伍，領軍人物便是卡爾‧門格爾。這個典型的奧地利人是邊際主義新經濟學的創始人，主張從生產與消費的邊際關係入手，探討經濟週期的新規律。門格爾對自己的經濟學理論信心十足：「從沒有哪個時代像我們當今所處的時代那樣，把經濟利益放在如此之高的位置；為發現經濟而產生的對科學基礎的需求，從未像今天這樣如此普遍和強烈；人們利用所有人類活動領域中取得的科學成就的能力，從未像今天這樣強大。」

熊彼特始終不渝地勤奮學習著。這不僅僅是因為他擁有一批嚴厲而挑剔的老師，如維塞爾、龐巴維克等，他們已經在世界經濟學領域中獨樹一幟。而且還因為，熊彼特的左右，有一批天資聰慧的超凡學生，如米塞斯‧鮑爾、希法亭、萊德勒等等，這些人日後都暴得大名，如星辰般閃亮。與這樣的同學同門就教，熊彼特的確不敢絲毫懈怠。

一九〇六年，二十三歲的熊彼特躊躇滿志地走出了維也納大學的校門。他不但順利畢業了，而且是以優異成績、優秀學生的身分被母校銘記的。當還是一個本科生的時候，他就發表了三篇有影響的統計學論文，他還發表了一篇有關數學在經濟學研究中的重要性的文章。他嚴密的邏輯思維和扎實的歷史知識功底，讓他的論辯極富挑戰性和感染力。他堅定地認為，資本主義並不是一個經濟體系，而是一種社會現象，「當運用資本主義這個詞時，我們所想到的現實不僅與各種不同的科學、政治以及民族主題有關，而且還與科學領域內的社會學、社會心理學、文化分析和歷史相關。」

瓊安娜聽不懂兒子的這些高深莫測的理論，她能做的一切，就是不斷為兒子邁入上流社會打開所有通道。不知是故意還是巧合，在熊彼特大學畢業那一年，瓊安娜與范克勒分居了。這一年，范克勒已經七十八歲，老朽一個，毫無價值；這一年，熊彼特已經從維也納大學學成畢業，燦爛的前程在召喚，瓊安娜勉力維持了十三年名存實亡的婚姻，該有個了斷了。范克勒也知趣，知道他已經沒有什麼用處了，他厭倦了喧囂和虛榮，「願意去過自己的清靜日子」。

一生註定與女人有緣的熊彼特，大學畢業不久，讓另一個女人闖進了他的生活。

對於自己的職業選擇，熊彼特起初是迷惘和不清晰的。他想在大學從事教學和學術研究，可又受不了那微薄的薪水；他想投身政府，從事實際的經濟管理，可又沒有當權之人為他引薦和舉拔。他像歐洲當時的貴族子弟們選擇的那樣，開始了在歐洲幾個著名城市的遊歷。

熊彼特先去了德國的柏林。在接下來的幾個月裏，他在柏林大學學習，並參加了該校的政治經濟研討班。卓有成效的討論和社交活動，激發了熊彼特的經濟理論和奧地利學派意識，他開始考慮寫一本書。

從柏林出來，熊彼特去了法國的巴黎，連續好幾個星期，他讓自己沉浸在巴黎和索邦神學院的文化氛圍之中。柏林和巴黎的思想精髓深深滋養了熊彼特的學識。

離開巴黎之後，熊彼特橫渡英吉利海峽，來到了英國首都倫敦。在倫敦，熊彼特似乎如魚得水，找到了真正貴族的感覺。他在這裏一直待了一年多。他故意用一種上層維也納人的口音與英國人打交道，無論是討論學術還是社會交往，熊彼特都端出那種矜持和從容不迫的架子。他固執地認為自己就是奧地利貴族，他在倫敦市中心租了一套公寓，還專門買了一匹馬作為自己平常去海德公園散步的交通工具。他嫻熟地運用母親瓊安娜教給的社交技巧，處心積慮地周旋於倫敦上流社會。在倫敦待的時間越久，熊彼特對英國的感情就越濃烈。終於有一天，熊彼特娶了個英國女子為妻。此人叫葛萊蒂絲．西維爾，一個英國教會官員的女兒，有過婚姻。最令人驚訝不已的是，她比熊彼特整整大了十二歲。

葛萊蒂絲漂亮、高雅，極具冒險精神，追求意想不到的新奇生活，更為重要的是，她富有，且有英國貴族身分。熊彼特不是因為感情因素與葛萊蒂絲走到一起的。事後的經歷也證明了這一點。熊彼特並不是不可遏止地愛上了葛萊蒂絲，他也完全沒有必要非得去擁有一個穩定的家庭生活，他需要的是一種貴族身分，是在這種身分下的體面的工作。熊彼特將她母親融入上流社會的技巧傳承得爐火純青。一個堂堂男子漢，竟然吃起了女人的軟飯。

倫敦的確是一個吃軟飯的好地方。只要你有錢，有足夠的時間，你會像一個幽雅的貴族那樣打發慵懶的時光。凱恩斯就這樣描寫過倫敦的生活：

> 在倫敦生活的成本很低，麻煩很少，你可以盡享以往年代最富有以及最有實權的君王所享受不到的便利、舒適和愜意。住在倫敦的人可以一邊在床上品嚐早茶，一邊通過電話訂購世界各地多種多樣的商品，不僅訂購的數量如你所願，而且訂購的商品還會送貨上門。住在倫敦的人可以乘坐便宜舒適的交通工具，不用護照或其他證件就可以到他想去的任何一

個國家；住在倫敦的人可以在毫不瞭解別國的宗教、語言和習俗的情況下，帶著本國貨幣去外國旅遊或經商，並且極少感到自己的權利受到了侵害或有其他不滿。最為重要的是，住在倫敦的人視自己目前所處的生活狀態是必然的、正常的，而且是永久的，只會朝著更好的方向發展，任何偏離都是捏造的、反常的，可以避免的。

熊彼特就生活在這樣的倫敦。他的葛萊蒂絲為他提供了享受這一切的物質條件，他幹嘛不與她結婚呢？

遠在奧地利的瓊安娜生氣了。她甚至沒有去參加自己這個唯一寶貝兒子的婚禮。長期以來獨佔兒子所有感情的瓊安娜，對一位奪走熊彼特的強勁競爭對手的到來沒有絲毫歡迎之意。熊彼特本能地知道母親的態度和感情。但反覆權衡之後，他已經顧不得這一切了。

吃「軟飯」的熊彼特沒有絲毫的難堪和羞愧。他需要一個英國貴族的身分，他需要一份體面的工作，而這一切，只需要與葛萊蒂絲完成婚約便可以了。婚後，熊彼特與葛萊蒂絲來到了英國的殖民地埃及。他謀到了一份法律諮詢和代理訴訟的工作，這讓他有了可觀的收入，他甚至還幫助埃及公主理財，並讓公主的資產迅速增值。熊彼特在開羅的日子過得舒適而愜意，高額的薪水是其中一個原因，但沉緬於貴族情節當中在更大程度上滿足了熊彼特的虛榮心理。

好在熊彼特一直沒有泯滅他的經濟學研究理想。甚至在去開羅之前，他已經下定決心要成為一名經濟學家。在歐洲旅行和在開羅居住期間，熊彼特便開始他的經濟學專著的寫作。十八個月之後，當熊彼特二十五周歲時，他的《理論經濟學的本質和概要》一書出版發行。這是一部六百多頁的大部頭專著。熊彼特當然將他的第一本書題獻給他的母親瓊安娜。

《理論經濟學的本質和概要》，沒有產生熊彼特期待的那種轟動效應。年輕人的設想過於宏大和簡單，他希望通過自己的論述，讓德國歷史學派和奧地利邊際主義達成某些共識。德國人沒有看重這位才華橫溢的奧地利年輕人的熱情，熊彼特的第一本書市場反映平平，銷售了不足一千本。但熊彼特感到，到了他離開開羅，結束周遊，返回維也納的時候了。

《理論經濟學的本質和概要》一書，無論多麼大而無當和裝腔作勢，可它畢竟是一塊又厚又重的敲門磚。熊彼特的導師們拿著它四處叩門，終於為他敲開了庫切諾維奇大學的大門，學校同意熊彼特前往擔任副教授，講授經濟學課程。他成了庫切諾維奇大學唯一的一位經濟學教授，以至於幾年後「一戰」爆發時，熊彼特竟幸運地為此而免除兵役。

庫切諾維奇大學是一所歷史較短的大學，就設立在庫切諾維奇市。庫市在奧匈帝國的最東端，距維也納七百公里，人口八萬五千人，是布科維納省的省府。今天，庫切諾維奇已經成了烏克蘭的一部分，更名為切爾諾夫策。戰亂造成的不確定性，一直是熊彼特內心動盪不寧的基本原因。

在庫切諾維奇大學任教的熊彼特，年少張狂，特立獨行，誇張地顯露著騎馬、郊遊等貴族做派，他有時甚至直接從馬場去參加系裏的會議，一身行頭還是騎馬時的裝束：戴著頭盔，穿著馬褲和馬靴。他的教學也極富炫耀，留下大量的作業，指派了大批的閱讀書目。所向披靡之劍終於在某一個節點上遇到了頑冥不化之盾，學生們向他抱怨，圖書管理員不借給他們過多的圖書。

熊彼特怒氣衝衝地去找圖書管理員論理，早就看不慣熊彼特所作所為的管理員，也終於將一腔不滿發洩了出來。他突然向熊彼特提出，敢不敢通過決鬥來解決這件事情，誰贏了就聽誰的。熊彼特頓生膽怯，想打退堂鼓，可眾目睽睽之下，礙於情面，只好硬著頭皮接受下來。

其實他們二人對劍術都一竅不通，匆匆練習了幾天後，動作仍是那麼拙笨和粗陋。一九〇九年初秋的一個早上，決鬥在操場上進行。證人和裁判明示：一方受傷，決鬥立即停止。熊彼特和管理員揮舞著長劍，打鬥了幾個回合，熊彼特的劍尖戳破了管理員肩膀上的一小塊皮肉，血浸濕了衣服。決鬥被立即叫停，宣佈結束。

熊彼特贏得順理成章。圖書管理員本應該為教授和教學服務，哪有違逆之理。管理員也敗得有尊嚴，像條漢子。當他帶著肩傷和維護自尊的滿足離開決鬥場時，他絲毫沒有沮喪和失意。他的這個血腥的提議和血腥的結果，甚至在庫切諾維奇大學留下了一段佳話。

種族怨恨和民族仇殺，終於引爆了第一次世界大戰的火藥桶。戰爭似乎是在一夜之間突然而至的。波西尼亞青年學生、十八歲的塞爾維亞族人加夫里若・普林西普，開槍暗殺了奧匈帝國王位繼承人法蘭西斯・斐迪南大公。普林西普舉槍暗殺時心中充滿著仇恨，因為奧匈帝國在一九〇八年兼併了他的祖國波西尼亞。維也納援引同盟國條例，請求德皇威廉二世出兵塞爾維亞，以報殺儲之仇。年輕氣盛、繼位不久的威廉二世，一直嚮往著他的父親約瑟夫大帝文治武功六十多年的統治經歷，期待著幹出一番輝煌大業，竟答應了奧匈帝國的出兵請求。一系列「偶然」因素，就這樣「必然」促成了一戰的爆發。

熊彼特敏銳地從經濟學原則分析，一戰的結果，對歐洲，尤其是對奧匈帝國將是災難性的。美國已經對德國宣戰，他竭力避免奧地利與美國的正面衝突。但這個古老的帝國豈能置身度外，它瘋狂地攻擊中立國的商船，最大限度地製造戰爭恐怖，終於惹怒了美國，向它公開宣戰。戰爭的天平和格局此時便一目了然了。四年大戰，參戰各方死傷慘重，也僅僅是打了個平手，各自的領土既沒有增加也沒有減少。但戰後美國的調停卻帶來了巨大的變化。美國總統伍德羅・威爾遜的十四點和平建議，實質上是對德國和奧地利的最嚴厲的處罰。德國被判償付巨額戰爭賠款，沉重的負擔讓德國人民長期喘不過氣來。有歷史學家分析，這也是引發希特勒納粹主義的客觀因素之一。奧地利的命運就更慘了。巴黎和會上，這個古老的帝國生生被肢解，人口由七千萬變成了不足六百萬，版圖由英國、法國之和，大大縮減為比葡萄牙還小。奧地利人絕望了，新的奧地利，變成了一個「生存空間不大，死亡空間足夠」的地方。

經濟學家的幼稚在於他們往往只從經濟利益上考量局勢，而忽略了複雜的政治、民族利益。熊彼特的過人之處，在於他明白美國對德奧的宣戰及戰後的懲罰，不是出於自身的民族利益和經濟利益，而是美國獨特的、以一貫之的道德觀。「在美國人中，道德的力量有著實實在在的巨大影響力。不管誰對誰錯，『一戰』在美國人民眼中都是一種非法的侵略行為，每一位有良知的人都憎惡這種行為，就像不管誰在街上看到有人受到突然襲擊，就會不由自主地衝上去幫忙一樣。」

戰爭結束的一九一八年年底，熊彼特與馬克斯・韋伯在維也納大學對面的咖啡館進行了一次長談。韋伯此時剛剛獲得了維也納大學的聘任，擔任這所著名學府的教授。作為經濟學家的熊彼特，更多地是從經濟規律中印證社會前進的軌跡；作為社會學家的韋伯，則更多從歷史環境中尋找制度的合理性。他們談到了俄國革命。熊彼特略帶欣賞地說，馬克思主義終於能在現實中得到檢驗了。基於熊彼特早年對馬克思和社會主義的精心研究，他覺得，社會主義作為一種經濟形態，在現實中嘗試一下倒也無妨。韋伯對無產階級專政和暴力革命持激烈的反對態度，他回答熊彼特說，俄國革命的結果很可能是災難性的。

「事實可能會如此，」熊彼特說道，「但它會成為檢驗我們理論的一個好的實驗室。」

「一個堆積著累累白骨的實驗室！」韋伯毫不讓步。

熊彼特調侃道：「每一個解剖室不都是大同小異嗎？」

裂痕在他們二人之間迅速加寬。韋伯變得越來越激動，音調也越來越提高；熊彼特的語言則越來越尖酸刻薄，音調卻越來越低。咖啡館的顧客都停止了交談，放下了拿在手中的撲克牌，豎起耳朵聽著兩人的激烈爭論。韋伯終於忍無可忍了，他從座位上跳起來，並衝到環城大道上，大聲嚷道：「這簡直不可理喻！」

熊彼特微微一笑，說：「怎麼會有人在咖啡館裏做出如此舉動？」

戰後的生活頹廢而消沉。熊彼特毫無作為，慵懶倦怠，直到又一個女人走進了他的生活。

從三十多歲到四十五歲的熊彼特，是一個紈絝弟子，花花公子。他出任了大半年的奧地利財政部長，想用他的經濟政策拯救戰後的奧地利。不能如願之後，熊彼特又與朋友投資銀行，搞信託，賣期貨。那時期，熊彼特掙得錢不計其數，他整天過著醉生夢死，花天酒地的生活。

三十七歲那年，熊彼特回維也納看望母親瓊安娜。瓊安娜公寓看門人弗蘭茲・雷辛格的女兒，在不經意之間已經長成了一個亭亭玉立的大姑娘。安妮・雷辛格這年十七歲，比熊彼特整整小二十歲。熊彼特開始約會安妮，當然，不一定是要娶她做妻子。安妮的父母堅決反對女兒與熊彼特在一起，他們認為，年齡、身分、職業、學識，都是安妮和熊彼特之間不可逾越的鴻溝。安妮出於少女的好奇和冒險精神，偷偷與熊彼特交往。她在日記中寫道：

一九二〇年五月二十六日：（熊彼特）第一次叫我安娜。

一九二〇年六月七日：晚上六點，熊和我一起看了一場音樂劇，看完後我們在Hupfer餐廳的一間包間裏吃晚飯。我會成為他的女朋友嗎？不會。

一九二〇年六月十八日：收到了熊尼（熊彼特的愛稱）從格拉茨寄來的信。感謝上帝，媽媽沒有發現這封信。

生活的艱辛，不允許安妮這樣悠閒地戀愛。很快，她便去了法國和瑞士，或是在農場做工，或是在富人家幫傭。總之，她要掙出自己的那份生活費，並要將積攢的錢寄回家中，幫助父母撫養她身下的弟弟、妹妹。在巴黎做傭人的十八個月中，這座聞名於世的大都會中的著名景點，安妮幾乎都沒有去過。

兩人再次見面時，已經是四五年之後了。熊彼特投資的銀行已經破產，他血本全無，債臺高築。坎坷和打擊，讓他從醉生夢死中頓悟過來，他決心回到他的經濟學研究之中，在學術天地裏找尋心靈的慰藉和寧靜。他接受了波恩大學的聘書，決定前往擔任經濟學教授。此刻，熊彼特開始認真看待與安妮的感情，真心地追求安妮。

此時的安妮，與一個懦弱的已婚男人保持著曖昧關係，並為他流產了一個孩子。熊彼特的寬容和不介意，讓安妮十分感動。在看完了一場著名的歌劇、前往帝國大酒店吃飯的路上，熊彼特鄭重地向安妮求婚。幸福的安妮點頭應允。

瓊安娜認可了這第二個兒媳婦。只是婚後，小夫婦要去遙遠的波恩工作和生活，讓瓊安娜心中隱隱不安。最近幾年，她對自己的健康狀態頗有憂慮，時時疑懼。

一九二五年十一月五日，在首次結婚後的第十八個年頭，四十二歲的熊彼特和二十二歲的安妮在維也納的一所路德教會教堂中舉行了婚禮。很快，他們便一同前往波恩，搬到了他們位於波恩大學附近的家。此時，波恩大學的新學期已經開始了。

在波恩大學，熊彼特為安妮・雷辛格打造了一個全新的身分背景。他將安妮塑造為一個身分地位顯赫的女人，而不是瓊安娜・范克勒家看門人的平民女兒。安妮做女傭的歲月，被說成是留學法國和瑞士的一流學院，她的學費和生活費是由瓊安娜和熊彼特共同支付的。這似乎是一個彌天大謊，但熊彼特需要這個謊言，需要用這種假話來滿足他內心深處的心理需求：他的雄心壯志、對安妮的保護以及他自身身分這些長期困擾他的老問題。

安妮很快懷孕了，預產期是一九二六年八月，熊彼特沒有理由不沉浸在幸福之中。但他不知道，冥冥之中，他生命中的轉捩點正在向他迫近。

夏天臨近時，安妮的妊娠好像有點問題，老是不規則出血。醫生們很矛盾，有的主張繼續下去，有的主張終止妊娠。

接下來的事件，更像噩夢一般襲來。六月十八日晚上，安妮剛剛又一次不規則出血不久，維也納來了電報，瓊安娜正遭受心血管疾病的折磨，情勢危重。熊彼特沒了主張，一邊是嬌妻，一邊是慈母。這邊身體狀況不穩定，離不了人；那邊命垂一線，危急萬分。熊彼特在此後兩天中不停地與維也納交換消息，以決定是否啟程和何時啟程。當明確知道瓊安娜希望在最後之際見到他時，熊彼特放下安妮，隻身向維也納飛奔而去。熊彼特幸好在瓊安娜去世之前趕到。六月二十二日，母親永遠地離開了這個世界，離開了熊彼特。熊彼特頭頂的天空坍塌了。

「母親走了，彷彿我的保護神也離開了我們。」這不是熊彼特的幻覺，而是活生生的現實。遠在英國、十幾年沒有聯繫的第一位妻子葛萊蒂絲，突然寫來信函，要起訴熊彼特的重婚罪，要參與瓊安娜遺產的分配和繼承。安妮不知道熊彼特居然沒有從法律上結束第一次婚姻，與熊彼特大吵了一頓。

這極大地影響了安妮的情緒和健康。七月二十三日，大出血。二十五日，又出血了，床上、走廊上都是，朋友胡塞爾太太來幫忙，中午多勒斯夫婦也來了，晚上斯皮索夫婦趕來看望。大家感到很累，也十分緊張。

七月三十日，安妮記下了她短暫一生當中的最後一篇日記：「我的狀況不是太好！天氣很冷。艾米麗（安妮的妹妹）今天會來嗎？」

兩天後，安妮即將臨盆，可狀況越來越糟。書呆子氣十足的熊彼特，發現他無法靜下心來完成自己規定的寫作計畫，他將安妮送進了醫院。

一九二六年八月三日，安妮死於難產。此時她還不滿二十四周歲。

熊彼特此刻還顧不上悲傷，他和艾米麗跳上一輛計程車，向條件更好的另一家醫院駛去。他要請求醫生全力搶救他剛剛出生的兒子。一切都已經太晚了，生命體征微弱的兒子在這個世界上僅僅待了不到四個小時，就匆匆離去了。

熊彼特頭頂上的另一片天空坍塌了。在如此之短的時間內先後失去母親、妻子及剛出生的兒子，對熊彼特來說，無異於五雷轟頂。那天晚上，他給他的一位摯友寫信，傾訴心中悲痛：

> 我摯愛的安妮走了……現在一切看起來是那麼殘酷無情，我已不在乎還會發生什麼事情……我或許應該受到很多懲罰，但為什麼會這樣，不。

聞聽熊彼特遭受了如此巨大的不幸，葛萊蒂絲良心發現，沒有再糾纏熊彼特。她從熊彼特的生活中徹底消失了。

安葬了安妮和他們的兒子之後，熊彼特的心墜入了冰冷的黑暗之中。他寫道：

我對未來感到不寒而慄，沒有你的日子，我魂魄無歸。

瓊安娜、安妮以及新生兒子的死，是熊彼特一生中最重大的事件。這標誌著熊彼特成熟的開始，儘管這成熟有些姍姍來遲。他再也不能回到那個喜好錦衣玉食、不計後果、不管他人的單身狀態了。

「一切取決於我的工作能力，」他寫信給他的好朋友、經濟學家斯托爾珀說，「如果是這樣的話，我這臺工作引擎將繼續保持運轉，儘管我的個人生活已經結束。」

用生命中的萬劫不復去體驗生活的真諦，對於熊彼特來說，這代價太大了。

苦難是心靈的淨化劑。整整六年的時間，熊彼特安心於講臺，端坐於書桌，在思想與學術的海洋裏徜徉，撰寫了大量有特色、有深度的論文，他在世界經濟學界的地位日益提高。終於在一九三二年的某一天，美國著名學府哈佛大學，向他搖起了橄欖枝。

哈佛給了熊彼特教授中的最高年薪：一萬兩千美元，外加諸多優惠條件。熊彼特沒有理由拒絕來自世界最著名學府的盛情邀請。多年前，他曾在哈佛訪學和短期講座，這所美國最古老學府的充滿特色的「哈佛紅」建築，那生機勃勃、綠樹成蔭的幽靜校園，都給熊彼特留下了深刻印象，令他嚮往，令他期待。

任職哈佛的熊彼特，很快成了校園裏的一道獨特風景。他不是那種古怪之人，而是一位不同尋常的教授。他的學生保羅•薩繆爾森（後來的諾貝爾經濟學獎獲得者）說：「他對美國的米基・魯尼和可口可樂幾乎一無所知。」另一位學生說，熊彼特有「一張引人發笑且表情豐富的臉龐，他對一群人聚集在他周圍交談無比摯愛……」

熊彼特喜好打扮，注重儀表，他特別心儀剪裁得體、面料昂貴的高檔服裝。薩繆爾森回憶：「服飾對他來說很重要：他穿過無數剪裁考究的花呢服裝，配之以精心挑選的襯衫、領帶、短襪和手帕。我的妻子（一位研究生）曾經在一段時間內記錄過他衣櫥中看起來有著無限組合的衣物再現週期，這個週期可不簡單，它絕不是一個隨機的週期。」

熊彼特執教哈佛之初，住在他的老朋友陶西格教授家中。好在熊彼特孤身一人，了無牽掛，而陶西格的房子又足夠大，讓出一個單元給他居住毫無問題。每天清晨，在一番精心裝扮之後——熊彼特自己就曾說過，「要花一個小時穿衣服」——熊彼特從陶西格的家走過六個街區到達哈佛園，他幾乎總是在相同的時間走進坐滿學生的教室，接下來脫掉他的名牌大衣、淺頂軟呢帽和手套。他總是「慢慢地，在每位學生的注視下一個手指頭、一個手指頭的脫去手套，」一位學生回憶道：「所有這些簡直有些戲劇化。」

其實，真正讓哈佛學生吃驚的是，熊彼特是唯一一個走進教室時不拿任何教案和書面材料的教授。他總是空著雙手走進教室。脫掉大衣、帽子和手套後，他會在黑板上寫下一些東西，然後即興發揮般的滔滔不絕。當然，他的口袋裏塞滿了各種紙片，隨時拿出來引用。紙片上的話是他平時思考的精彩之點。哪怕是在課堂上，只要他有閃光的思想出現，便立即停下講課，掏出紙片記錄下來。他甚至將自己的工資單剪成小方塊以便於攜帶、記錄，熊彼特把自己的這種記錄方式稱為「一個最沒有秩序感的人」。他的有些記錄簡直就是一盒盒五彩紙屑。

熊彼特組織過許多小型討論組。這些討論組的成員主要是由他挑選出來的一些年輕同事組成。熊彼特在那夢魘般的一九二六年之後，一直害怕獨處，害怕孤獨。他用這些討論組，填充他的業餘時間。

這種非正式的小組會議一兩周或一個月召開一次，有時是聚在一起吃午餐，更多是一起吃晚餐。小組的一位成員為大家呈現一篇研究論文，接下來其他成員就此論文至少討論兩個小時，推杯換盞，交談甚歡，一次聚會通常會持續到午夜。

在哈佛的頭幾年裏，熊彼特對自己的學生更是關愛備至。他幾乎每天都要和自己的學生一起吃午餐和晚餐。一位研究生說，「從未見過哪位老師像熊彼特這樣，對自己的學生興趣盎然並且不辭辛苦……他是研究生經濟學俱樂部的指導老師，總是幫著打造該俱樂部的相關活動。他還自己組織一些研討會和討論會，並用好吃的食物與芬芳的美酒款待來自不同國家的學生，也借此機會讓這些學生之間的關係更親密。」

其實，熊彼特的內心深處，有一個龐大的寫作計畫。他雄心勃勃地要想寫一本關於經濟週期的書。二十世紀初期，特別是一九二九年至一九三二年的經濟大蕭條，萌發了熊彼特探求資本主義經濟週期的強烈願望，他希望這本書能夠成為經濟學的奠基之作，達到一種前所未有的科學精准水準。

熊彼特孤軍奮戰，他幾乎是用一己之力，完成了這個看起來不可能完成的工作。經過前後共達七年的艱苦寫作，一九三九年，兩卷本共計一千零九十五頁的鴻篇巨著《經濟週期》終於出版了。

熊彼特身心俱疲。他告訴他的朋友米切爾：「在目前所掌握的資料條件下，對每個歷史時期的資本主義模式進行非常艱難的分析。」他在給另一位朋友的信中說：「我仍然是我手稿的奴隸，例如……土豆在解釋德國十八世紀九〇年代的經濟週期是否足夠重要這類問題，糾纏我直至昨晚凌晨兩點。」

今天，經濟學家們評論，要完成《經濟週期》這樣規模的研究，需要雇用半打統計學家、經濟學家和其他社會科學家。熊彼特的努力令人欽佩。

《經濟週期》生不逢時。第二次世界大戰的爆發，轉移了人們、當然也包括各國經濟學家的注意力，戰火蔓延，生活困頓、生產畸型、消費降低，所有這一切，使經濟學界無暇顧及經濟週期的探討，厚厚兩大卷磚頭似的巨著，也讓人們閱讀的勇氣大打折扣。熊彼特大失所望，心灰意冷。

戰爭後期，世界各國普遍關注資本主義與社會主義的未來發展，研究這兩種社會形態與民主之間的關係。熊彼特也加入了這場討論，他用了大約三年的時間，寫了一本自嘲為「隨筆式」的著作《資本主義、社會主義與民主》。沒想到，熊彼特這本有感而發的隨心之作，出版之後竟然引起了巨大迴響。不但在當時被廣泛徵引，充分論證，即使是七十多年後的今天，仍是研究民主問題的重要的理論著作。中國古語云：「失之東隅，收之桑榆。」正是熊彼特此種狀況的真實寫照。

熊彼特在此書中，用了大量篇幅來論證民主政治的古典學說，他認為：「十八世紀的民主哲學可以用下面的定義來表達：民主方法就是為現實共同福利作出政治決定的制度安排，其方式是使人民通過選舉選出一些人，讓他們集合在一起來執行人民的意志，決定重大問題。」

熊彼特特別看重民主選舉的決定性作用。他指出：「人民的任務是產生政府」。他反覆強調，民主方法就是那種為作出政治決定而實行的制度安排，在這種安排中，某些人通過爭取人民選票取得作決定的權力。熊彼特堅持認為，這種選舉應該是競爭性的。即應該是不同階層、不同黨派的多人競選。給人民有足夠的自主選擇的餘地。

直到今天，世界民主政治的所有經典著作當中，都包含、詮釋、闡發著熊彼特的這些閃光的思想。以至於有許多學者，甚至將熊彼特歸於社會政治學家的範疇。

熊彼特一生中學術成就最輝煌的頂點，閃現在一九四八年十二月三十日。這一天，在於克利夫蘭召開的美國經濟學年會上，熊彼特當選為美國經濟學會主席，並發表了他的主旨演講。這是他一生中最精彩的演講之一，絕對夠得上大師級水準。熊彼特以他扎實的經濟學、歷史學、社會學知識，嫻熟地跨學科論述了「科學與意識形態」這一複雜的命題。他的冒險和巧妙之處，在於通過探索三位特別有影響力的思想者——斯密、馬克思和凱恩斯——的意識形態偏見，來分析他們對歷史和社會的影響。此時，熊彼特那略帶維也納貴族口音的英語，牢牢抓住了克利夫蘭會議廳中每一位聽眾的注意力。

熊彼特說，在這三位最偉大的經濟學家中，斯密的意識形態的危害最小。斯密出生於一個公務員家庭，他自己也是教授和公務員，對兩個集團都有偏見：「他從外部觀察者的角度來審視土地擁有者和資本家階層，而且他清楚地表明了地主（不勞而獲的『懶惰』）是不必要的階層，並把資本家（資本家雇傭『勤勞的人們』）視為必要的罪惡。」即便如此，斯密的分析實事求是、恰如其分，也沒有受到他的意識形態的嚴重影響。

熊彼特一直固執地把馬克思視為一個經濟學家，他是在經濟學的領域中充分肯定馬克思理論的。「馬克思是一個幫助我們發現意識形態並理解意識形態之性質的經濟學家」。「奇怪的是，他完全看不到意識形態對自己的威脅。對他來說，只有別人，即資產階級經濟學家和空想社會主義者才是意識形態的犧牲品」。這個從德法邊境小鎮特里爾走出來的年輕人，是一個與資產階級激進分子決裂了的資產階級激進分子，「他在德國哲學中成長起來，直到十九世紀四〇年代末才感到自己是一名專業經濟學家」，那時他三十一歲。熊彼特說，馬克思在他開始嚴肅的分析工作之前，他對資本主義過程的願景已經形成，這就是「歷史被視為資產階級和無產階級間的鬥爭，一個階級受另一個階級的剝削」，「無產者會日漸貧窮和墮落，歷史將不可抗拒地走向大爆炸」。

熊彼特應該感謝他早年對馬克思理論所下的工夫。他是西方經濟學家中少有的認真研讀和思考過馬克思著作的人。熊彼特斷言，即使在馬克思生活的時代，歷史的相互演變也已經證明，馬克思的階級鬥爭的觀點是錯誤的，特別是無產階級的苦難越來越深重這一點。「它們與他的預言最深層的含義關係太密切，深深植根於他生命的意義之中，所以決不會被丟棄。並且，也正是這些成分吸引了追隨者，喚醒了追隨者的赤誠之心」。最終，馬克思的著作代表了「意識形態對分析的勝利」：一種願景最後完全變成了教條，從而使分析變得蒼白無力。

當熊彼特開始分析凱恩斯時，他陷入了極大挑戰之中。因為在座的經濟學家，大多都是凱恩斯主義者，凱恩斯的經濟理論，剛剛幫助美國度過了一輪經濟大蕭條的艱難歲月。而熊彼特正是強烈反對凱恩斯政府干預經濟的觀點的。他說，像馬克思一樣，凱恩斯的願景很早便形成了。不過，直到凱恩斯三十七歲時，它才清晰地出現在其出版物中。那時，後來演變為凱恩斯主義的大綱出現在「《和約的經濟後果》的導論的一些深思段落中」。熊彼特痛指凱恩斯的經濟學創造了「現代停滯主義」。它們勾勒了凱恩斯尚未成形的信念的輪廓，即商業體系命中註定將走向一種死氣沉沉的長期狀態。在不久的將來，公司將無法再提供好的投資機會；金融資本積累的資金將難於完全發揮作用；工資將難以支撐日漸增多的消費；沒有政府的刺激，資本主義會陷入停滯。

熊彼特對資本主義的研究與凱恩斯恰恰相反。他認為，資本主義的本質是企業家精神，資本主義過程的核心是創造性毀滅，或曰創新性毀滅。它是在毀滅一個舊企業時產生一個新企業，毀滅一個舊觀念後產生一個新觀念，毀滅一個舊體制後產生一個新體制。資本主義永無止境的動態，恰恰是凱恩斯主義停滯理論的對立面。

那麼，該怎樣對待資本主義發展過程中的意識形態差異和分歧呢？斯密、馬克思、凱恩斯都有各自不同的意識形態願景。

熊彼特堅定地回答：「什麼都不要做！時間的流逝將消除意識形態偏見，最終將糾正所有錯誤。只要知識分子始終保持自由，一位經濟學家有偏見的願景會被另外一個中和。按照這種方式，儘管歷史學家特別容易受意識形態影響，但是歷史將力挽狂瀾。」

當熊彼特這篇長長的演講結束的時候，聽眾們齊刷刷地起立並長時間報以雷鳴般的掌聲，這是一種發自內心的尊敬和感激，是對優秀人才難得一見的一致贊同。這發生在矜持而孤傲的美國經濟學界，尤其令人意想不到。熊彼特當然也沒有想到，他被大家的熱情回應震驚了。他沉浸在巨大的滿足之中。他從未像此時此刻這樣感到滿足。

其實，更大的輝煌正在一步步向熊彼特走來。他的論文、演講、專著，蜚聲國際經濟學界，一九五〇年八月，將在巴黎舉行的國際經濟學年會的一項重要議題，就是決定熊彼特擔任國際經濟學會主席，按照慣例，熊彼特將發表主席演講，世界經濟學界乃至知識界，期待著又一個偉大演講的誕生。

此刻，無情的死神居然摧折了這棵蓊鬱的生命之樹。一九五〇年一月八日清晨，熊彼特突發腦溢血，昏迷了幾小時後去世，距他六十七周歲生日還差一個月。一月七日天黑之前，他工作了很長時間，上床就寢前，他還閱讀了一會兒歐里庇得斯的希臘文原版戲劇。

熊彼特的突然逝世，讓他的另一本經濟學巨著《經濟分析史》陷入了混亂之中。他其實已經差不多完成了該書。只是該書的手稿散亂地放在熊彼特的辦公室、書房、兩處住宅和其他一些地方，有些手稿甚至還沒有序號。幸虧熊彼特的第三任妻子、同是哈佛教授的美國經濟學家伊莉莎白，耗盡心血將它整理成書。伊莉莎白說：「我們沒有孩子，這本著作就是我們的孩子。」《經濟分析史》問世之後、在熊彼特離開這個世界三年七個月之際，伊莉莎白帶著慰藉和滿足，追隨她親愛的丈夫去了。她只活了五十五歲，死於乳癌。熊彼特身後，仍舊得益於女性的照拂。偉大無私的女性，一直是熊彼特須臾不可離開的守護神。

熊彼特對資本主義經濟理論的貢獻究竟在哪裏？他自己在《經濟週期》一書中的闡釋是再精確不過的了：

> 沒有創新，就沒有企業家；沒有企業家的功績，就沒有資本主義的利潤和資本主義的推動力。這種產業革命的氛圍——「進步」，是資本主義賴以生存的唯一環境。

熊彼特認為，只有當人們真正瞭解資本主義的運行機制之後，整個世界才能享受資本主義的益處。這也是為什麼他花如此多的時間來領會和解釋資本主義的一個原因。馬克思早年對資本主義的讚賞空前熱烈。他在《共產黨宣言》中說過，資產階級在它不到一百年的階級統治中所創造的生產力，比過去一切世代創造的全部生產力總和還要多，還要大。資本主義這臺引擎能夠全速運轉，並為人類做出令人稱奇的成績，條件是而且只能是資本主義能夠被很好地理解。

美國經濟史學家湯瑪斯·麥克勞稱讚熊彼特是：創新的先知。

主要參考文獻

【美】約瑟夫・熊彼特著，《資本主義、社會主義與民主》，商務印書館，一九九二年二月第一版，二〇〇九年七月第七次印刷。

【美】湯瑪斯・麥克勞著，《創新的先知——約瑟夫・熊彼特傳》，中信出版社，二〇一〇年十一月第一版。

劉軍寧編，《民主與民主化》，商務印書館，一九九九年十二月第一版。

帕斯捷爾納克的

懺悔

帕斯捷爾納克的懺悔

伯里斯・帕斯捷爾納克是俄羅斯文學「白銀時代」無可爭議的代表人物。

十九世紀二三〇年代，天才詩人普希金崛起在俄國文壇。他那辭章華麗、激情飛揚的詩歌，奠定了俄羅斯現代文學的基礎。評論家們毫不吝嗇地將最崇高的頌揚獻給了普希金及其那一個時期的作家，「黃金時代」是歷史給予他們的最輝煌的加冕！

十九世紀末、二十世紀初，又一批富有才華的年輕作家，在俄羅斯創深痛巨的民族災難中成長起來。這是俄羅斯民族的十字路口，是社會轉型的歷史關頭。這批年輕的作家，用他們象徵主義、未來主義的詩歌表現手法，為俄羅斯民族的艱難探索和無畏前行，留下了寶貴的形象記錄。

一九三三年，詩人奧佐普在僑民雜誌《數》上發表了一篇文章，題目就叫做《白銀時代》。奧佐普認為，布洛克、別雷、古米廖夫、阿赫瑪托娃、帕斯捷爾納克、曼德爾施塔姆等人的創作，是俄羅斯詩歌的又一個高峰，堪與十九世紀三四〇年代以普希金、萊蒙托夫、丘特切夫為代表的「黃金時代」相媲美。奧佐普的《白銀時代》發表不久，阿赫瑪托娃創作了一部長詩《沒有主人公的敘事詩》。她在這首長詩中重現了世紀之初聖彼德堡知識分子的精神探索。詩中，阿赫瑪托娃寫下了這樣的句子：「白銀的月亮在白銀時代的上空燦爛地凝固。」這似乎為「白銀時代」注解了最後的定義。

一八九〇年，帕斯捷爾納克出生在莫斯科一個優雅的、非常有品位的藝術之家。他的父親是當時享譽畫壇的著名肖像畫家，尤其擅長為文學作品插圖。那一年，帕斯捷爾納克的父親為托爾斯泰的《戰爭與和平》畫了插圖，深得作家的喜愛。後來，父親列昂尼德又為《復活》繪製了精美的插圖，托爾斯泰仍舊十分欣賞，兩人的友誼便由此建立並長久地持續下去。因著托爾斯泰的關係，畫家還結識了一大批俄羅斯甚至歐洲大陸的著名作家、藝術家。

列昂尼德・帕斯捷爾納克後來成為莫斯科美術學院的教授，漸漸成為人物肖像畫大師。托爾斯泰、柴可夫斯基、高爾基、里爾克，甚至列寧和愛因斯坦，列昂尼德都畫過。這些珍貴的藝術品，後來就掛在伯里斯・帕斯捷爾納克位於莫斯科郊外作家村住宅的客廳裏。這是讓任何人看見都會心動不已的精美藝術品。

帕斯捷爾納克的母親羅札利婭，是一位富有才華的鋼琴家。曾是著名作曲家魯賓斯坦最得意的學生之一，少女時代就曾在維也納舉辦過獨奏音樂會。她從小伯里斯身上，看到了一個音樂家的潛質。伯里斯敏感、專注、多愁，易於被形象符號和聲音深深打動。母親正是從這一點上認定伯里斯的音樂家天賦的。

這個充滿著藝術氛圍的家庭，和諧美滿。儘管沙皇的專制日益不得人心，人們的憤怒和不滿如地火潛行，但帕斯捷爾納克的家中，經常演繹著充滿俄羅斯藝術情調的經典聚會。伯里斯四歲的一天夜裏，他被柴可夫斯基的三重奏《懷念一位偉大的藝術家》的優美旋律吵醒了。那是母親和其他音樂家正在合作演奏。這是他家經常舉辦的家庭音樂會中的一次，在坐的客人當中，就有銀髯飄拂的托爾斯泰。帕斯捷爾納克後來回憶道：「那音樂淹沒了我的整個地平線達十五年之久。」

伯里斯十歲那年一個炎熱的夏日，帕斯捷爾納克一家人正準備動身去俄羅斯南方的奧德薩。他們一家正是從奧德薩遷居莫斯科的。時常回老家看一看，走親訪友，在幼年的伯里斯記憶裏十分清晰。莫斯科火車站月臺上，火車正喘著粗氣蓄勢待發。一個披著黑色斗篷的陌生人隔著車窗認出了列昂尼德，他們用德語熱烈交談起來。這人就是里爾克。這是他和女友莎樂美的第二次俄國之行。一年前他們第一次來莫斯科，就拜訪過列昂尼德，並通過他的介紹見到了托爾斯泰。這一次，里爾克與莎樂美準備再次前往托爾斯泰莊園，拜訪這位聖潔的作家。碰巧與列昂尼德同車，里爾克和莎樂美喜不自禁。熱心的列昂尼德通過車上鐵路局朋友的幫忙，給托爾斯泰拍了封電報，並收到了托爾斯泰肯定的答覆。里爾克與莎樂美在托爾斯泰約定的一個小站下車。托爾斯泰派來接他們的馬車已經等候在車站旁邊了。這件事，令年幼的伯里斯終生難忘。

帕斯捷爾納克在《自傳》中寫道，他最初的興趣是植物學，喜歡在大自然的懷抱中搜集一些花花草草的東西。一九〇三年夏天，他隨父母在鄉下度假，突然被鄰近別墅裏天籟般的音樂驚呆了。原來那是俄羅斯作曲家斯克里亞賓正在譜寫的第三交響曲。他父親和斯克里亞賓很快便成為了朋友，他們經常一起散步，交流著各自藝術領域裏的感悟。斯克里亞賓也非常欣賞伯里斯的音樂天賦。無奈第二年他要去瑞士講學六年。他囑咐伯里斯認真練琴和學習作曲，等他回來後要檢驗他的學習成果。

六年後，斯克里亞賓果真回來了，並在莫斯科舉辦個人作品演奏會。伯里斯每天頂著寒風，到音樂學院去聽他排練。有一天，他去拜訪了斯克里亞賓，並當場彈了幾首曲子。大師對伯里斯讚不絕口。而帕斯捷爾納克卻陷入了深深的苦惱，他對自己的音樂才能一時沒了自信。因為，他發現，他缺少「絕對的辨音力」。

他轉向了詩歌和哲學。這本是兩個差異巨大的領域。詩歌需要激情，哲學時常要陷入靜思。帕斯捷爾納克竟不可思議地將二者有機融合。

帕斯捷爾納克深深浸淫在詩歌當中了，他加入了一個象徵主義詩歌小組，用他那敏感而富有質感的文字，表述著他的象徵主義詩歌理想，寫於一九一二年春天的《二月》，被認為是帕斯捷爾納克的第一首詩歌：

二月……
二月。用墨水哭泣！
在悲聲中為二月
尋找詞語，當轟響的泥漿
點燃黑色的春天。

花六十盧比雇輛馬車
穿過車輪聲和教堂鐘聲
到比墨水和哭聲更喧鬧的
傾盆大雨中去。

那裏無數白嘴鴉像焦梨
被風從枝頭捲起，
落進水窪，驟然間
枯愁沉入眼底。

下面，融雪處露出黑色，
風被尖叫聲犁過，
越是偶然就越是真實，
痛哭形成詩章。

中學畢業後，伯里斯・帕斯捷爾納克考入了莫斯科大學法律系，但他很快就轉到了哲學系。當時莫斯科大學流行的是柏格森的直覺主義和胡塞爾的現象學。而伯里斯卻崇尚新康德主義。此前幾年，伯里斯隨父母去柏林住了幾個月，那是他第一次出國。在柏林，他閱讀德文原著，去柏林大學旁聽，對德國的古典哲學心嚮往之。他聽說德國馬堡大學哲學教授柯亨是新康德主義的研究權威，而莫斯科大學正與馬堡大學有校際交流專案，便執意前往，欲就教於柯亨門下。母親羅札利婭將自己教鋼琴攢下的兩百盧布，作為禮物送給了伯里斯。伯里斯興奮異常。一九一二年四月二十一日，伯里斯‧帕斯捷爾納克，乘上三等車廂從莫斯科出發，四天後抵達德國馬堡。

馬堡是德國中北部一個靜雅的小城，依山傍水，逶迤而上，帕斯捷爾納克稱它為「中世紀的童話」。

帕斯捷爾納克在馬堡的蘭河邊上找了個地方住了下來，這是一個寡婦家的一間廉價的小房間，距市區很遠。但因為便宜，伯里斯便顧不上許多了。他精心準備著柯亨的面試，期望一炮打響。他去拜訪了兩次，都撲了空。第三次終於見到柯亨教授時，帕斯捷爾納克執著而堅定地說，他不想選別人的課，只想專攻柯亨的理論。教授很不高興地表示，他的學生必須具有廣博的知識。

帕斯捷爾納克不介意教授的態度，他很快在柯亨的討論課上提交了兩篇論文。他在給表妹的信中寫道：「哲學上勢頭很好。柯亨對我的文章感到驚喜。」教授甚至鼓勵他留在馬堡攻讀博士學位，並正式邀請他星期天中午去他家參加午餐會。這是一個在學業上得到肯定的重要信號。登堂入室，就近賜教，耳提面命，暢所交流，這是西方教授對得意門生的最高獎賞。

就在這一週，帕斯捷爾納克的初戀情人伊達和她的妹妹來到了馬堡。她們在旅館住了三天。

伯里斯向伊達正式求婚，伊達冷冷地拒絕了。她告訴他她另有所愛。她和妹妹專程來到馬堡，就是來了斷這段情緣的。帕斯捷爾納克抑鬱得不能自持。在送別伊達姐妹時，他突然神情激動，跳上火車，把她們一直送到柏林，並連夜趕了回來。

柯亨教授突然見不到帕斯捷爾納克了。星期日午餐會他沒有出席，週一的課堂上也不見了他的身影。失戀的沉重打擊，讓伯里斯像蒸汽一樣在馬堡蒸發了。他在這個童話的世界裏僅僅待了三個月。

一九一五年，心頭仍在滴血的帕斯捷爾納克，寫下了他的紀傳體詩歌《馬堡》：

我戰慄。我閃爍又熄滅，
我震驚。我求婚了——可晚了，
太晚了。我怕，她拒絕了我。
可憐她的淚，我比聖徒更有福。

我走進廣場，我會被算作
再生者，每片椴樹葉，
每塊磚都活著，不在乎我，
為最後的告別而暴跳。

鋪路石發燙，街的額頭黧黑。
眼瞼下鵝卵石冷漠地
怒視天空，風像船夫
劃過椴樹林。一切都是象徵。

無論如何，避開它們注視，
不管好歹我轉移視線。
我不想知道得失。
別嚎啕大哭，我得離開。

房瓦漂浮，正午不眨眼
注視房頂。在馬堡
有人吹口哨，做弩弓
有人為三一節集市妝扮。

沙子吞噬雲朵發黃，
一場暴風反覆撼動灌木叢。

天空因觸到金車素枝頭
而凝固，停止流動。

像扮演擁抱悲劇的羅密歐，
我蹣跚地穿過城市排練你
整天帶著你，從頭到腳
把你背得滾瓜爛熟。

當我在你的房間跪下，
摟住這霧，這霜，
（你多可愛！）這熱流……
你想什麼？「清醒點！」完了！

這兒住過馬丁・路德。那兒格林兄弟。
這一切都記得並夠到他們：
鷹爪飛簷。墓碑。樹木。
一切都活著。一切都是象徵。

不，我明天不去了。拒絕——
比分手更徹底。我們完了。兩清了。
如果我放棄街燈，河岸——
古老的鋪路石？我為何物？

霧從四面八方打開它的包袱，
兩個視窗懸掛一個月亮。
而憂鬱將略過那些書
在沙發上的一本書中停留。

我怕什麼？我熟知失眠
如同語法。早就習以為常。
順著窗戶的四個方框
黎明將鋪下透明的墊子。

此刻夜晚坐著跟我下棋
象牙色月光在地板上畫格。

金合歡飄香，窗戶敞開，
熱情，那灰發證人站在門口。

楊樹是王。我同失眠對弈。
夜鶯是王后，我聞其聲。
我去夠夜鶯。夜得勝了。
棋子紛紛讓位給早晨的白臉。

這是一首泣血之歌。

「霧從四面八方打開它的包袱，／兩個視窗懸掛一個月亮。／而憂鬱將略過那些書／在沙發上的一本書中停留。」「此刻夜晚坐著跟我下棋／象牙色月光在地板上畫格。／金合歡飄香，窗戶敞開，／熱情，那灰發證人站在門口。」帕斯捷爾納克一生走不出這場失戀的打擊。這首《馬堡》，他從一九一五年寫就，一直不停地修改、刪節、增加，直到一九五六年才最終定稿。而這一年，距離他生命的終點只有四年了。

一名女人，一場失戀，打碎了帕斯捷爾納克的哲學夢想。也許，一個新康德主義的哲學家消失了；一個真正的詩人誕生了。

十月革命勝利前後，是帕斯捷爾納克創作的「多產時期」。一九一四年年初，他出版了自己的第一本詩集《雲中雙子星座》。那時，未來派詩人山頭林立，概念也不清晰，帕斯捷爾納克與另外兩位抒情詩人，組成了未來派的一個分支「離心機」。帕斯捷爾納克在評論中申明，他拒絕以相似為基礎的傳統詩歌意象。他認為，普通意象讓閱讀變得太容易。他提出一種鄰近相切的修辭原則，即轉喻。

一九一四年至一九一七年，第一次世界大戰爆發。因少年時騎馬摔傷了腿，帕斯捷爾納克微有殘疾，不符合入伍條件，他便在烏拉爾山區的一家化學公司當小職員，全身心投入寫作，他要求自己，「儘量不扭曲鳴響在我們體內的生活之聲」。一九一六年，他的第二本詩集《跨越障礙》在莫斯科出版，得到好評。只是在此時，人們才真正把他歸入未來派。

十月革命爆發後，帕斯捷爾納克從烏拉爾回到莫斯科。就在這年夏天，他完成了他的第三本詩集《生活，我的姐妹》。這本詩集直到一九二二年才出版，為他贏得了巨大聲譽，得到阿赫瑪托娃、馬雅可夫斯基和曼德爾施塔姆的高度評價。曼德爾施塔姆認為他「不是發明家和法師，而是一種新模式，一種使語言成熟並獲得活力的新俄國詩歌結構的創始人」。

這「創始人」在高歌猛進。一九二三年，第四本詩集《主題與變奏》面世了。這是一本寫十月革命後最初歲月的詩歌。

帕斯捷爾納克正是在對待十月革命的態度上，與一些激進詩人有了明顯的「另類表現」。他遠沒有馬雅可夫斯基那樣的狂熱，而是與阿赫瑪托娃、曼德爾施塔姆一樣，持一種審慎的歡迎態度。早在一九一四年，伯里斯便認識了馬雅可夫斯基。那是春天的莫斯科的一個咖啡館裏，馬雅可夫斯基氣勢凌人，他像騎摩托車似的倒跨在椅子上，侃侃而談。他比伯里斯小三歲，可他的名氣可是大多了。在關於詩歌和創作的爭吵中，伯里斯感覺到，馬雅可夫斯基表面上狂熱，其實內心缺乏安全感，伯里斯事後寫道：「我把他的一切從林蔭道帶進我的生活。可是他是巨大的……我不斷失去他。」

一九二一年，帕斯捷爾納克母親的心臟病日益嚴重，父母和兩個妹妹一起前往柏林治病，此後再也沒有返回祖國，儘管他們一直持有蘇聯護照，擁有蘇聯國籍。伯里斯和弟弟留在了國內。也就在這一年，三十一歲的伯里斯與美術學院學生盧里耶結婚。愛倫堡在這一年，用最生動的語言描寫他所認識的帕斯捷爾納克：「他生機勃勃，身體健康，而且具有現代人氣質。在他身上沒有任何秋天、日落及其他賞心悅目卻不能令人寬慰的東西。」

婚後第二年，小夫婦被獲准赴柏林探視父母及妹妹。這是伯里斯最後一次見到雙親。此後多少年，他的出國探親的請求都被拒絕了。

帕斯捷爾納克夫婦在莫斯科有一處很小的房間，一九二三年兒子出生後，物資匱乏，手頭拮据，日子過得十分艱難。帕斯捷爾納克主要靠翻譯為生，妻子盧里耶事業心極強，全身心投入在專業上，不善料理家務，脾氣又十分剛烈，夫妻關係出現了裂痕。阿赫瑪托娃說過：「伯里斯從不真正瞭解女人。也許這方面他運氣不佳。他第一個妻子，葉夫根尼亞・盧里耶，是個有知識的女人，但……但……但是，她自認為是個偉大的藝術家！所以伯里斯得為全家熬湯。」

婚後不久，帕斯捷爾納克讀到了俄羅斯流亡海外的女詩人茨維塔耶娃的長詩《終結之詩》，極受震動。他也轉向了歷史題材的敘事長詩，創作了《高燒》、《一九〇五》、《施密特中尉》等等，反映了他對革命的複雜情感。更糟糕的是，伯里斯與茨維塔耶娃陷入了深深的柏拉圖式的精神戀愛，他們頻繁通信，相互傾慕。帕斯捷爾納克寫給茨維塔耶娃說：

這是生活中第一次強烈體驗到的和諧，它如此強烈，迄今為止只在痛苦時才有的置身於充滿對你的愛的世界，感受不到自己的笨重和迷惘。這是初戀的初戀，比世上的一切都更質樸。我如此愛你，似乎在生活中只想到愛，想了很久，久得不可思議。你絕對的美。你是夢中的茨維塔耶娃……你就是語言，這種語言出現在詩人終生追求而不期待回答的地方。

伯里斯開始密集地給茨維塔耶娃寫信，幾乎是一天一封。在一九二六年四月二十日的信中，伯里斯說：

明天我將以另一副樣子起床，我將克制自己，著手工作。但今宵要與你共度。終於，他們散到了另兩個房間。今天我曾五次動筆給你寫信。兒子患感冒，冉尼亞（盧里耶的愛稱）在照看他，弟弟和弟媳也在那兒。家人走進走出。那道你汲自我體內並為你飲用的語言的流水中斷了。我們相互躲避。書信一封接著一封，全都見鬼去了。哦，你工作得多麼奇妙！但是你別毀了我，我想與你一同生活，長久、長久地生活。

伯里斯真的是太不懂女人了。他居然把寫給茨維塔耶娃的情書，拿給自己的妻子盧里耶看，這深深刺傷了盧里耶，夫妻關係更加緊張。

在伯里斯父親的引薦下，他同法國詩人里爾克取得了聯繫。他給里爾克寫了一封長信，傾訴心中的苦惱和俄國革命後的狀況：

我們的革命也如此——它是個與生俱來的矛盾：一個時間之流的斷裂，卻貌似靜止而動人心魄的景觀。我們的命運也如此，它靜止而短促，受制於神秘而又莊嚴的歷史特殊性，甚至連其最微小最滑稽的呈現也是悲劇性的……最近幾天，在我身上就發生了這樣的事，此前漫長的八年之間，我非常不幸，連死都無所謂，雖說在極度沮喪中從未忘記革命那崇高的悲劇成分。我完全無法寫作，得過且過。一切已在一九一七年至一九一八年間寫盡了。

帕斯捷爾納克將同樣居住在巴黎的茨維塔耶娃介紹給了里爾克。從一九二六年四月到年底里爾克病逝，在里爾克、帕斯捷爾納克和茨維塔耶娃之間，延續了一段非同尋常的書信交往，共留下了五十多封珍貴的書簡。

得到里爾克英年早逝的消息，帕斯捷爾納克十分震驚。他專門寫了一本自傳體書《安全證書》獻給里爾克。他在給茨維塔耶娃的信中寫道：

你是否意識到這簡直荒涼到你我成為孤兒的地步？不，我不認為對你如此，那沒關係。這無望的打擊削弱了人類。我生活中所有目標似乎都被剝奪了。我們現在必須活得長久，悲哀的漫長一生——那是我的責任，也是你的。

極權主義造成的極為恐怖的社會現象就是，它嚴重扭曲人的心靈和思想，它是在一種無孔不入和無所不在的高壓之下，讓所有社會成員屈服於它的制度安排和思想枷鎖。對此，漢娜．阿倫特有著獨到的研究和見解。如果極權主義運動和極權主義國家把人們束縛在一起，那麼，替代真正公共領域中現世性紐帶的東西是什麼呢？阿倫特尖銳指出，那是宣傳和恐怖。阿倫特說，它們是極權主義最突出的成分。宣傳與恐怖絕對不單是極權主義統治的副產品，它們還是極權主義的主要特徵。菲力浦．漢森強調：「認識到這一點，意義將非常深刻。」

《極權主義的起源》是奠定漢娜．阿倫特政治思想史研究專家的扛鼎之作。阿倫特指出，群眾性的成員彼此沒有現世性的聯結紐帶，他們的生活一片混亂，而極權主義宣傳則為個體提供了從現實逃往虛構、從偶合逃往連貫的機會，因此它備受青睞。極權主義宣傳「建立了一個世界，它能夠抗衡真實的世界，後者的主要不足在於，它是非邏輯的、不連貫和無組織的。而連貫的虛構和周密的組織則使歸納與概括在更多具體的謊言被揭穿後最終仍能夠成立」。使周密的組織能夠實質化的是恐怖活動，而阿倫特堅定地認為，恐怖不斷借助立足於科學精妙的技術手段維持著虛假的世界。長此以往，人們便被「宣傳和恐怖」徹底清洗了頭腦。

一九三四年的某一天，在莫斯科的一次小型詩人聚會上，曼德爾施塔姆朗誦了他寫的一首詩。詩中，曼德爾施塔姆調侃、諷刺、揶喻、嘲笑了蘇聯最高領導人。聚會中的詩人有人告密，此事很快便傳進了克里姆林宮。史達林認為這是一首攻擊蘇維埃領袖的「野蠻詩歌」，他立即打電話給帕斯捷爾納克瞭解情況。

帕斯捷爾納克居住的莫斯科公寓只有公用傳呼電話，門房來喊他聽電話。伯里斯拿起聽筒，對方說他是史達林。帕斯捷爾納克不屑一顧，他以為不是有人惡作劇就是遇到了瘋子，他徑直掛斷了電話。

對方固執地又打了回來。帕斯捷爾納克終於明白，自己正在與偉大領袖直接通話。他頓時激動得渾身顫抖，語無倫次。他用自己所能發出的最欣喜若狂的聲音說，他一直就知道這一刻總有一天會到來。他希望能馬上見到領袖，與他討論生與死的終極問題以及俄羅斯的未來。

史達林早已厭倦了這些肉麻的恭維話，他沒有理會帕斯捷爾納克的囉哩囉嗦，而是粗暴地問他：「曼德爾施塔姆朗誦這首惡毒的攻擊詩歌的時候，你在不在場？」

帕斯捷爾納克支吾其詞，還是用一大堆阿諛之辭頌揚史達林。

史達林緊扭住曼德爾施塔姆不放，步步緊逼伯里斯：「請你實話告訴我，曼德爾施塔姆是不是一位偉大的詩人？一位大師？」

帕斯捷爾納克磕磕巴巴地說：「這不是關鍵。」他說：「詩人們應該得到像樣的對待，而不管其作品品質如何。」

史達林徹底不耐煩了。他乾脆地打斷了伯里斯的喋喋不休，說了一句被後世廣為流傳的名言：「如果我是曼德爾施塔姆的朋友，我會更清楚應當如何為他辯護。」說完，便放下了話筒，將一臉驚悸的帕斯捷爾納克晾在了那裏。

隨後，曼德爾施塔姆便遭到逮捕，不久後便被流放。一九三八年，這位才華橫溢的詩人死在了他的流放地——馬加丹的勞改營中。

這是帕斯捷爾納克一生中不能觸碰的一個心靈之結。他無邊的懺悔，幾乎是從這裏開始的。

史達林對帕斯捷爾納克的「騷擾」似乎沒有終止。有一天，他突然寄給伯里斯一組詩歌，他在附信中說明，這是他的朋友寫的詩，請帕斯捷爾納克看看，水準如何，能否發表。帕斯捷爾納克一眼便看出，這是史達林自己寫的詩歌。詩人的心中，為史達林感到悲哀。人的心態不能如此氣盛和自負，你能領導一個國家，你能組織社會生產，你能動員和強迫農民實現集體化，但你不一定就能寫詩。將平庸而無想像力的文字組合在一起，然後分成長短句，這絕對不是詩歌。帕斯捷爾納克陷入深深苦悶之中，因為他不知道如何回覆史達林的問話。沒想到，史達林居然將電話直接打了過來。接聽電話的一瞬間，詩人的良知在帕斯捷爾納克的心中復活了，他對史達林說：「請轉告你的朋友，以後最好別再寫詩了。」說完這句話，帕斯捷爾納克自己也嚇出了一身冷汗。而聽筒那邊的史達林，什麼也沒有說，輕輕地放下了話筒。

最高領袖給帕斯捷爾納克打電話、寫信的消息，在莫斯科文學界不脛而走。許多人跑來向他打探消息，還有一些人來向他祝賀，請他吃飯，拚命巴結他，企望他有朝一日在偉大領袖耳邊美言幾句。帕斯捷爾納克對於這一切極不適應，極為反感。而蘇維埃社會的現實存在容不得他違逆和反抗。此後不久舉行的全國作家代表大會上，主持意識形態的蘇共領導人布哈林和蘇維埃作協主席高爾基，都對帕斯捷爾納克大加讚揚，稱他是蘇聯最偉大的詩人。伯里斯在一夜之間取代了馬雅可夫斯基，成為了蘇聯文學界的一面旗幟。這讓很多作家內心不服氣，議論紛紛，意見很大。

兩年後，布哈林在大清洗中遭到清算，被史達林秘密處決。帕斯捷爾納克便也坐上了過山車，從最高點急墜谷底。馬雅可夫斯基重回蘇聯作家第一的寶座。幸好帕斯捷爾納克心如枯井，情猶止水。他對這種鬧劇般的政治大變局一點興趣也沒有。

一九三五年六月，安德列・馬爾羅、伊利來・愛倫堡和其他一些左傾反法西斯作家，宣導召開保衛文化國際作家代表大會。蘇聯作協起初拒絕了這個會議的邀請。會期臨近時，喜怒無常的史達林突然做出指示，指定帕斯捷爾納克出席會議並順訪巴黎，而且要在這次會議上宣傳蘇聯的文學主張和文學成就。蘇聯作協匆忙中為帕斯捷爾納克準備了演講稿，作協秘書長陪同伯里斯前往與會。

輪到帕斯捷爾納克演講的那天，他突然有了叛逆的衝動。會議大廳裏，各國作家黑壓壓坐著一大片，馬爾羅親自主持會議，並擔任伯里斯的翻譯。馬爾羅致完歡迎詞後，特別向與會者強調：「現在站在你們面前的是我們時代最偉大的詩人。」帕斯捷爾納克根本就沒從口袋裏掏出蘇聯作協給他準備的演講稿，他站在麥克風前一言不發，就這樣沉默著。麥克風發出的交流聲持續地響著，在寂靜的會場中「嗡嗡」飄散。作家們不知發生了什麼事，緊盯著一動不動的帕斯捷爾納克，交頭接耳，小聲地探詢。尷尬的馬爾羅只好第二次暗示帕斯捷爾納克，他對著麥克風再次說道：「現在站在你們面前的是我們時代最偉大的詩人。」又是一陣沉默。

帕斯捷爾納克終於動嘴了。他告訴聚集在互助會大廳裏的各國作家，他們應當不問政治，不要組織反法西斯抵抗運動，他說：「作家們永遠不應當組織起來。我懇求你們，不要搞組織。」完了。他的演講就這樣簡短。大廳裏又陷入沉默。

在巴黎，帕斯捷爾納克終於見到了通信十三年而緣慳一面的茨維塔耶娃。兩個詩人的景況完全不同：一個在國內惶惶不可終日；一個在國外舉債度日。他們彼此之間根本無法溝通。茨維塔耶娃還對蘇維埃抱有幻想，她在探求是否回國定居，結束海外漂泊不定的窮困生活。帕斯捷爾納克很想告訴她國內的真實情況，但在公開和半公開的場合，話又不能說得太直白，他只好悄悄說：「馬琳娜，別回俄羅斯，那裏太冷，到處都是穿膛風。」茨維塔耶娃完全沒有領悟到那弦外之音。

帕斯捷爾納克冷靜下來之後，知道在國際作家和平大會上闖下了大禍。在離開巴黎返回莫斯科的火車上，他與蘇聯作協秘書長徹夜長談，痛哭流涕地檢討了自己的錯誤，以期獲得「組織」的諒解和寬大處理。他本來已經獲得批准，在德國慕尼克下車，去探望自己年邁的母親。為表明自己的革命態度和悔改誠意，帕斯捷爾納克決定不下車了，直接返回莫斯科。對此，茨維塔耶娃百思不得其解，她非常生氣地給伯里斯寫信：「乘火車從母親身邊經過而不下車，讓老人白白等了十二年，這事我怎麼也想不通，就是殺了我，我也想不通。讓母親別等了。這事已超過我理解的極限，人的極限。在這方面，我與你恰恰相反：我會背上火車去和她見上一面……」帕斯捷爾納克再也沒有見到過母親，他為此抱憾終生。

一九三九年，在流亡海外多年之後，茨維塔耶娃帶著兒子返回了祖國，與前期回國的丈夫和女兒幸福團聚。但過了不久，丈夫和女兒便在大清洗中被捕，並且永遠地從茨維塔耶娃的生活中消失了，像一縷清煙飄散得無影無蹤。帕斯捷爾納克想盡辦法幫她找工作，找住處。並促成了她與阿赫瑪托娃的相見。這是這兩位偉大的俄國女詩人的第一次相遇。一九四一年夏天衛國戰爭爆發之後，茨維塔耶娃作為不安全分子，被疏散到遙遠的內地，伯里斯趕到莫斯科碼頭為她送行，他安慰她，戰爭很快就會結束，蘇聯勝利的那一天，他們將在莫斯科重逢。

茨維塔耶娃沒有堅持到那一天。歧視和迫害，家庭的敗亡，摧毀了詩人那敏感的神經。一九四一年八月三十日，在被逐出莫斯科僅僅幾個月之後，茨維塔耶娃在疏散地上吊自殺。噩耗傳來，帕斯捷爾納克悲痛萬分。悔恨再一次將他深深包圍。他懺悔自己沒有竭盡全力幫助茨維塔耶娃度過她生命中的危難關口。又一顆詩壇之星早早隕落了！

只有回到詩的世界裏，才能突顯帕斯捷爾納克的從容和淡定。一九四六年，他創作了詩歌《哈姆雷特》，而且幾乎是絕無僅有的，此詩只有一稿，而不是像其他詩歌那樣，被詩人反覆修改。帕斯捷爾納克的《哈姆雷特》是一個象徵，是一個表象：

語靜聲息。我走上舞臺。依著那打開的門
我試圖探測回聲中
蘊含著什麼樣的未來。

夜色和一千個望遠鏡
正對準我。
上帝，天父，可能的話，
從我這兒拿走杯子。

我喜歡你固執的構思
準備演好這個角色。
而正上演的是另一齣戲。
這回就讓我離去。

然而整個劇情已定，
道路的盡頭在望。
我在偽君子中很孤單。

生活並非步入田野。

《哈姆雷特》一詩難壞了眾多翻譯高手，其中的歧義和隱晦的表述，讓你在讀不同的譯本時，甚至找不到它們的共同之處。

北島的見解犀利而獨到，他認為這首詩最重要的主題是命運，即一個人和時代的關係，就像演員和劇本的關係一樣。北島說：「作為演員，能否超越劇本的限制呢？在這一點上，帕斯捷爾納克是很悲觀的。然而整個劇情已定，道路的盡頭在望。結論是，一個人無法超越他的時代，唯一能做的是為他所生活的時代作證。」

阿赫瑪托娃曾經給帕斯捷爾納克下過一個非常精確的定義：「伯里斯從不真正瞭解女人。」這似乎是一語成讖，註定了帕斯捷爾納克與他的多位紅顏知己糾結不清。

一九三〇年夏天，帕斯捷爾納克夫婦和他弟弟一家，應哲學家阿斯穆斯夫婦及鋼琴家奈高茲夫婦的邀請，到基輔郊外度假。這個浪漫的假期，撩出了帕斯捷爾納克久已沉寂的愛情之火，他瘋狂地愛上了鋼琴家奈高茲的夫人季娜伊達。他毫不隱諱地將自己的感情告訴了妻子盧里耶和鋼琴家。他們二人目瞪口呆，不知如何作答，只好將決定的權力交到了季娜伊達手中。季娜伊達欣賞帕斯捷爾納克的才華，喜歡他的清新而優雅的詩歌，但要成為愛人和丈夫，她還缺乏心理和精神準備。再者，季娜伊達還深愛著自己的丈夫奈高滋，他在鋼琴演奏方面的天賦和高超技巧，在蘇聯正如日中天般輝煌。季娜伊達與奈高茲已經生育了兩個男孩，一家人幸福美滿，怎麼能讓伯里斯就這麼突兀地拆散他們呢！

帕斯捷爾納克如魔鬼附身，不管不顧地瘋狂追求著季娜伊達，甚至不惜喝酒精自殺，以換取季娜伊達改變主意。

季娜伊達終於動心了。他們一起去格魯吉亞等地旅行，伯里斯不停地為她寫情詩。這些詩，後來收入《再次誕生》之中，帕斯捷爾納克毫不掩飾他生命中又一個春天的美滿和幸福。盧里耶與帕斯捷爾納克憤怒決裂，而奈高茲則與季娜伊達友好分手。一九三四年，伯里斯與季娜伊達結婚，而奈高茲仍然是他們的好朋友，他們的友誼延續了一生，時常往返，友好相處。多少有些內疚的季娜伊達甚至都沒有冠帕斯捷爾納克的姓，她一直沿用前夫的姓名季娜伊達・奈高茲。只要能與自己心愛的女人在一起，一向反傳統的伯里斯，絲毫不去計較這些。

一九三八年的新年鐘聲剛剛敲過，季娜伊達為伯里斯生下了一個兒子。這是帕斯捷爾納克的第二個兒子。他比他的哥哥小了整整十五歲。季娜伊達一直陪伴著伯里斯・帕斯捷爾納克走到了他的生命的終點。

一九四六年，帕斯捷爾納克演繹了一場轟轟烈烈的婚外之戀。這場婚外戀，帶給伯里斯無盡的煩惱，讓他飽受情感的折磨，也讓他的紅顏知己備受摧殘，勞改入獄。但，這是就是宿命，這也是孽債，這就是繞不過去的情感的坎坷。

帕斯捷爾納克是在西蒙諾夫任主編的《新世界》文學編輯部裏，認識奧爾嘉・伊溫斯卡婭的。這一年，伯里斯五十六歲，奧爾嘉三十四歲，他們之間相隔著二十二年的漫長歲月，但時間和年齡似乎不是他們心心相印的障礙。

奧爾嘉・伊溫斯卡婭在過去的三十四年生命歲月裏，屢遭跌宕，不幸連連。她的第一個丈夫在大清洗中被迫自殺，第二個丈夫又病故棄世。她與女兒伊琳娜相依為命，苦捱歲月。從苦難和生活的最底層走出來的女人，一旦認為抓住了真正的愛情，她會義無反顧，迸發出驚人的情感力量。

伊溫斯卡婭一直非常崇拜帕斯捷爾納克，熱愛著他的所有的詩歌。第一次見到這位著名的大詩人時，伊溫斯卡婭激動得不能自持，她深情地望著伯里斯，眼中閃耀著幸福的淚光。帕斯捷爾納克也被奧爾嘉的美貌和超凡脫俗驚呆了。他明顯地感覺到了從奧爾嘉那兒傳遞過來的熾熱情懷，兩顆心就這樣碰在了一起。

此後不久，帕斯捷爾納克將自己的所有詩集，題簽贈送給了伊溫斯卡婭，他們常在一起聊天，歡聚，帕斯捷爾納克還將自己正在創作的自傳體長篇小說《日瓦戈醫生》朗讀給奧爾嘉聽。對他們兩人來說，那是一段無比幸福的時光。

他們相識的第二年，帕斯捷爾納克鄭重地對伊溫斯卡婭說：「我對您提出個簡單的請求，我要同您以『你』相稱，因為再說『您』已經虛偽了。普希金沒有凱恩，心靈不充實。葉賽寧沒有鄧肯寫不出天才詩句。帕斯捷爾納克沒有伊溫斯卡婭，便不是帕斯捷爾納克。」這是多麼浪漫的求愛宣言啊！伊溫斯卡婭幸福得要暈過去了！他們就這樣深深相愛了。

蘇聯當局知道帕斯捷爾納克正在創作一部長篇小說。他們明白，憑帕斯捷爾納克的階級情感和審美理念，小說一定會是對蘇維埃知識分子改造政策的反諷和嘲弄。如何阻止帕斯捷爾納克的創作呢？他本人影響太大，不能輕易下手。卑劣的蘇聯作協陰險地想到了奧爾嘉・伊溫斯卡婭。

這一天，伊溫斯卡婭突然被抓進了警察局，為她捏造的罪名是，她同《星火畫報》副主編奧西波夫合夥偽造出版委託書，這是一個多麼拙劣的騙局和藉口！審訊室裏，沒有人再提委託書的事，而是反覆逼迫伊溫斯卡婭交待帕斯捷爾納克的「反蘇言行」。奧爾嘉看穿了他們的陰謀，決不說一句傷害帕斯捷爾納克的話。員警們窮兇極惡對她連續審問三天三夜，企圖在她思維混亂時打開缺口。此計不成，他們又乾脆把她關進了太平間，與幾十具蒙著白布的屍體待在一起。那潛臺詞是：「帕斯捷爾納克已經死了，你還替他扛什麼呢？」沒想到，這更激發了伊溫斯卡婭的勇氣，她逐一掀開床單，辨認屍體，當確信沒有帕斯捷爾納克時，她堅持下去的勇氣更強大了。

這一邊，員警不斷地騷擾著帕斯捷爾納克。他們把從伊溫斯卡婭家抄出來的伯里斯詩集，全部退還給帕斯捷爾納克。帕斯捷爾納克拒絕接收。他說「我已經送給了伊溫斯卡婭，這書的主人便是她了。除非她當面退給我，否則我拒絕收回。」

帕斯捷爾納克心煩意亂，思念日甚，常常在深夜書寫給奧爾嘉的詩句：

我們常無言坐到夜深，
你埋頭女紅我手捧書本，

直到天明我竟未發覺，
記不清何時才停止接吻。
當生活陷入煩惱與痛苦，
你為我阻攔了絕望之路，
你的美就在於勇氣十足，
就是它把你我牢牢繫住。

不屈的伊溫斯卡婭讓專政當局無所適從，只好判她勞改三年，送去了波季馬勞改農場。她的剛成年的女兒伊琳娜也被強行安了一個罪名，判處兩年勞改。她同其他女犯人從事著繁重的體力勞動。一天，在用鐵鎬挖凍土時，伊溫斯卡婭流產了。這是她與帕斯捷爾納克的孩子！幼小的生命在殘酷的壓迫下夭折了。

一九五三年，史達林去世後，伊溫斯卡婭才被提前釋放。幾年的牢獄之災，沒有毀滅她驚人的美貌，反而讓她的氣質更加淡定和從容。情人相擁，伯里斯愧疚萬分。他說，他不想與第二任妻子季娜伊達離婚，無法給奧爾嘉一個真正溫暖的家。伊溫斯卡婭不在乎這些，她願意接受這個現實。出獄後，她在帕斯捷爾納克位於莫斯科郊外作家村的別墅附近租了一套小公寓住了下來，以便能時常見到和就近照顧他。

多少年之後，奧爾嘉・伊溫斯卡婭寫出了她與帕斯捷爾納克相戀十三年的回憶錄《回憶時間的俘虜》。奧爾嘉說，書名取自一九五六年伯里斯寫給她的抒情詩《夜》的最後一節：

別睡，別睡，藝術家，
不要被夢魂纏住，
你是永恆的人質，
你是時間的俘虜。

一九四五年，是帕斯捷爾納克苦難生命歷程中的又一個轉捩點。經歷過戰爭，經歷過死亡，經歷了俄羅斯民族那痛深創巨的浩劫，帕斯捷爾納克將一切身外之物拋在了腦後，他勇敢地昂起了頭顱，挺起了胸膛，打算去抗爭這個他並不喜歡的現實世界。就在這一年的秋天，帕斯捷爾納克深信不疑地認為，所有這些恐怖的、迫使他貶低自己人格的事情都已經一去不復返了。

也是在這一年的九月，以賽亞・伯林來到了莫斯科。他是受英國駐蘇聯大使的邀請，以俄羅斯問題專家的身分造訪莫斯科的。

伯林永遠抹不去的，是他的文人情結。他四處打探白俄時期「白銀時代」作家的近況，拚命想從他們那裏獲得革命、戰爭、時代變遷、民族災難對一個作家心靈和哲學觀的影響。他已經見過了阿赫瑪托娃。這一天，他興沖沖地要拜訪帕斯捷爾納克了。

這是九月末的一個陽光明媚的黃昏，以賽亞．伯林在蘇聯作家麗娜．普羅柯菲耶夫的陪同下，乘火車來到了莫斯科郊外的佩列傑爾基諾。在這個城郊外的小村莊裏，蘇聯政府為一些著名作家、藝術家修建了度夏的別墅。以賽亞．伯林是扛著一個大包裹來到佩列傑爾基諾的，那是帕斯捷爾納克的妹妹麗迪亞和約瑟芬為哥哥準備的許多雙靴子。當接過這包靴子時，伯里斯似乎有些尷尬和窘迫。他既感謝妹妹們的熱情資助，又對在外人面前暴露出自己物質的貧乏頗感不快。帕斯捷爾納克的妻子季娜伊達善解其意，趕忙找了個話題，將大家的注意力從靴子上移開了。

以賽亞．伯林與伯里斯的談話，是在後花園的一張粗糙的木桌邊進行的。

在經歷了十月革命後幾乎與世隔絕的二十幾年後，伯里斯急切地想知道西方作家和思想家的情況。他問起了喬伊絲、海明威，英國藝術哲學家赫伯特．里德等等。伯林告訴伯里斯，他在西方根本就沒有被人遺忘，而且還出現了對他的詩歌的批評性研究。莫里斯．鮑拉在他一九四三年出版的《俄羅斯詩歌》一書中，收入了他的一首詩作。他的《童年》也已翻譯出版。對帕斯捷爾納克來說，來自西方的每一點注意都是可貴的，這至少證明自己並沒有被活埋。

在花木掩映的花園裏，以賽亞．伯林十分敬佩帕斯捷爾納克的口才。他發現，帕斯捷爾納克「以華麗驚人的辭藻緩緩述說著，偶爾也會出現詞句的急流；他的言語常常會漫過語法結構的堤岸」。長期浸淫在詩的語言和意境中，詩人的口語表述也時常會恣肆汪洋，不受約束。

帕斯捷爾納克反覆表達的一個觀點，令伯林半信半疑。伯里斯說：「恐怖和戰爭曾經是俄羅斯民族之魂必要的滌罪煉獄。」不知帕斯捷爾納克此刻所說的「恐怖」，是否暗暗包括了蘇維埃和史達林的專制統治。無論伯林怎樣疑惑，但他至少記住了帕斯捷爾納克的這句驚人之語。

也正是在這樣一個傍晚，帕斯捷爾納克興致勃勃並堅定地告訴伯林，他不準備再等下去了，他要著手創作一部長篇小說，一部關於自己這一代人以及他們在革命和戰爭中命運的小說，小說的名字混雜而冗長，這也許是詩人最初意象的表述：《男孩們和女孩們，一個俄國浮士德的故事：取自日瓦戈家庭未發表的書信集》。也許是這別具一格的書名將伯林嚇著了，也許是初次晤談伯林無法更深入瞭解伯里斯的內心世界，作為第一個知道帕斯捷爾納克創作計畫的外國人，他並沒有將這本小說看得多麼重要。伯林很大程度把這看成了伯里斯的誇張之語。因為此後在莫斯科市內，伯林去拜訪帕斯捷爾納克時，在他住宅的書桌上，看不到一本書，看不到一張稿紙。伯林想，這樣乾淨的桌面，不是一個創作熱情高漲的作家應當保有的寫作狀態。

伯林敏銳地捕捉到了帕斯捷爾納克的矛盾心理。他倆在帕斯捷爾納克的莫斯科公寓裏聊天的時候，伯里斯吐露了自己由於不得不與政府合作而感受到的痛苦，以及身為猶太人的極度苦悶。他渴望人們將他視為一名真正的俄國愛國主義者，認同他的作品說出了俄國人民的心聲。然而，作為一名猶太人，帕斯捷爾納克一直感覺自己是一個另類。別人從來就不容許他覺得自己是個真正的俄國人。由於缺乏這種名正言順的感覺，帕斯捷爾納克一直是蜷縮著自己的身子和頭腦以求苟安。「夾著尾巴做人」是那個年代伯里斯的最真實的形象。這種雙重的羞恥是他所受的名副其實的自我折磨的緣由之一。以賽亞尖刻地指出，伯里斯給人的感覺是，他寧願自己生為一個長著亞麻色頭髮和藍眼睛的農民的兒子，他堅持認為猶太人應當被異族同化，至少他自己已經脫離了猶太教，皈依為一個虔誠的基督徒。

一九五二年秋天，帕斯捷爾納克第一次因心肌梗塞住進了醫院。在死亡線上掙扎的時候，他似乎進一步領略了命運的無常和生命的意義。他在病床上寫給朋友的信裏說：「我悄聲低語：上帝啊，我感謝你，因為你的語言——是恢弘的音樂，感謝你使我成了藝術家，創作是你的學校，一生中你都在為我準備這個夜晚的來臨。我感到歡欣鼓舞，幸福使我淚流滿面。」

一九五五年，伯里斯的長篇小說創作接近尾聲。小說最終定名為《日瓦戈醫生》。他寫道：「我近些年的生活如此充實、潔淨，沉浸在我所熱愛的作品中，對我來說，它是靈魂上幾乎持續不斷的節日。我很滿足，我為它而幸福，而小說就是這幸福的發洩與表達。」

《日瓦戈醫生》延續了俄羅斯作家如托爾斯泰、屠格涅夫、陀斯妥耶夫斯基的傳統的現實主義表現手法：對一個人命運的細緻入微的描寫和刻畫，反映整個時代的動盪和變遷。

日瓦戈成長於一個知識分子家庭，受過良好的教育，精通自己的專業。他是一個西伯利亞富商的兒子，但很早便被父親遺棄，同母親相依為命，十歲便成了孤兒，靠舅舅撫養成人。這種生活經歷養成了日瓦戈內向的性格和對不幸者的同情。他上大學後讀過許多哲學、歷史和文學著作，再加上宗教的影響，使他童年時代的同情心發展成強烈的博愛精神。他是外科醫生，專業素養讓他對人對事認真嚴謹，客觀冷靜；他喜歡思考，對任何現象都要獨立判斷，不隨波逐流。

在日瓦戈這個誠實的舊時代知識分子身上，伯里斯傾注了他的愛意和欣賞。當然，日瓦戈不是帕斯捷爾納克，但無疑有他極深的影子。借助日瓦戈表現的，是帕斯捷爾納克對人生、對十月革命，甚至是對愛情和情愛的認識和理解。

如，小說中的女主人公曾經說過：「我不喜歡毫無保留地獻身於哲學。在我看來，哲學對於藝術與生活來說只不過是貧乏的季節。專門學它就像只吃辣根醬那麼怪。」這無疑是帕斯捷爾納克當年逃離馬堡的最真實的藉口。

十月革命爆發後，面對家人的逃難提議，日瓦戈大發感慨：「不錯，到處都這麼說。方才在車上我看著窗外還在想，有什麼能比家庭的和睦和工作更可貴？除此以外，一切我們都無法掌握。說真的，看起來不少人面臨著不幸。有些人想往南方逃，到高加索去，希望遠走高飛。這可不合我們的習慣。一個男子漢應該能咬緊牙關，和自己的鄉土共命運。我覺得這個道理很明顯。至於你們，另當別論。我多麼希望保護你們躲過這場災難，送你們到更安全的地方，也許到芬蘭去會好一些。不過我們要是在樓梯上站半個小時，恐怕永遠也到不了樓上。」

對於革命能否一蹴而就、一勞永逸地解決社會遺留的所有問題，日瓦戈持懷疑態度：「多麼出色的手術啊！拿過來就巧妙地一下子把發臭的多年的潰瘍切掉了！既簡單又開門見山，對習慣於讓人們頂禮膜拜幾百年來的非正義作了判決。關鍵是毫不使人恐懼地把這一切做完，這裏邊有一種很久以來就熟悉的民族的親切感。是一種來自普希金的無可挑剔的磊落光明，來自托爾斯泰的不模棱兩可的忠於事實。」

一九五六年，帕斯捷爾納克完成了《日瓦戈醫生》的創作，他把稿子寄給了《新世界》編輯部，期待著能在蘇聯國內發表他的作品。令他萬萬沒有想到的是，《新世界》編輯部把書稿退還給了他，還附了一封措詞嚴厲的譴責信：

您的小說精神是仇恨社會主義……小說中表明作者的一系列反動觀點，即對我國的看法，首先是對十月革命後頭十年的看法，說明十月革命是個錯誤，支援十月革命的那部分知識分子參加革命是場無可挽回的災難，而以後所發生的一切都是罪惡。

這意想不到的嚴厲批評，一時讓帕斯捷爾納克不知所措。他不知道自己付出的八年心血，怎麼會是這樣一個結果。

奧爾嘉・伊溫斯卡婭知道《日瓦戈醫生》之於帕斯捷爾納克生命般的意義，她更明白，這部小說，對於蘇聯歷史的見證般的深遠影響。她知道，只有全力促成它發表，才能知道作品的不朽歷史地位。她找到《新世界》編輯部，代表伯里斯表示，只要能夠出版，做任何的修改都是可以的。《新世界》立場堅定，認定《日瓦戈醫生》是反對蘇維埃政權、反對蘇共領導的大毒草，不但不能出版，還要嚴厲批判，徹底剷除。

此前，帕斯捷爾納克將書稿寄給了義大利出版商、意共黨員費爾特里內利，希望能在西方出版《日瓦戈醫生》。《新世界》的嚴厲批評，令帕斯捷爾納克心悸不已。他立即致電費爾特里內利，索要書稿，不再探討出版事宜。沒想到，費爾特里內利閱讀了書稿後，認為它是一部難得的好作品，拒絕退稿，並決定立即出版發行。蘇共中央主管意識形態的最高領導蘇斯洛夫親自出馬，居然飛到羅馬向意共領導人陶里亞蒂施壓，不許義大利出版《日瓦戈醫生》。那時，因意識形態和國際共運領導權之爭，意共與蘇共漸行漸遠。陶里亞蒂竟一口回拒了蘇斯洛夫的無理要求，費爾特里內利頂住壓力，以最快的速度翻譯出版了義大利文的《日瓦戈醫生》，緊接著法譯本和英譯本也相繼問世。

西方世界對《日瓦戈醫生》給予了高度評價。義大利《現代》雜誌主編尼古拉・奇亞洛蒙特認為：「繼《戰爭與和平》後，還沒有一部作品能夠概括一個如此廣闊和如此具有歷史意義的時期。」英國作家彼得・格林把《日瓦戈醫生》稱之為「一部不朽的史詩」，並說「《日瓦戈醫生》的出版使陽光穿透雲層」。美國著名蘇聯文學研究專家馬克・斯洛寧則宣稱：「伯里斯・帕斯捷爾納克的這本書是我們這個時代最重要的著作之一。它的出版是文學界的頭等大事。」

一九五八年秋天，瑞典科學院將這一年的諾貝爾文學獎授予了伯里斯・帕斯捷爾納克，以表彰他在俄國詩歌方面所作出的卓越貢獻。其實全世界都知道，帕斯捷爾納克獲獎的真正原因，是他創作了史詩般的長篇小說《日瓦戈醫生》。鑒於蘇聯政府的激烈批判態度，諾貝爾委員會只是不願直接挑明罷了。

獲獎消息傳來，帕斯捷爾納克激動萬分，他在第一時間回電：「無比感謝。激動。自豪。驚奇。慚愧。」伯里斯明確表示，他將親赴瑞典，去領授這一無比驕傲的獎勵。西方各界人士和文學藝術界也紛紛致電帕斯捷爾納克表示祝賀。

諾貝爾文學獎和西方的「日瓦戈熱」，還真惹惱了蘇聯當局，他們掀起了聲勢浩大的批判和清算帕斯捷爾納克的浪潮。

《新世界》主編特瓦爾朵夫斯基和七位編委聯名給《文學報》寫信，譴責帕斯捷爾納克把書稿交給外國出版商的行為「玷污了蘇聯作家和公民的起碼榮譽和良心」。

蘇聯著名評論家薩拉夫斯基在《真理報》發表了題為《圍繞一株毒草的反革命叫囂》的文章，指出「反動的資產階級用諾貝爾獎金獎賞的不是詩人帕斯捷爾納克，也不是作家帕斯捷爾納克，而是社會主義革命的誣衊者和蘇聯人民的誹謗者帕斯捷爾納克」。

蘇聯作家協會宣佈開除帕斯捷爾納克會籍；莫斯科作家組織要求政府取消帕斯捷爾納克的蘇聯公民權；共青團第一書記謝米恰特內在慶祝共青團成立四十一周年大會上說，既然帕斯捷爾納克對蘇聯如此不滿，足可以離開蘇聯到「資本主義樂園」去；塔斯社居然也授權聲明，如果帕斯捷爾納克到瑞典領獎後不再回國，蘇聯政府決不追究云云。

高爾基文學院的學生們，在學校的暗示和鼓動下，結隊到帕斯捷爾納克的住宅前集會抗議，他們甚至投擲石塊，搗毀了門窗，使伯里斯的人身安全受到威脅。

蘇聯作協官員費定，來到帕斯捷爾納克位於佩列傑爾基諾的郊外別墅，不理會正在樓下廚房忙碌的季娜伊達・奈高茲，徑直闖上二樓與帕斯捷爾納克爭吵起來。費定此行的目的只有一個，全力阻止伯里斯去瑞典領獎。帕斯捷爾納克決不屈服，堅持己見；費定怒氣沖沖，返身離去。奈高茲許久未聽到二樓的動靜，上去察看，發現丈夫在極度憤怒中心臟病復發，暈倒在地板上。

危難關頭，又是奧爾嘉・伊溫斯卡婭站了出來。一方面，她警告蘇聯作協當局，再這樣逼下去，她將與帕斯捷爾納克雙雙自殺，將這一悲劇展示於全世界面前。另一方面，她冷靜勸慰帕斯捷爾納克，不可與政府對抗下去，要審時度勢，能屈能伸，以柔克剛，以求一逞。

費定離去後幾個小時內，帕斯捷爾納克的態度來了個大轉折。他宣佈拒絕接受諾貝爾文學獎，他致電瑞典科學院：「鑒於我所從屬的社會對這種榮譽的用意所做的解釋，我必須拒絕這份已經決定授予我的、不應得的獎金。希勿因我自願拒絕而不快。」

帕斯捷爾納克還不得不給赫魯雪夫寫信，懇請不要對他採取驅逐出境的「極端措施」。他在給《真理報》編輯部的「檢討」中說：「我生在俄羅斯，長在俄羅斯，在俄羅斯工作，我同它是分不開的，離開它到別的地方去對我是不可能的。」他更加嚴厲地自我批判說：「《新世界》雜誌編輯部曾警告過我，說這部小說可能被讀者理解為旨在反對十月革命和蘇聯制度的基礎。現在我很後悔，當時竟沒認清這一點……我彷彿斷言，一切革命都是歷史地註定非法的，十月革命也是這種非法的事件之一，它給俄羅斯帶來災難，使俄羅斯的正宗知識分子遭到毀滅。」

帕斯捷爾納克的違心認錯，暫時平息了對他的批判浪潮。瑞典科學院只好在他缺席的情況下，頒發了這一年的諾貝爾文學獎。

一九六〇年元旦。時間抹平了「討伐」的痕跡。大雪依舊將俄羅斯大地覆蓋成白皚皚一片。北島評論說：「風暴漸漸平息下來，伯里斯重新回到自己的寫作中去。」

新年過後不久，又一個叫奧爾嘉的姑娘造訪了佩列傑爾基諾的帕斯捷爾納克別墅。與伊溫斯卡婭同名只是巧合。這個奧爾嘉，是俄羅斯早年著名小說家安德列耶夫的孫女。她的父母，在十月革命前後與帕斯捷爾納克過從甚密。

奧爾嘉從法國巴黎專程趕來，她受雇於海外一家媒體，想寫一篇關於伯里斯的獨家訪問。帕斯捷爾納克起初拒絕了她，只同意她每個週末來這裏做客，隨便聊聊。

奧爾嘉知道如何打開詩人的心扉。她把每週的聊天，實際上變成了採訪和交流，甚至是觀念和理想的碰撞。他們談革命後作家的命運，談馬雅可夫斯基的政治抒情詩能否經久不衰，談布洛克早期作品對帕斯捷爾納克的影響，談當代俄羅斯的年輕詩人……

終於有一天，帕斯捷爾納克主動談起了自己的創作和爭議頗大的小說，他略帶憤怒地表示：

我對我的同時代人有一種巨大的負債感。我寫《日瓦戈醫生》就是想試著償還。這種負債感在小說進度緩慢時讓我喘不過氣來，在這麼多年隻寫抒情詩搞翻譯，對我來說有責任對我們的時代表明立場——那些歲月，遙遠卻隱隱再現在我們面前。時間緊迫。我想記錄過去，並為那些年代俄國美好高尚的一面而驕傲。那些歲月，或我們的父輩一去不返，而我知道，在未來的繁榮中其價值將會復活。與此同時，我試圖描繪他們。我不知道我的小說是否真正成功，儘管有種種毛病。我覺得它比那些早期詩作更有價值。它比我早期的作品更豐富，更人道。那些詩作就像匆忙的速寫——只要跟我們的前輩相比一下。陀斯妥耶夫斯基和托爾斯泰不僅僅是小說家，布洛克不僅僅是詩人。那些作家的聲音如雷霆一般，是因為他們有話要說。與二十世紀那些膚淺的藝術家相反，以我父親為例，他的每幅畫用了多大的努力呀！在二十世紀我們的成功部分是由於機會。我們這代人的發現自然而然成為歷史的焦點。我們的作品受命於時代。它們缺少普遍性：現在就已經過時了。另外，我相信抒情詩已不再可能表現我們經歷的廣博。生活變得更麻煩，更複雜。在散文中我們能得到表達得最好的價值……

作為詩人，帕斯捷爾納克無情否定了蘇聯時代的詩歌創作：

今天的詩歌總是顯得很一般，像壁紙的圖案，取悅於人但沒有實質內容。

他對自己成為了海內外關注的知名作家，缺乏必要的思想準備，他感歎道：

而每天的生活對我來說越來越複雜。對出了名的作家肯定無論在哪裏都一樣。但我沒有準備好這個角色。我不喜歡秘密與安靜被剝奪的生活。對我來說，我年輕時作品是生活完整的部分，在其中照亮了一切。如今我必須為某些東西而鬥爭。所有那些學者、編輯、讀者的要求不能不理睬，他們和翻譯一起吞沒我的時間……你應該告訴那些國外對我感興趣的人，這是我的嚴重問題——時間太少。

奧爾嘉是幸運的。在離開蘇聯的最後一個週末，她被邀請參加帕斯捷爾納克在佩列傑爾基諾的家庭聚會。

她在午飯前好一會兒趕到作家的別墅，先陪他在二樓的書房中坐定，慢慢地天南地北地聊著。午飯準備好了。他們被請下樓去餐廳，家人已經圍桌而坐。灑滿正午陽光的餐廳充滿著家的氛圍，每個人都在陽光中神色輕鬆，從容淡定。帕斯捷爾納克有感而發：「他們像不像一張印象派的畫，在背景中的天竺葵和午後的陽光中？簡直就像一張古勞明（法國印象派畫家）的畫……」

圍桌而坐的家人站起來迎接伯里斯。這其中，有他的妻子季娜伊達，他們的小兒子、莫斯科大學物理系學生蘭亞，他的弟弟弟媳，以及季娜伊達的前夫、鋼琴家奈高茲，他是莫斯科音樂學院的教授及蕭邦研究權威，李赫特是他最有名的學生之一。奧爾嘉仔細觀察著奈高茲，他蓄著老派的白色唇鬚，雖說上了年紀，但很迷人。

奧爾嘉坐在帕斯捷爾納克的右邊，他夫人坐在他左邊。白色亞麻布桌布上繡著紅色十字，花瓶裏插著一束含羞草。桌上擺著水果、魚子醬、醃鹹魚和蔬菜沙拉。帕斯捷爾納克給大家斟上伏特加，還有一種通常在鄉下喝的自釀啤酒。季娜伊達說，由於發酵，啤酒塞有時會在夜間迸出來，像槍聲，把大家吵醒。

海明威是蘇聯最受歡迎的西方作家之一，他的一本新選集剛在莫斯科出版。餐桌上的話題便自然集中在了海明威身上。季娜伊達和弟媳，從女性的直覺出發，認為海明威很單調——無窮無盡的酗酒，很少有什麼事情發生在主角身上。帕斯捷爾納克沉默片刻，開始為海明威辯護：「一個作家的偉大和主題無關，只和主題在多大程度上觸動了作者有關。這是風格濃度的結果，要把這濃度計算在內。而你們感覺海明威的風格是鐵的、木頭的……」他用手在木頭桌面上給他的話加上標點符號，「我欽佩海明威，但我更喜歡我所熟悉的福克納。《八月之光》是本了不起的書……」

伯里斯是一個很高超的談話主導者。他會照顧到方方面面，不使任何人尷尬。他和奈高茲談起了蕭邦。帕斯捷爾納克說他多麼熱愛蕭邦：「我聽說的一個很好的例子——蕭邦用舊的莫札特的語言說出全新的東西——形式在其中再生。儘管在西方蕭邦恐怕有點兒過時……」

奧爾嘉上午來到時，向帕斯捷爾納克告知了加繆因車禍去世的噩耗。帕斯捷爾納克談到了奧爾嘉來自的法國：「我總是喜歡法國文學，戰後法國的寫作獲得一種新的音調，少於辭令。加繆之死對我們所有的人是巨大的損失。」

光線轉暗，黃昏來臨。奧爾嘉必須要走了。她要乘城郊火車趕回莫斯科收拾行李，明天一早返回巴黎。

帕斯捷爾納克陪奧爾嘉走到門廊，在藍色多雪的夜晚告別。他握住奧爾嘉的手，讓她儘快回來。他再次讓她轉告國外的朋友們，他一切都好，儘管沒有時間回信，但他想念他們。奧爾嘉走出門廊，踏上黑暗中的小路。她轉過身來，最後看了他一眼，他光著頭穿著運動衫，站在門口的燈光下。這是海外媒體見到的帕斯捷爾納克的最後形象。

五個月後，一九六〇年五月三十日晚十一點二十分，帕斯捷爾納克與世長辭，死於肺癌引發的心臟衰竭，享年七十歲。

帕斯捷爾納克一定是在懺悔中走完他的人生旅程的。

他懺悔，因為他懦弱。

他在離開這個世界的時候，腦海中一定浮現了他沒有盡孝的父母的形象，他一定見到了他的好朋友曼德爾施塔姆，他一定認出了滿臉絕望的茨維塔耶娃……

我們不應該苛求帕斯捷爾納克，所有的「懺悔」都不是他的錯。

這是時代的悲劇。這是體制的悲劇。

只要專制存在一天，只要對人的思想的鉗制一天不放鬆，作家的思想和創作激情就不可能盡情釋放和激越迸發！

主要參考文獻

北島著，《時間的玫瑰》，中國文史出版社，二〇〇五年八月第一版。

【加】伊格納季耶夫著，羅妍莉譯，《伯林傳》，譯林出版社，二〇〇一年九月第一版。

【蘇】帕斯捷爾納克著，《日瓦戈醫生》，外國文學出版社，一九八七七月第一版。

【俄】弗蘭克著，徐鳳林譯，《俄國知識人與精神偶像》，學林出版社，一九九九年一月第一版。

【奧】里爾克、【俄】帕斯捷爾納克、【俄】茨維塔耶娃，劉文飛譯，《三詩人書簡》，中央編譯出版社，一九九九年一月第一版。

哈耶克的
救贖

哈耶克的救贖

一場席捲全球的金融風暴，再次將世界經濟學的兩位領軍人物——凱恩斯和哈耶克——推到了臺前。

這是兩位有著各自理論體系的經濟學大師。在對待自由經濟和市場規律的立場上，他們很少有相同之處。簡言之，凱恩斯主張，既要運用市場經濟這隻看不見的手，更要發揮政府掌控這隻看得見的手。在出現經濟波動，甚爾是經濟危機的時候，政府的作用尤為重要。哈耶克從來就是自由市場經濟的堅定提倡者和擁護者，他始終認為，任何經濟上的計畫體制，必將導致政治上的專制主義，並最終將人類社會引向被奴役、被壓迫的恐怖境界。掙脫「奴役」枷索的唯一希望，就是完全徹底的市場經濟體制。哈耶克曾經用最清晰的語言表述他的上述思想：「現在每個人都在談論的、最終將使人類融合為一個整體的、人人互相依賴的狀態，只能是市場秩序的產物，而不可能通過任何其他手段實現。」

自從凱恩斯和哈耶克的經濟體系誕生以來，人們就對運用哪一個理論框架去解決現實的經濟問題爭論不休，莫衷一是。一會兒這一個被奉為圭臬；一會兒那一個被尊為法寶。事實上，凱恩斯和哈耶克兩人之間，早就爆發過公開論戰，最終的結果是誰也沒有說服誰、駁倒誰，倒讓一幫看客過足了「坐山觀虎鬥」的戲癮。二〇〇八年金融危機以來，凱恩斯的理論體系似乎重新奪回了戰略主陣地——此話本身就有偏頗。何謂「似乎」？何謂「重新」？不可否認的是，自從哈耶克獲得諾貝爾經濟學獎之後，尤其是柴契爾夫人和雷根總統聯手同盟，確定了以哈耶克理論為指導的新自由主義經濟以來，哈耶克一直是世界經濟學界的馬首。金融風暴猝爾降臨，各國政府大驚失色，凱恩斯主義的大旗又被重新祭起，政府干預市場，大肆舉債投資，減免稅收，擴大就業，一時風生水起，好不熱鬧。然而，三年過去了，收效並不像預期的那樣好。而且，政府的過度干預，甚至埋下了更多經濟問題的隱患：大舉投資帶來的通貨膨脹的風險就在眼前；削減福利引發的社會動亂層出不窮……

到底是前期哈耶克的理論掩蓋了他的缺陷，還是眼下凱恩斯主義運用過頭？各派經濟學家又開始了無休無止的爭吵。結果怎樣沒有多少人關心。政客們要政績、要選票、要權柄；百姓們要生活、要穩定、要溫飽，本不在一個層面上思考、判斷。只是有一點讓世人興致大開：哈耶克是如何在他九十多年的人生經歷中，孜孜以求於市場經濟的真諦？也就是說，哈耶克的救贖令人感佩。

一八九九年五月八日，哈耶克出生於維也納。他的全名冗長而囉嗦，透著奧匈帝國的呆板和嚴謹：弗里德里希・奧古斯特・馮・哈耶克。哈耶克的父親算是一名公務人員，是維也納市衛生局雇用的醫生，但他真正的興趣是植物學。父親癡迷於這一領域幾十年如一日，野外遠足考察，精心採集標本，撰寫了大量專著，真不好說哈耶克的父親在醫學和植物學這兩個領域當中，哪一個的成就更大一些。哈耶克的外婆家富裕、保守，擁有可觀地產，這讓哈耶克家在若干年內衣食無憂。這也是哈耶克的父親「不務正業」的物質基礎。癡迷的專注終於帶來了風險。在一次野外考察中，哈耶克的父親受傷感染，患上了腎病，剛剛五十七歲，便死於當時聞之色變的腎臟衰竭。一則訃告這樣描敘哈耶克的父親奧古斯特：「如果我們審視其獻身科學的一生所取得的成就，我們只能欽佩他那旺盛的精力，他的多才多藝，他一本接一本地發表著作的速度。如果說他的研究有點膚淺的話，這並不是由於他不仔細或不準確，而或許是他總是匆匆忙忙的自然而然的結果。」

父親去世那年，哈耶克已經二十九歲，他當然讀到了這些訃文。他不想犯父親的不專注的錯誤。至少不能讓人指摘為「膚淺」。

第一次世界大戰爆發的時候，哈耶克剛剛十五周歲，還不夠入伍的條件。奧地利舉國上下，瀰漫著強烈的愛國主義激情。王儲被刺殺，是容易激發起狂熱的民族情緒的。一九一七年，距十八歲生日還差兩個月的時候，哈耶克終於成為一名奧地利軍人，走上了廝殺的戰場。此時，一戰已接近尾聲，參戰各方疲憊不堪。當初狂熱的愛國主義激情，已被死亡、傷殘、衰退和破壞銷蝕殆盡。個子高大、笨手笨腳的哈耶克，似乎不缺乏戰鬥的勇氣，但總是少那麼一點點對戰爭和傷痛的敏感。在一次戰鬥中，他被炮彈皮削掉了一塊頭皮竟不自知。彈片貼著他的肩膀劃過，緊身軍服和襯衫都被撕開，灼傷了皮膚，並連帶著頭髮削掉了一塊頭皮，這所有的過程，哈耶克居然一無所知。還有一次，他升空作戰擔任機槍手，他們的飛機被對方擊中了螺旋槳，不知所措的哈耶克，解開安全帶，爬出機艙，手抓橫樑隨時準備跳機逃生。在墜地的一瞬間，駕駛員不可思議地控制住了飛機，最後竟奇蹟般地安全著陸。

恐怖戰爭帶給哈耶克的唯一收穫，是讓他迷上了經濟學。哈耶克回憶說，在前線，大部分時間處於無所事事狀態。先是閒極無聊，然後是突然一段緊張的時刻，既危險又刺激。為了打發寂寞的時光，他從戰友那兒拿來一些經濟學書籍，並認真系統地讀了一遍。那些書的水準實在不高，「但奇怪的是，這些書竟然沒有讓我對經濟學失去興致。」相反，更堅定了哈耶克戰後從事經濟學研究的決心。

所有的英雄，都會為自己的成長尋找不可思議的奇特經歷和無法解釋的偶然因素。戰鬥間隙完成對經濟學的摯愛和追求，這是哈耶克的傳奇。看來，高貴如哈耶克者，也是沒能免俗。

戰爭一結束，哈耶克便進入了維也納大學，毫不猶豫地選擇了經濟學。那時的絕大多數學生，視經濟學為畏途，課程艱澀、深奧、枯燥無味自不待說，經濟學的學生還被要求掌握高等數學，製作數學模型，甚至還要到醫學院的解剖室去，打開屍體的大腦，研究人類思維的方式和功能。哈耶克那聰慧的大腦，對於這一切似乎應付裕如。

美國思想和經濟史研究學者布魯斯・考德威爾善於從歷史的和宏觀的把握上，勾勒一個經濟學家成長的足跡及其與環境的關係，他那清新的筆觸令人耳目一新：

這樣便來到了多事的一八八三年。這是經濟學承前啟後的一年。卡爾・馬克思去世，約瑟夫・熊彼特和約翰・梅納德・凱恩斯剛出生，路德維希・馮・米塞斯才兩歲。卡爾・門格爾發表了一本標題不太講究的著作：《社會科學方法研究，以政治經濟學為特別參照對象》。施莫勒也會放下架子，在自己的機關刊物上對此書發表評論。「方法之爭」一觸即發。十六年後才來到人世的哈耶克，必須與所有這些人的思想打交道。

事實上，正是在這些大師們的攙扶和引導下，哈耶克才一步步走向經濟學的神壇。在維也納大學經濟系，哈耶克首先師承於大名鼎鼎的維塞爾。維塞爾是一位慈祥嚴謹，夠得上做哈耶克爺爺的著名經濟學教授，他著作等身，桃李遍佈，親炙熊彼特，點撥米塞斯，他對經濟活動和經濟運行當中效益高於一切的觀點，影響了他一代又一代的學生。

哈耶克大學畢業時，本想去德國就教於馬克斯・韋伯門下，可惜韋伯已經去世，德國大學的高昂學費也令哈耶克卻步。

哈耶克選擇了美國。他甚至沒有去申請洛克菲勒基金會的獎學金，便匆忙上路。是美國大學的一位教授推薦他去的。更重要的，哈耶克的底氣來自熊彼特的數封介紹信。維塞爾讓哈耶克去找熊彼特。戰後，熊彼特辦了一家私人銀行，親任行長，利潤豐厚，財源滾滾，那一段時間的熊彼特，早已將經濟學理論拋在了腦後，他過著花花公子般紙醉金迷的奢糜生活。在他那間豪華的辦公室裏，他在大開的紙張上為哈耶克寫了數封推薦信，以至哈耶克必須專門去買一個大文件夾收好這些信件。當然，到了美國之後，這些推薦信的神奇作用令哈耶克大吃一驚，它就像「芝麻開門」的咒語一樣，為哈耶克打開了任何他想進去的大門。

第一次留學美國，哈耶克只待了十五個月，還沒有來得及完成博士論文，便被欣賞他的老師召回奧地利，組建經濟研究所。此次留學美國的最大收穫，是哈耶克從純經濟理論的象牙塔裏走了出來。他在美國認識到，抽象的理論是弱不禁風的，純理論其實沒有用處。他確信，在正統的經濟理論和可以用來解釋現代經濟生活過程的理論之間，必定有一個中間環節。他下定決心，要找到並解釋這個「中間環節」。

欣賞哈耶克的老師是米塞斯，也是維塞爾寫信向米塞斯力薦哈耶克的。維塞爾在信中，不顧偏愛與友情，將哈耶克描繪成「一位前途無量的經濟學家」。米塞斯看著哈耶克，說：「前途無量的經濟學家？我可從來沒有在我的課堂上看到過你。」

玩笑過後，米塞斯吃驚地發現，他與哈耶克有著不可思議的天然精神聯繫。哈耶克從來就不是凱恩斯特別推崇的「穩定論」者。穩定論者試圖通過內部的、國內的貨幣安排來穩定國內物價。哈耶克青睞的是通過某種國際金本位制而實現固定的國際匯率制度。米塞斯強烈地厭惡通貨膨脹，他簡明扼要地提出了商業週期理論：貨幣供應增加的一個惡劣影響就是導致生產結構扭曲。

米塞斯和哈耶克結成的聯盟，極大地張揚了奧地利經濟學派的聲威。窮其一生，他們將理論和研究的方向，標定在用市場經濟戰勝計劃經濟，用法治社會打敗專制體制。哈耶克將他與米塞斯的觀點堅定地表述為：「只有觀念能夠打敗觀念，只有資本主義和自由主義的觀念，能夠打敗全權計畫體制的觀念。如果我們打敗了全權計畫體制的觀念，如果人們終於認識到了生產資料的私人所有的必要性，那麼，全權計畫體制就不得不退出歷史舞臺。」

一九三一年。這是哈耶克漫長生命歷程中的第一個重要年份。這一年的一月底到二月初，哈耶克就「價格與生產」問題發表了四次極受歡迎的演講。熊彼特在他的重要著作《經濟分析史》中，毫不吝嗇地將讚美之辭冠於哈耶克的頭頂：哈耶克在這些演講中所闡發的商業週期理論，「在英美經濟學界流傳，並獲得了任何嚴格的理論性著作都無法媲美的巨大成功，這個理論包括了計畫和政策建議，論證極為嚴密，他們簡直挑不出刺兒來，他們也知道，讀者的好惡絲毫無損於它的說服力。隨後倒是出現了強烈的批評性反應，但無非是想削弱它的巨大影響而已，而後來，經濟學界乾脆置之不理，轉向了其他領袖人，不討論這方面的話題了。這種社會心理實在有趣，大可值得研究。有些人的成功看起來維持時間較長，最終似乎也很偉大。然而，它們卻沒有哈耶克的著作那樣令人歎為觀止。」

另一位經濟學家約翰・斯特拉奇撰文指出，一九三一年哈耶克的《價格與生產》發表，就像「衝入英美經濟學家視野中的一顆新彗星」。

哈耶克與凱恩斯在商業週期，或者說經濟衰退的根源問題上觀點截然相悖。哈耶克認為：「在某種條件下，最終需求的增加，反而抵制投資，因為這時重要的是迅速產出以獲取利潤，即使成本上升也在所不惜，而在需求下降的時候卻迫使企業增加投資以壓縮成本。」凱恩斯的觀點簡潔而明確：「你每省下五個先令，就讓一個人失去一天的工作。」

冉冉升起的新星哈耶克，終於引起了倫敦政治經濟學院的關注，他們邀請哈耶克去開講座。哈耶克的第一講是貨幣理論史。這是他的「社會經濟概論叢書」書稿中第四章的內容。儘管哈耶克的英語講得非常不好，帶有濃重的德國口音，但是講座還是引起了巨大轟動。現場聽眾之一萊昂納爾・羅賓斯記錄的當時情景是：「他的講課既難懂又令人興奮。它們給人的印象是既十分博學，又有分析入微的創造性。」以至於大名鼎鼎的倫敦經濟學院院長貝弗里奇當即決定，請哈耶克擔任經濟學院經濟與統計學講座教師。這個提議得到了一致通過。

倫敦經濟學院延聘哈耶克有著明顯的功利目的。此時，英國著名經濟學家、劍橋大學教授凱恩斯，剛剛完成了他的巨著《貨幣論》。倫敦政治經濟學院的諸位自由主義經濟學家不贊同凱恩斯的理論分析，而又苦於無法進行系統的理論反駁。於是，他們想到了奧地利經濟學派的哈耶克。從某種意義上說，哈耶克是被倫敦政治經濟學院當槍使了。

哈耶克不在乎這些。他知道，論戰是不可避免的。來到倫敦政治經濟學院不久，年輕的哈耶克便以無畏的勇氣，衝入了論戰的疆場。

哈耶克先寫了一篇短文，評析《貨幣論》的理論基礎。他想投石問路，聽聽反響後再繼續評論下去。這篇短文發表在了倫敦政治經濟學院出版的著名專業期刊《經濟學》一九三一年八月號上。

哈耶克在他的評論中指出，雖然借助了維塞爾，「凱恩斯先生卻完全忽略了維塞爾理論的一般理論基礎」。哈耶克尤其指責凱恩斯沒有把資本理論同他對經濟機制的解釋結合在一起。

不難想像，凱恩斯對受到的挑戰明顯不快。他抓過那本《經濟學》雜誌，在哈耶克文章的邊緣憤然寫道：「哈耶克在讀我的書時，沒有懷著作者有理由期待於一名讀者的一定程度的『善意』。在他能做到這一點之前，他不可能明白我的意思我是否正確。他顯然懷著對我吹毛求疵的熱情，但我搞不清楚他這種熱情原因何在。」

凱恩斯甚至等不到哈耶克發表其評論文章的第二部分，便在《經濟學》雜誌的下一期（一九三一年十一月號）上做出反擊。凱恩斯先是大體上同意哈耶克有關資本理論的觀點，雖然他認為哈耶克沒有領會他著作的大部分內容。接下來，凱恩斯筆鋒一轉，另生枝蔓，提筆抨擊哈耶克剛出版的《價格與生產》一書。對於這本獲得廣泛好評的經濟學專著，凱恩斯毫不留情地予以貶斥：「在我看來，該書是我讀過的包含著最可怕混亂的著作之一，前面的四十五頁幾乎沒有站得住腳的前提。但它還是有點兒意思的，有可能給讀者留下一定的印象。一個冷峻的邏輯學家從謬誤起步，最終能造成什麼混亂，此書可以作為一個難得的範例。」這實在有失大家風範。不但小肚雞腸，而且有點胡攪蠻纏的意味了。

凱恩斯對年輕的哈耶克「不厚道」遠不止於此。一九三二年二月一日，凱恩斯寫給他在劍橋大學的朋友理查・卡恩和皮埃羅・斯拉發的信中談到了哈耶克，他問：「下面該是什麼動作了？我覺得要打個大哈欠——就是這樣。」也就是說，凱恩斯對與哈耶克的爭論及書信往來很厭煩。凱恩斯在哈耶克一九三二年寫的一篇文章的列印稿上寫道：「依然是胡言亂語的混亂的大雜燴。」在寫於一九三三年的一封信中，他說：「哈耶克週末都待在這兒（指劍橋）。私下我們相處得很好。但他的理論全是垃圾……我今天覺得，甚至他自己都不相信他的東西了。」在另一封信中，凱恩斯又說：「天知道奧地利學派說的『生產週期』是什麼意思。反正我是無話可說。」

哈耶克堅定地認為，他與凱恩斯的爭論事關重大，甚至牽涉到了西方經濟學的基礎理論。為了反駁凱恩斯的觀點，哈耶克重新研究基本的資本理論，尤其是在資本擴張主要是指資本的「拓展」還是「深化」這個問題上，他不同意凱恩斯的觀點，哈耶克認為，後者是最精確的概念，它也最容易受到利率調整的影響。

積極的思想交鋒和理論爭辯總會讓人受益匪淺。哈耶克在二十世紀三〇年代從事的大量專業經濟學研究，都是他與凱恩斯交鋒的延續。從某種意義上說，是凱恩斯成就了哈耶克的經濟學理論高度。

哈耶克及其他的老師米塞斯最令人感佩之處，在於他們的堅守。熟悉米塞斯和哈耶克思想風格的想必都會同意，「只有觀念能夠打敗觀念」的信念，最可用來解釋這兩位思想家數十年堅持不懈的思想勇氣。哈耶克反覆強調自己與其對手之間的分歧，不在於道德目標，而在於對一個高效而自由的社會組織方式的認識論差異。

英國思想家阿蘭・艾伯斯坦曾指出，十九世紀傑出的自由主義思想家，英國政治哲學家、經濟學家約翰・斯圖亞特・密爾在其不朽之作《論自由》中寫道：

> 比起個人來，時代更不容易出錯——因為每個時代都有很多種看法，在隨後的時代不僅會

被認為是錯誤的，簡直就是荒唐的；同樣，有很多如今被人普遍接受的看法，以後將會遭到拒斥；也有很多過去被人們廣泛接受的看法，卻遭今人拋棄。

密爾在一個半世紀之前寫的話，今天依然正確。哈耶克的難能可貴之處在於，幾乎從一開始算起，他就是一名衝鋒陷陣的戰士，在與不同陣營毫不妥協的論戰當中，他沒有個人思想，他所牢牢記住的，是時代賦予他的責任。

經濟史學家考德威爾調侃凱恩斯與哈耶克的論戰是：「故事始於一聲巨響，終於一聲歎息。」這是史家兩面討好的調和之詞，沒有原則和是非，不足為憑。

哈耶克對專制懷有深深的恐懼和警覺。他人在英國，卻始終關注著希特勒的喧囂和發跡。一九三二年九月，哈耶克從倫敦返回維也納，一群志同道合的經濟學家又一次歡樂聚會。這是他們最開心的時刻，大家可以就最新經濟理論和經濟現實作無拘無束的探討與溝通。期間，米塞斯突然發問：「這會不會是我們的最後一次歡聚？」眾人莫名其妙，不解其意。米塞斯解釋說，他確信，再過十二個月，希特勒就會上臺，德國將陷入專制的黑暗之中。眾人聽罷，轟然大笑。誰也不相信一個剛剛邁入政壇的社民黨小人物，會在一年之後執掌國家政權。哈耶克支持米塞斯的結論，表示了深深的擔憂。以後的歷史進程，完全印證了米塞斯和哈耶克的判斷。

第二次世界大戰的悲慘一頁終於掀了過去之後，人們從戰爭的血腥與恐怖中走了出來。正義最終埋葬了邪惡，文明畢竟戰勝了野蠻，世界長長地舒了一口氣。而哈耶克卻莫名地焦慮起來。

他放下手頭的其他研究工作，於一九四一年至一九四三年埋頭寫作，完成了他的一部劃時代的巨著《通往奴役之路》。

阿蘭・艾伯斯坦中肯地談到，《通往奴役之路》是哈耶克一生的轉捩點。在這之前，他是個不怎麼知名的經濟學教授。而在這本書出版後一年，他成為全球知名的人物。《通往奴役之路》是，並且看樣子將繼續是他最廣為流傳的著作。

《通往奴役之路》的主旨是什麼？如果用一句話概括，就是哈耶克堅定不移地反對計劃經濟和社會主義。

哈耶克開宗明義，在此書的導言中寫道，本書是「個人親身經歷的結晶，作者差一點兩度生活在同樣的時期——至少是兩度看到了同樣的的演變過程。」年輕的時候，哈耶克生活在第一次世界大戰剛結束的奧地利，在那個時候，人們曾經非常認真地考慮過要對生產資料實現國有化。德國和奧地利都相繼通過了國有化法案。就是受當時這些舉措的刺激，米塞斯憤而發起了社會主義計算大論戰。如今，哈耶克擔心，英國也可能滑向傳統社會主義經濟。

哈耶克自己曾說，他之所以撰寫《通往奴役之路》，是想澄清一點：納粹主義並不是對社會主義的反動，而是社會主義本身發展的結果。而由於他的同事們都加入了德國、奧地利戰時政府機關，因而沒有人比他「更有資格」來討論這個問題，而這樣一件事也是迫在眉睫的。哈耶克認為，這本書是他自己為戰爭做出的努力，他覺得這是「我絕對不能逃避的使命」。哈耶克在《通往奴役之路》中發出的最關鍵資訊是：全權計畫體制與自由不能相容。他的論點不是說，社會主義在經濟上不能維持，而在於強調，社會主義與自由勢不兩立。

哈耶克認為，社會主義強調人的平等和人的活動結果的平等，因而很容易理解為，民主制度——政治平等的制度——是最恰當的治理形態。傳統社會主義的綱領就是生產資料由政府所有，並通過民主手段進行管理。但哈耶克尖銳指出，社會主義者的意圖是純潔的，其目標是崇高的，他們認為人人平等，他們也鼓吹民主。然而，他們卻喜歡由政府強制性地對社會經濟的主要部門進行直接控制。哈耶克在《通往奴役之路》中強調的是，「能夠防範權力變為專斷的，不僅是權力的來源而是對權力的限制」。七十年前哈耶克這個斬釘截鐵的結論，一再被世界民主發展的歷史所證明。不受限制的權力必定走向專制和腐敗，最終走向它自己的滅亡。

哈耶克指出，集體主義恰恰就是專斷的，因為它一切以多數意願為轉移。認為民主是好政府好社會的唯一必要條件，這種看法即不合乎邏輯，也經不起時間的考驗。哈耶克強調的重點是，他不是在搞民主崇拜。他認為，民主在本質上是中性的：

> 我們這一代人可能確實對民主談論、思考的太多了，而對民主所要維護的價值本身，卻談論、思考的太少了。從根本上說，民主是手段，是維護國內穩定和個人自由的有用的工具。因而它不可能永不出錯，不可能總是有效。以為只要權力是通過民主程序授予的，就不會是專斷的，這種想法是沒有根據的。民主的控制可能會防範權力的專斷，但其存在本身卻並不能做到這一點。

哈耶克相信，民主本身不是目的。哈耶克對民主的看法不同於傳統民主派。傳統民主派看重多數人的權利，多數人可以採取任何行動，他們為多數而多數。源自於希臘城邦中的直接民主，受到了現代民主理論的詬病。密爾就說，一百萬人中，即使只有一個人持有某種另類的看法，壓制他也是不對的，因為他的意見可能是正確的。哈耶克認為，從實用的角度看，民主制度大體上是可取的。在這裏，哈耶克延續的是英美民主傳統。用邱吉爾的話說就是，民主制度是「各種政府形態中最不壞的一種形態」。詹姆斯・麥迪森曾問：「政府除了是最大多數人的人性的反映之外還能是什麼呢？在創建將由人治理人的政府的時候你所面臨的最大的難題在於，你首先必須使政府能夠控制被統治者，然後，得讓政府能夠控制它自身。」哈耶克指出，問題並不在於民主制度本身是多麼的可取，問題在於，人們還沒有想出更好地實現一定的個人自由、政府和平更迭、維護市場秩序、教育公民的辦法而已。

為了讓《通往奴役之路》有更廣泛的市場和更大的讀者群，哈耶克有意放棄了專業經濟理論的深奧語言，而寫成了一部大眾的通俗讀物，實證的例子就來自我們的生活當中，來自每一個讀者身邊。關於書名，哈耶克說，他是從托克維爾那裏得到的靈感。托克維爾在《論美國的民主》中，對過度平等表達了自己的疑惑。他指出，平等可能產生兩種傾向，一種傾向是使人們逕自獨立，並且可能使人們立即陷入無政府狀態；另一種傾向是使人們沿著一條漫長的、隱而不現的、但確實存在的道路走上被奴役的狀態。哈耶克正是在這個意義上，使用了托克維爾「被奴役」的意象。

無論怎樣講，《通往奴役之路》獲得了巨大成功。出版後反響強烈。凱恩斯也禁不住提筆向哈耶克表示祝賀：

親愛的哈耶克，旅行途中我有時間拜讀了您的大作。在我看來，這本書很棒。我們有最充分的理由感激你這麼精彩地說出了我們想說的話。你大概不會指望我接受這本書中的經濟觀點。但從道德和哲學角度，我確實完全同意這本書的觀點；不僅是同意，而且是深表贊同……

對這本書，我實在只有一個嚴肅的批評。你在不少地方都承認關鍵是線畫在哪裏的問題。你同意，必須得畫出一條線來，邏輯上走極端是不可能的。但對於線到底應該畫在哪兒，你卻語焉不詳。我和你畫出的線可能確實不在同一個地方。我覺得，根據我的看法，你大大地低估了中間道路的可行性。不過，只要你承認了走極端是不可能的，那就必須畫出這條線，而根據你的觀點，你卻畫不出這條線來，因為你一直要說服我們相信，只要向計畫指令的方向移動一寸，就走上了一條收不住腳的路，必然會滑向懸崖峭壁。

自此，哈耶克堅定不移地走上了一條不歸路，「用觀念打敗觀念」，用市場經濟的理論戰勝計劃經濟的理論。

真正讀懂哈耶克是困難的。哈耶克著作的數量給解釋者帶來了嚴重的挑戰。從一九八二年春天開始就投入對哈耶克研究的布魯斯・考德威爾誠懇地說：

哈耶克從一八九九年活到一九九二年，度過了七十年的文字生涯。糟糕的是，他令人不可思議地多產。更糟糕的是，他沒有把自己局限於經濟學領域，而是在心理學、政治哲學、思想史和社會學方法論這些大不相同的領域都有撰述。我用「糟糕」一詞，當然是在開玩笑，因為哈耶克的部分魅力正是來自於他涉足那麼多的領域，並且經常卓有建樹。研究哈耶克將迫使你閱讀自己專業之外的東西，這會帶來一種獲得解放的感覺。然而，在這個奉行專業教育的年代，閱讀他難免會感到力不從心。至少應當說，鑒於他的航路錯綜複雜，評價其思想的任何嘗試都有危險。

《自由憲章》、《法、立法與自由》、《感覺秩序》、《自由秩序原理》等等，都是繼

《通往奴役之路》之後，哈耶克在人類文明史上豎起的一座座豐碑。它們更是一級級高高的臺階，躍上它，你就站在了更高一級的思想平臺上。

哈耶克在芝加哥大學社會思想委員會任教的十年中，完成了他的一部重要著作《自由秩序原理》。哈耶克在這本書中首先提供了一個有關「自由」的相當充分的定義。自由是一種狀態，「在這種狀態下，社會中的一些人對另一些人的強制被減少到最低限度。」「當讓一個人的行動服務於別人的意志、不是他本人的目的而是別人的目的時」，就發生了強制。減少強制最有效的

辦法是建立一種強制權力，其力量足以阻止這種強制。然而這就導致了一個困境：我們如何監管這種強制性權力呢？古典自由主義的辦法是劃定一塊個人活動的私人領域，授予國家對強制力量的壟斷權，然後把這種強制性權力限制在阻止強制的事情上。

哈耶克相信，法治提供了一個標準，使我們得以區分不同的經濟中不同的干預行為。一定數量的政府干預是必不可少的。市場系統必須被嵌入另一套制度——民主政體、對私人部門的有力的憲法保護以及界線分明、能夠行使的產權——才能運行。在哈耶克看來，某種平等——法律面前人人平等——是維護自由的基本條件。但是這種平等自然會導致收入差別，這僅僅是因為人們各不相同。假如平等地對待各不相同的人，就會出現收入的差別：「因此，法律面前的平等和物質平等不但不同，而且相互衝突；我們能夠取得其一，但不能兩者兼得。」假如堅持法治，不可能同時又提倡那些把收入再分配作為唯一目標的方案。

必須把《自由秩序原理》視為哈耶克最了不起的著作之一。這不僅是因為他在此書中對要求他放棄批評者角色的批評者做出了回答，而且闡明了他所贊成的經濟和政治制度。他以流暢的文筆，把政治哲學、歷史敘述和當代政策分別熔於一爐，大量運用各種語言的原始文獻和二手文獻，最終成就了這本為自由進行系統申辯的大作——就任何法學或政治學教授而言，它都堪稱一項令人難忘的成就。

時光來到了一九七四年。這一年，哈耶克七十又五；這一年，《通往奴役之路》出版整整三十年。就在這一年，諾貝爾基金委員會將第六次頒發的諾貝爾經濟學獎授予了哈耶克，以表彰他成功寫作了《通往奴役之路》這樣的經受歷史檢驗並令人感佩的傳世之作。

此前，哈耶克早已在歐美經濟學界聲望卓著，深受矚目。獲獎的消息一經公佈，全世界還是將焦點聚在了這位高大、矜持、孤僻的奧地利老人身上。被世人關注的感覺是令人振奮的。以至於七十五歲的哈耶克也情不自禁地像年輕人般嘿嘿樂道：「獲獎的感覺真好！」

諾貝爾經濟學獎給哈耶克帶來了巨大的聲望，哈耶克研究專家艾伯斯坦說：「重要的是諾貝爾獎讓哈耶克聲名顯赫。假如沒有這個著名的大獎，英國首相柴契爾夫人後來會不會成為他的信徒，就大成疑問，而柴契爾夫人的認可，反過來又讓他成了大名人。」

柴契爾夫人是真誠服膺和讚賞哈耶克的，她曾經公開宣稱，哈耶克是她在整個二十世紀八〇年代最重要的哲學導師。柴契爾夫人在自己的回憶錄中評論說，她年輕的時候讀過、後來又「經常重溫」的「對社會主義計劃經濟最強有力批判」的，是《通往奴役之路》。她也受到哈耶克其他著作的很大影響，包括《自由憲章》、《法、立法和自由》，她稱這些著作為「傑作」。

一九七五年柴契爾夫人當選為保守黨主席不久，與哈耶克舉行了第一次會面。會面是由倫敦經濟事務研究所安排的，地點就在倫敦國王北街經濟事務研究所總部。柴契爾夫人要求這是一次私人談話。她來到研究所後，便與哈耶克在會議室裏掩門交談。談話大約持續了半個小時。然後，柴契爾夫人優雅地告別而去。經濟事務研究所的工作人員一齊湧進會議室，圍到哈耶克身旁，爭相詢問他與柴契爾夫人究竟談了什麼。大家突然發現，哈耶克陷入了異乎尋常的沉思之中，對眾人的詢問一概不予理會。沉默了很長一段時間之後，哈耶克才充滿感情地由衷感歎：

「她可真美啊！」

一次，英國保守黨召開會議，研討保守黨今後一個時期的工作綱領，以便盡快在大選中獲得勝利，上臺執政。一位保守黨研究部門的工作人員準備了一篇論文，提出「中間道路」是保守黨應該採取的最可行的路線，可以避免左翼和右翼的極端。他還沒有講完，新當選的保守黨主席柴契爾夫人就把手伸進了她的提包，拿出了哈耶克的《自由憲章》一書，她打斷了這些實用主義者的討論，舉著這本書讓大家看個究竟。「這本書，」她斬釘截鐵地說，「才是我們應該信仰的。」說完，把哈耶克的書「啪」地擲到桌子上。

領袖與凡人的差異正在於此。執政上臺是每一個政黨夢寐以求、奮鬥不止的崇高目標。基層工作人員難免採用實用主義的態度，只要能贏得選票，爭取人心，在慘烈的競爭中大勝而出，理論和信仰既可以模糊，也可以暫且一放。而領袖的高瞻遠矚在於，既注重鬥爭策略，更有遠大而崇高的目標引領航向。

柴契爾夫人堅定地市場經濟和法治社會的行動綱領，讓執政多年的工黨敗在了保守黨的手中，乖乖地交出了執政的大權。

瑪格麗特・柴契爾在擔任首相不久，給哈耶克寫信說：「過去這幾年，我從您那兒學到了很多東西，對此，我很自豪。我希望，您的一些觀念能被我的政府付諸實施。作為您最重視的支持者，我確信，我們一定能夠成功。如果我們取得成功，則您對我們取得最後的勝利的貢獻將是巨大的。」

一九八九年哈耶克九十華誕之際，柴契爾夫人寫信給哈耶克說：「到本周，我榮任首相一職已過十年。很多人非常寬宏地評價我們的政府所取得的成就。當然，還有很多事情要做。但如果沒有那些價值和信念將我們引導到正確的道路、並為我們提供正確的方向，我們不可能取得一樣成就。您的著作和思考給予我們的指導和啟迪，是極端重要的；您對我們居功至偉。」

哈耶克是通過柴契爾夫人介紹而結識美國總統羅奈爾得·雷根的。一九八二年，她在倫敦將哈耶克引薦給雷根。雷根提到，他曾拜讀過哈耶克的一本書，「從中受益匪淺」。柴契爾夫人不失去一切機會地推廣哈耶克的信念和價值觀，她作為首相在英國下院發表國情咨文時，也不忘說道：「我是哈耶克教授的熱情崇拜者。我們這裏一些尊貴的議員，應該讀讀他的書。」

哈耶克名副其實地成為了二十世紀八〇年代雷根—柴契爾主義的精神導師。

哈耶克一生自負，孤僻而高傲，除了學術研究和討論，他鄙視所有生活中的瑣屑和庸俗。早在上世紀四〇年代初，他就曾略帶羞澀地對他夫人說：「凱恩斯去世後，我就是全世界最著名的經濟學家了。」事實的確如此，他真的做到了這一點。一九八九年十月，在莫斯科，美國加圖研究院院長愛德·克蘭恩將哈耶克的一尊半身雕像贈送給了蘇方人員。出面接受這尊雕像的，是後來擔任俄羅斯外長的普里馬科夫。美國人的用意十分明顯，蘇聯就應該按照哈耶克的理論，堅定不移地走自由市場經濟的道路。讀到這條報導，哈耶克心領神會，他寫信給克蘭恩說：「對於這一新聞，我當然由衷高興……我想我們這邊的完全勝利，不會有比這更令人激動的象徵了……我幾乎不敢指望自己能活著看到這一切。」

彼時，柏林牆已經倒塌，兩德統一；東歐巨變正風起雲湧，變革的巨浪正湧向東歐最後的堡壘羅馬尼亞。兩年之後，蘇聯解體，東歐的社會主義陣營不復存在。

晚年的哈耶克定居西德，他一輩子都割捨不斷他的家鄉情結。「輿論領袖」是退休後的哈耶克最準確的身分描述。他的每一次談話，每一篇文章，甚至最後一本書，都會引起全世界的關注。《市場的道德準則》，是哈耶克生前發表的最後一篇文章，而這可能是他最偉大的思想貢獻：

一九三六年，我恍然大悟，我以前在經濟學不同部門進行的研究，其實都有一個共通之處。這些研究背後共通的基本概念就是：價格體系實際上是一種工具，能使成百上千萬人協調他們的行動，以適應他們自己並不直接、具體瞭解的社會的種種變化、需求和狀況。我最初研究產業波動的時候涉及的就是這個問題——錯誤的價格信號錯誤地引導了人們的活動方向——然後在經濟學的其他部門進行的研究也都涉及到這個問題。

我的這種思想主要是受到了路德維希・馮・米塞斯對於如何組織計劃經濟的認識的啟發。

經過了很長時間，我才發展出一個比較簡明的概念。我逐漸認識到，整個經濟秩序都是建立在下列事實之上的：價格充當了一種指南、一種信號，它引導我們利用我們根本就不相識的人們的力量和天賦、去滿足這些我們一無所知的人們的需求。價格是實現經濟活動協調的信號，大致說來，這種觀念就是我的著作背後最重要的思想。

哈耶克承認，他是差不多花了五十年的時間，「才能夠用上面那幾句話把這種觀念比較簡明扼要地表述出來」。

一九九三年三月二十三日，還差一個半月就滿九十三周歲的哈耶克，因肺炎逝世於德國弗萊堡。遵照他的遺囑，遺體運回了奧地利維也納，葬於維也納郊外的紐斯替夫特公墓。紐斯替夫特公墓位於一處山丘之上，從這裏，可能眺望到遠處的葡萄園和哈耶克兒時嬉戲的維也納森林。哈耶克墓碑的石頭，來自他每年夏天度假的蒂羅爾境內的阿爾卑斯山脈。粗糙的碑面上，十字架下，只刻了這麼簡單的兩行字：

F・A・哈耶克

1899-1992

在中國，最早與哈耶克心有靈犀的是臺灣學者。殷海光自大陸遷到臺灣之後，日漸不滿於國民黨的專制和獨裁，一九五〇年代初期，他乾脆辭去了《中央日報》主筆之職，去臺灣大學講授哲學。後來，他與雷震創辦《自由中國》雜誌，遭到了國民黨當局的打擊和迫害。

就在此時，殷海光讀到了哈耶克《通往奴役之路》的英文版，他決心把它翻譯成中文，旁敲側擊，用自由市場經濟理論，支持他自由政治、自由社會的主張和原則。關於此書的書名，殷海光按照他自己的理解，譯為《到奴役之路》。可以這樣說，伴隨著殷海光的努力，哈耶克的著作和思想第一次被推介到中國讀者面前。

一九六〇年，殷海光的得意學生林毓生赴美留學，考進了芝加哥大學「社會思想委員會」，這正是哈耶克執教的地方。林毓生起初對這個「社會思想委員會」不甚了了。他寫信給殷海光說：

系裏面只有一項規定，是基礎考試，考學生在一個相當範圍內自己選擇的西方文化典籍。……初來時，因為急於要學社會心理學和社會理論，抱持著一種找尋現成的方法和理論來解決許多心中問題的企圖，對於系裏的這項基礎考試的規定，頗感很不適合自己的讀書計畫，尤其是要讀許多文學的作品，更覺不對胃口。經過半年時間，現在覺得從前那種急功好利的想法是很淺薄的，這些典籍實在是西方文化最具代表性的素材，比後人的解說要重要得多，是我們對西方文化有瞭解興趣的人所必需的。……我已從海耶克（哈耶克），讀了他本人去年出版的大著《自由的憲章》。海耶克先生是一位典型德奧貴族式的學者，貨色甚硬，腦筋非常有力，上導師課的時候，除了談學問之外，一句閒話不講，因此必須準備充分，否則幾分鐘就無話可說了。……前天早晨已正式接到學校通知，得到了威廉•沃克爾研究金三千元，這是芝大博士學位之前的最高獎學金，是很高的榮譽，由海耶克先生推薦的。申請的時候曾寫了一份很詳盡的研究計畫，並擬定了三個工作上的假設，據說系裏的先生認為有點道理。我跟海耶克先生做的導師課曾得了一個A，才得到他鼎力支持的。這半年辛酸的生活總算苦出了頭（曾先後做過侍者，洗碗工，掃院子工，吊在三樓的擦窗子工）。平靜地想想過去，不能不感激您給我的許多啟發與指導，如果沒有您思想上的啟蒙以及從您那裏得到的許多方法上的概念與沈（剛伯）先生那裏關於英國史的概念，我絕不可能一來這裏就接上了頭，也絕不會很自然地適應這裏導師制和討論班的要求——全仗著「發問」與「辯難」。

得知自己的學生師從哈耶克並獲得高額獎學金，殷海光欣喜不已。他給林毓生提筆回信：

在兩個多星期以前接到你的來信時，正好在午前，讀了以後，興奮得睡不著午覺。為什麼呢？因為，從你的信中，我簡直看見了自己的靈魂在芝加哥大學搏動；你所走的路子，正是我所要走的路子。怎麼竟是這樣「不謀而合」呢？如果我遲生二十年，我簡直要長一雙翅膀來芝大求學啊！

殷海光告誡林毓生：

三千元的獎學金不足使子成百萬富翁。然而，這代表公正。我一輩子沒有獲得這樣的公正。公正，對於獎掖社會進步，太重要了。能得像海耶克這樣的教授賞識真是三生有幸。又有那麼多第一流的角色擠在一個系裏施教，該多麼富於啟示力。在這樣的環境之下如果再不能有所成就，我看只有一棒子打下地獄去！

殷海光更看重的是與林毓生、與芝加哥大學在學術上的交流與契合。他說：

實在使我驚喜，怎麼你到芝加哥所探出的為學線索，與我這個土包子在這個小文化垃圾堆上所想出來的竟如出一轍。我只好自己說自己是「天生的芝加哥學派」。你準備拿五年時光作基礎，再研究擬議中的專題。這種不急功好利的態度，這種勁頭，足見學人氣象。我們且等著你的大著從美利堅的土地上出現吧！

殷海光從不吝於表達他對哈耶克的崇拜之情，他曾經說過：

海耶克先生的《自由的憲章》，及波柏爾先生的《開放的社會及其敵人》，都是我的案頭書。我每一翻閱，即有身入寶山之感。際此亂世，真理在明滅之間，每讀這類的偉著，輒與悲愴中的希望。

眼下，二〇一一年的中國，關於哈耶克與凱恩斯的爭論再起風波。連網上也加入了這場枯燥的理論之辯。一段名為《凱恩斯大戰哈耶克》的視頻，在中國各大網站上頗受關注。視頻中，兩個年輕人分別喬裝打扮成凱恩斯和哈耶克，在擂臺上進行了一場RAP說唱口水大戰，互罵到最後，高明的導演留了一手：二位大神，下次擂臺時再分勝負。

二〇〇八年金融風暴襲來時，中國政府「看得準，出手快，出拳重」，四萬億救市資金立即入市，幾百個基礎設施專案全面鋪開。三年過去了，數字煞是好看：社會總產值以接近百分之十的增幅增長，財政收入每年超過兩位數地大幅度聚集，中國再一次創造了世界奇蹟。對於經濟高速增長帶來的兩個附加小問題——房價過高和通貨膨脹——政府正在動用手中的巨大權力全力以赴地調控，相信會達到預想目標。

形勢一片大好，還有什麼可說道的呢？

經濟學家可不這樣看。他們有話要說。

進入二十一世紀不久，中國經濟理論界和政府各部門清醒地認識到，再不進行產業結構調整，淘汰落後工業類別和過剩產能，發展低碳、節能、可持續的新材料、新能源和高新技術產業，中國的經濟將無以為繼。二〇〇八年以來，這種清晰的思路被「救市」壯舉無情地掩蓋了。公路、鐵路、基礎設施，大量重複建設，低水準規劃，各地政府比的是政績，比的是數字，熱火朝天的背後，隱憂無限。

三年救市，信貸極度擴張，幾十萬億人民幣投入市場，後續風險誰來承擔。弗里德曼簡潔而尖銳地指出：「通貨膨脹本質上是一種貨幣現象。」增發的貨幣最終要流通於市場。通貨膨脹這隻「老虎」傷人的事情，正在日漸發生。

經濟學家、中歐國際工商學院教授許小年，第一個走到了臺前。他大聲疾呼：凱恩斯主義害了中國。中國政府是在燒錢，把真錢當紙錢燒。但是，「燒錢的經濟救不了中國」。他認為，房地產價格反映的是供求關係。供大於求，價格必然高企。政府用行政權力打壓房價，徒勞無益，而且嚴重扭曲了價格的導向作用。這正是哈耶克孜孜以求一輩子得出的基本結論，即價格引導市場，價格引導消費，價格引導生產。許小年認為應將房地產業徹底市場化，甚至打破十八億畝土地保護紅線。政府的責任只是提供保障性住房。

穩健的吳敬璉歷盡磨難，飽經風霜，他很少對政府的經濟政策和市場舉措說三道四，但他明確堅守的思想原則是，中國應該排除一切干擾，堅定不移地走市場經濟的道路。二〇一一年盛夏，吳老先生忍不住放了一炮：中國的市場經濟在倒退。吳敬璉理由有三：一、國有企業的壟斷地位日益強化；二、市場經濟的法律體系遠未建立；三、中小企業的產權制度改革滯後於前。

北京大學教授張維迎，一直以特立獨行的高調批評之聲站在大多數經濟學家的對立面。他的有些話，刺耳，尖銳，不留情面，讓許多人，尤其是一些政府官員受不了，然而，如果能靜下心來，仔細分析，張維迎的批評，還是很有道理的。

張維迎是個堅定的反凱恩斯主義者。他指出：我相信大量的經濟學家處於無知狀態。我們的科學、經濟，很多時候並不是真正的進步。凱恩斯主義看似很有道理，但經不起考驗，它在邏輯上是站不住的。

張維迎說，我自己很清楚，我們犯的錯誤是過去的錯誤，這個錯誤一定會讓你受到懲罰。

千萬不要以為，我承認犯了錯誤，現在又採取了補救措施，這個錯誤就不會表現出來了。這是不可能的。還是那句話，天下沒有免費的午餐。從十年前的「九・一一」開始，美聯儲大放貨幣，減低利率，使得不該花錢的人花錢，不該做投資的人投資，最後一定表現出危機來。危機來了以後，它一定要經過一個調整，該倒閉的倒閉，該關門的關門，在這個調整之後，經濟才能夠重新走上一個比較健康的道路。

張維迎話鋒一轉：你現在要找一個藥方，想要避免這些東西，我覺得是不可能的。凱恩斯主義是說它想避免過去政策導致的這些成本的出現，但事實上我們說它延緩了這個調整，或者說使得代價會更大。中國也是這樣。假如二〇〇九年不要搞那麼強的刺激政策，當年的GDP不會接近10％，這沒有什麼的。全世界都在蕭條的時候，我們非要逞能，把我們的GDP搞到10％，你就惹了一身病了。現在為什麼大家對經濟比較悲觀？通貨膨脹。那麼劇烈的投資，投資一定會波動的。高鐵、公路建完以後幹什麼？投資持續拉動的下一個方向是哪裏？

張維迎不惜將最「惡毒」的語言扣在凱恩斯頭上。他說，凱恩斯主義是條死胡同。如果我們持續這樣走下去的話，我們的經濟就只能越來越萎縮。張維迎強調，我說的「萎縮」就是增長的速度、品質。我們增長的品質會越來越差。我們未來的增長靠什麼？要靠創新。創新靠什麼？靠企業家，靠競爭。不是靠政府，我們不可能靠政府搞出創新來。在中國目前國際貿易、出口面臨越來越多困難的狀況下，未來怎麼辦？現在有一種說法，叫擴大內需。擴大內需是一個誤導性的概念。一提擴大內需，就以為是宏觀經濟問題，就要用貨幣政策、財政政策、利率政策，就要家電補貼、農機補貼、汽車補貼等等。其實我們真正應該做的是開發國內市場，而不是用修修補補的小措施去刺激消費。

同吳敬璉一樣，作為一個宏觀經濟學家，張維迎更關注的是體制和制度建設。二十多年前，當舉國上下紛紛熱衷於引進國外先進技術和設備時，吳敬璉就登高一呼，振聾發聵地喊道：「制度高於技術！」今天，體制仍是一個敏感的問題，張維迎照樣還是「口欲言而囁嚅」。「我不願意多談這些。好比通貨膨脹，下個月會是多少，我覺得這都不是很重要的。下個月它是百分之六還是百分之七不是很重要。我現在更擔心的是，這些措施導致的體制的倒退。本來過去三十年，我們從計劃經濟強盜的邏輯逐步走向市場的邏輯。這幾年我們發現慢慢又倒退，開始從已經實現的市場邏輯退回到強盜邏輯，就是靠資源的掠奪，靠壟斷去賺錢，靠特權去賺錢。尤其在中國市場上出現了一批『強盜企業』，他們橫衝直撞，誰都阻止不住他們。國有的或者有政府背景的公司，看中了哪個私人企業，他就要收購你。你必須投降，你不投降他就鬧得你破產。我們改革開放三十年來積累下的制度性資產，正在慢慢被消耗掉，這是我最大的擔憂。」

張維迎認為，只有市場的邏輯在創造財富，強盜的邏輯只是在分配財富。創造財富的市場邏輯能夠產生創新和變革的衝動，而分配財富的強盜邏輯鮮有作為。因為靠權力和壟斷便會財源滾滾，誰還會去關注充滿艱辛的創新之路呢？

張維迎從來不看好政府在市場經濟中的作為，「政府是最沒有耐心的。政府為什麼沒有耐心？除了它的體制，還有一個重要的原因是，領導人的理念非常重要。有理念的人他可以看得長遠，沒有理念的人他就看得比較短期。上世紀八〇年代，鄧小平、柴契爾、雷根，就是非常有理念的人，他們看問題看得比較遠。為了未來更遠、更大的目標，他可以忍受一些短期的困難。」

張維迎歎喟道：「目前從全世界來看，從各國領導人總體而言，我覺得要比上世紀八〇年代差得多。他們不是真正的政治家，而更多的可能是政客。政客和政治家最大的不一樣是，政治家是有理念的，而政客是沒有理念的，政客是機會主義的。這可能是這次應對金融危機當中，最大的制約因素。正是因為這樣，才使得世界各國的這些救市政策不可能起到作用。」

我們不得不重新回到哈耶克。今天，哈耶克式的救贖和堅持仍然令人感動。真理往往是以最簡潔的語言出現的。哈耶克的自由經濟的理論其實就是一句話——公平競爭的市場環境和公正完備的法治環境。這句話能讓大多數平民百姓從內心裏認同和接受。

山東大學教授馮克利先生對哈耶克思想及其著作的評析新穎而深刻。馮教授指出，儘管哈耶克本人認為解決民主問題的最佳途徑，就是一個有限的法治政府和公平開放的市場競爭環境，但是不難想見，只要民主問題尚未得到解決，只要民眾一方不願接受大量「潛規則」下的「市場競爭」，而掌權者一方不願接受「有限政府」，只要自由主義是以「侵吞公產的私有化政策」或「權貴資本主義」的面目出現在人們面前，那麼，對哈耶克的誤讀或遺忘就隨時可能發生。

馮克利的「義憤」是可以理解的。但他同時告誡我們，對於那些希望它發生的人，我們就不必多說了；凡是那些想避免它發生的人，則始終應當牢記，哈耶克不但是一個「頑固的市場主義者」，他還是一個休謨或柏克意義上的道德哲學家，他把專橫自負的權力——無論它來自什麼地方——視為人類自由的頭號敵人；他認為沒有個人責任擔當的道德追求根本就不是道德追求；他相信「人們享有公民自由的資格，與他們對自己的稟性施以道德約束的願望成正比，與他們把熱愛正義置於個人貪婪之上成正比」。

我們只有期待。期待那個市場經濟與法治環境完美結合的現代社會早日出現。

主要參考文獻

【英】阿蘭・艾伯斯坦著，秋風譯，《哈耶克傳》，中國社會科學出版社，二〇〇三年四月第一版。
【美】布魯斯・考德威爾著，馮克利譯，《哈耶克評傳》，商務印書館，二〇〇七年六月第一版。
錢乘旦、陳曉律著，《英國文化模式溯源》，上海社會科學院出版社，二〇〇三年六月第一版。
殷海光、林毓生著，《殷海光、林毓生書信錄》，上海遠東出版社，一九九四年十二月第一版。

伯林的情感

伯林的情感

在英國幽雅的小鎮牛津，有心的訪客完全可以「按圖索驥」，找到幾處以賽亞・伯林在牛津生活的遺跡。

牛津是「牛群涉水過河的渡口」的意譯。當初第一次見到「Oxford」的中國翻譯家，完全被它優美的意境折服了，沒有採用音譯，而為我們選擇了這個充滿詩情的傳神之譯。這應該是中外翻譯史上的一個佳話。

如今，牛津的揚名於世，與「牛涉水而渡」已經毫無干係了。這裏，有著迄今為止全世界最古老、最悠久、最傳統、最完整的高等教育體系。經過近十個世紀的日積月累，牛津大學的三十九個學院，像璀璨的珍珠，分羅棋布在這片由泰晤士河及她的支流交匯而成的綠洲之上。古老與時尚、傳統與現代，有機地融合在一起，激烈地碰撞在一起，才有了牛津大學的生生不息的發展動力。幽靜曲折的青石板小巷，高大雄偉的哥特式殿堂，修道院般的學生宿舍，茵茵似剪絨的平坦草坪，任何一個來訪者和求學之人，都能在自己心靈的某一個方位上，找到與牛津大學的精神對接之處。牛津是自豪的，更是自傲的。在她的輝煌的教育史上，共培養出了八位國王，二十五位首相，四十五位諾貝爾獎獲得者，八十六位紅衣大主教，十八位主教，以及數不清的著名作家、學者等。以賽亞・伯林忝列其中，還有什麼可奇怪的呢？

伯林是英國哲學家和政治思想史家，是二十世紀最著名的自由主義知識分子之一。像伯林這樣重量級的思想家，以深邃的思考和縝密的推理，為人類的思想寶庫留下厚重的遺產，本是題中應有之意。但作為個體之人，大師們的獨特個性和鮮明的處世方法，也是後學之人津津樂道的話題之一。

以賽亞・伯林讓人百思不解的事情有二。其一，自一九二八年到牛津求學之後，此後整整七十年，除了二戰應調到英國外交部工作之外，他的職業選擇就再也沒離開過牛津這彈丸之地，盤桓於牛津大學的幾個學院，活於斯，教於斯，老於斯。其二，伯林是少有的「述而不作」之教授、學者。除了年輕時應編輯之約寫過一本《馬克思傳》外，再無專著問世。那些閃耀著獨特思想、打著伯林印記的精彩的關於自由的論述和思想史的描摩、哲學的釋義，都是伯林滔滔不絕的演講的產物。

以賽亞・伯林，堪稱一個奇人。一九〇九年六月，以賽亞・伯林出生在拉脫維亞首府里加的一個猶太人家庭。十月革命勝利之後，伯林家富裕的木材商背景，立即成了改造和專政的對象。無奈之下，父母帶著全家移民英國。伯林的童年，在不同的文化背景，不同的國度和不同語言環境中跳躍式生活，有時，他甚至搞不明白，何時該說希伯萊語，何時該說俄語，何時又該說英語。掌握得語言越多，顯現的弊端也就越大。到死伯林的英語中都帶有口音。這是文化基因的沉濺。是無法剔除的生命印記。

以賽亞是一九二八年秋天進入牛津大學聖體學院的。這個學院不大，而且幾乎不收猶太人。但在伯林這一屆，一同入學的學生中有不少光彩奪目之人。伯林很快就喜歡上了這裏，因為他很快就交上了一批朋友，而且，在朋友們中間，他一直是個被大家關注的中心人物。一九三二年本科畢業後，伯林成為了萬靈學院的研究員，並在新學院任哲學講師。二戰爆發後，先後在紐約、華盛頓和莫斯科擔任外交職務。一九四六年，以賽亞・伯林重回牛津教授哲學課程，並把研究方向轉向了思想史。一九五七年成為牛津大學社會與政治理論教授，並獲封爵士。一九六六年至一九七五年，擔任牛津大學沃爾夫森學院院長。

以賽亞・伯林的演講天分是一九五二年被英國廣播公司發現的。一九五二年的二三月間，伯林在美國的賓夕法尼亞的布林・摩爾學院做了「關於浪漫主義時代的政治觀念」的系列講座，第一次將自己關於啟蒙運動和浪漫主義自由理想之間的過渡的歷史觀組織起來。敏感的英國廣播公司第三套節目製作人安娜・卡琳立即發現了這些演講的價值。她力邀伯林在廣播中重新整理並演說這些內容，主題就是「自由及其背叛」，沒想到以賽亞・伯林竟爽快地答應了。也許伯林患有某種程度的強迫症，面對實實在在聽眾的演講，遠不如在播音室裏只對話筒說話來得輕鬆。伯林將四次演講的內容擴展為六次，從一九五二年十月到十一月，每週一次在英國廣播公司演講，連續六周，共六個小時。奇蹟出現了。每當伯林演講之時，成千上萬的人按時打開收音機，帶著期盼和激動的心情，沉浸在伯林的雄辯之中。

那一年伯林四十三歲。在此之前，還沒有哪一個人在沒有現成講稿的情況下，可以發表這麼長時間的演講。為了使演講逼真，也就是說，要堅決去除宣讀講稿的痕跡，伯林強迫自己只列題綱而不是寫成完整的演說詞。而事實上，伯林也從來沒有照本宣科的習慣。即便是同一主題，他在不同時間、不同地點演說時，都會有結構、內容和理解上的巨大差異。伯林情感奔放的演講風格、別具特色的嗓音、非凡的口才、對論題明顯專注的程度、不為人知但馬上就能扣人心弦的內容，這一切合在一起，產生了一股強烈的衝擊波。當年的中學生約翰．巴羅時至今日，依然記憶猶新。他說，這些演講「令我十分激動，每次播出，我都坐在地板上，一邊聽著身旁的收音機，一邊做筆記。」

伯林的演講的確讓人耳目一新，一些著名作家和學者甚至也是五味雜陳，欽羨中帶有一絲酸酸的醋意。艾略特話中帶刺地向伯林祝賀他「奔放的口才」；保守派哲學家邁克爾．奧克肖特甚至將伯林介紹為「講臺上的帕格尼尼」；羅奈爾得．凱恩斯的遺孀麗迪亞．凱恩斯寫信說，以賽亞的「磕磕絆絆和結結巴巴」聽起來「很舒適，很恰如其分」。《星期日泰晤士報》則把最衷心的祝賀獻給了以賽亞．伯林，「他著名的廣播節目，豐富多彩、不由自主、翻騰的思想和形象，如同奔流而下的瀑布之水，迅疾、生動、勢不可擋。」

其實，每一次演講之時，最緊張的是伯林自己。伯林在給朋友的信中不止一次地承認，他在面對聽眾時心懷恐懼。女學生萊莉婭．布羅德森在伯林造訪美國布林．摩爾學院時，臨時做過他的秘書。她對伯林的演講風格有著最生動的描述：

週一晚上我去聽他講費希特，著實給嚇了一跳。他匆匆忙忙地向聽眾鞠了一躬，就在講臺後站穩了身子，眼睛緊盯著他的右邊、觀眾頭上的某個地方，然後侃侃而談，他語速快得嚇人，整整一個小時之內，幾乎沒有片刻的停頓，這個滔滔不絕的演講顯然很出色，不過我沒大聽懂。他目光注視的方向一直沒變，他身體在講臺上前後搖擺不停，每晃一次，大家都以為他要倒下——要麼往前倒，要麼向後倒。他把右手掌放在左手的掌心，在整整一個小時之內，他猛烈地晃動雙手，好像要從中取出什麼東西似的。說起來很難讓人相信。他話語連珠，說個不停，每句話都很漂亮，卻沒有停頓，除了出現某些不可思議的、表示轉折的標誌之外，例如：「……所以說，顯而易見，康德的自由觀在某些方面不同於費希特，唉！」到最後我精疲力竭，不過我敢肯定，要是說我曾聽到或看到有人真正處於一種神靈感應狀態，當時那一幕便是。幾乎無法進行交流，這真是不幸。

二〇〇六年的牛津市市長、牛津大學社會學教授坎貝爾博士是一個典型的英國紳士，稀疏花白的頭髮，潮紅的兩頰，精緻的鷹鉤鼻子。每年夏天，他為來牛津遊學的各國成年學生講幾堂課。他右腳有點跛，又是個環保主義者，不知他有沒有汽車。學生們看到的是，坎貝爾總是戴一頂黑紅格子的保護頭盔，騎著一輛老式自行車，穿行於牛津各學院之間。他那吃力的背景，令人敬佩和景仰。

對於在牛津尋找以賽亞・伯林足跡的外國學生，坎貝爾坦言，伯林的時代過去了。人們不會再圍在收音機旁，聽他口吐蓮花似的演說了。半個世紀以來，英國的傳統在悄然改變。年輕人的觀念、行為、服飾、飲食，甚至道德標準都迥異於他們的前輩了。坎貝爾是一個開放的世界主義者，他承認，他不習慣於這些改變，但是他接受它。他說，沒有這些改變，英國就不能進步，世界就不能進步。

一九五八年十月三十一日，以賽亞來到牛津大學學位考試樓中，發表他競爭「齊切利教授」的就職演說。「齊切利教授」是牛津最著名的教授職位之一，是榮譽和學術地位的象徵。

牛津大學的學位考試樓，大約是牛津最古老的建築之一。這座兩層的典型的羅馬建築，莊重對稱、堅固大方。四根巨大的羅馬柱支撐著等腰三角形的碩大房檐，房頂上精美的青銅人物雕像，訴說著歲月的滄桑。考試樓內側大門的對面，就是牛津大學最著名、最古老的藏書樓。鑄造精美的青銅的正門，幾乎正對著牛津最著名的公園大街。幾個世紀之前，凡是想從牛津大學畢業的學生，都必須集中到這座樓中進行一次最後的、嚴格的考試。現今，學生數量日漸增多，畢業考試便分散在了各學院進行。考試樓成了舉辦重要學術報告的地方。

以賽亞・伯林為了這次演講已準備了整整兩年，或者說是兩個夏天。他把自己關在休假地義大利利古里亞海岸邊的一個小村莊裏，無休無止地閱讀、記錄，把講稿從六十頁精煉為三十頁，再從三十頁縮短為十頁，最後變成薄薄的一張紙上邊的幾個標題。

演講那天，考試樓內人頭攢動，擁擠不堪。伯林照樣是煉獄般地恐懼和緊張，他照舊是盯著聽眾頭頂上的某一個地方，幾乎不敢與臺下的人進行目光交流。他生怕任何一丁點不屑的目光和表情，都會讓他的大腦一片空白，所有的演講詞瞬間蒸發。

當然，擔心總是多餘的。這次演講照例非常成功。伯林關於「兩種自由的概念」，即積極自由與消極自由的理論，立即轟動了牛津，轟動了英國，轟動了世界。

以賽亞·伯林的情感世界，一直是他生前秘而不宣的一個特殊角落。他死後出版的《伯林傳》，披露了點滴的蛛絲馬跡。他一次記錄在案的戀愛，發生在遙遠的俄羅斯。

俄羅斯情結是伯林永遠揮之不去的一片心頭雲翳。自全家移民英國之後，他依然惦記著生活在那裏的親人和朋友；他驚懼地注視著史達林在俄羅斯城鄉造成的巨大災難；他不遺餘力地用他對自由和民主的理解，去抨擊暴政和獨裁。為此，在伯林的一生中，他極不願意提起「蘇聯」一詞。他記憶中的祖國，只有俄羅斯。

一九四五年九月，世界反法西斯戰爭勝利不久，作為英國外交界資深的俄羅斯問題專家，以賽亞·伯林受當時英國駐蘇聯大使的邀請，終於踏上了重回故鄉的路途。去國二十五年後，伯林奇蹟般地回到了他夢牽魂繞的祖國！

戰後的莫斯科破舊、晦暗，剛剛獲得勝利的蘇聯人民衣衫襤褸，面黃肌瘦。以賽亞·伯林全然沒有在意這一切。他大膽地闖進了九月的莫斯科，一座滿是退伍士兵和呆頭呆腦鄉下人的城市。從十一歲時，伯林就再也沒聽見過哪座城市整條街上都講的是自己的母語。他興奮地聽著人們用俄語交談，穿梭在莫斯科高低不平、左環右繞的街道上。他在給雙親的信中呼喊道：「我已經忘記了世界上還有這樣的情感和表達方式了。」

當然，伯林最關心的還是那批沙俄時代已經成名、十月革命後留在蘇聯的知識分子、作家、藝術家的命運。他渴望瞭解的是，經過三〇年代末慘烈的大清洗，經過幾近殘酷的衛國戰爭，這批俄羅斯民族的精英別來無恙？

在莫斯科，伯林找到了居住在郊外作家村中的詩人帕斯捷爾納克。已經從戰顫、震驚、恐懼、屈辱的陰影中走出來的帕斯捷爾納克，正在不顧一切地創作他的自傳體小說《日瓦戈醫生》。帕斯捷爾納克崇尚的象徵主義詩歌晦澀和隱喻的表現手法，已不能表達他的滿腔的憤懣。深秋的一天，伯林從莫斯科乘火車來到了列寧格勒。他的列寧格勒之行不僅僅是懷舊般的尋找童年生活的印記，他是想在這個有著古老俄羅斯傳統的城市中，瞭解更多作家的命運和故事。

伯林走進涅瓦大街上一個古舊的小書店。店中的書架上還陳列著一些革命前的老版圖書。店堂的深處，居然還有半間廳堂，算是作家、藝術家們聚會的沙龍。在這裏，伯林見到了文學批評家奧爾洛夫。伯林急切地向奧爾洛夫打聽列寧格勒作家們的命運。奧爾洛夫提到了兩個名字：米哈伊爾・左琴科，他辛辣而又憂傷的諷刺作品《浴室場景》使他成為了二〇年代最受歡迎的蘇聯作家之一；另一個是安娜・阿赫瑪托娃，大革命前的詩人，俄羅斯詩壇上的皇后。

以賽亞・伯林對左琴科的《浴室場景》還有印象，而對阿赫瑪托娃的詩歌卻是一句也沒讀過。伯林問奧爾洛夫，阿赫瑪托娃還健在嗎？批評家的回答讓他大吃一驚：「噢，當然了。她就住在離這兒不遠的楓丹卡運河的噴泉屋，你願意見見她嗎？」伯林興奮地結結巴巴地說：「願意，願意。」

這是一場註定要演繹出點故事的見面。這一年，阿赫瑪托娃五十六歲，伯林三十六歲，他們之間，整整相差二十年。

當天下午三點整，伯林與奧爾洛夫準時來到了噴泉屋阿赫瑪托娃家中。噴泉屋是十八世紀舍列梅季耶夫家族的豪宅。當然，阿赫瑪托娃只佔用了其中的一個房間。房間空曠而陰冷，設施陳舊，沒有什麼傢俱，地板上甚至沒有地毯。

阿赫瑪托娃兩鬢斑白，裹著白色的披巾。她以高貴的姿態站起身來，迎接來自那片久已失去聯繫的西方大陸的第一位訪客。以賽亞鞠了一躬。他以為這樣更合適一些。因為，她看上去就像悲劇中的女王。

年輕時的阿赫瑪托娃肯定是位美人。現在雖然穿著破舊的衣服，身形臃腫，深色的眼睛下面有黑眼圈，卻有著高傲的姿態和冷冷的尊嚴表情。她大革命前的傳奇經歷、阿克梅派詩人的軼聞、淒美的愛情故事，都是伯林聞所未聞的。

他們交談的時候，奧爾洛夫和阿赫瑪托娃的一位「女學究」朋友也在場。在那時的蘇聯，單獨與來自西方的外國人接觸是可怕的罪行。交談進行了不久，伯林的一位朋友冒失地找了過來，這讓他十分懊惱。阿赫瑪托娃倒不介意：「我今天晚上九點等著你。」

伯林又去了。當然，推門之後，屋裏並不是阿赫瑪托娃一個人，那位「女學究」又來了。等他們能單獨在一起的時候，已經是午夜時分了。在阿赫瑪托娃的眼中，以賽亞充當了兩種俄羅斯文化之間的信使。她為他朗誦她早年的詩歌《沒有主人公的敘事詩》和《安魂曲》。她坦白地承認自己是多麼孤獨，她的列寧格勒已經變成了一個多麼淒涼的地方。她說起了她以前的戀情：古米廖夫、希列伊科和蒲寧……

這時天色已經大亮。兩人都能聽得見秋雨落在楓丹卡運河裏的聲音。伯林看了看手錶，天啊，已經上午十一點了。他們一起整整待了十四個小時，一刻不停地說著，既不睏倦，也不疲憊。以賽亞起身吻了吻阿赫瑪托娃的手背，步行回到了賓館。他神情迷亂，神魂顛倒，飄飄欲仙。與伯林同去列寧格勒的英國議會代表、化學家布藍達・特里普清楚地記得，伯林一頭倒在自己房間的床上，嘴裏說著：「我戀愛了。我戀愛了。」

阿赫瑪托娃同樣情不自禁。伯林剛剛離去，她的詩人的激情便無可遏止地迸發出來：

可是我多麼欣喜
聽見他的腳步聲在樓梯上響起，
他的手輕輕拂過門鈴
羞澀得就像少女的指尖
觸摸著他初戀的姑娘

一九四六年一月三日，伯林再一次來到列寧格勒。他是要從這裏轉道去赫爾辛基的。第二天下午，他再次走進了噴泉屋阿赫瑪托娃的房間。她獨自一個人在家等待著他的到來，神態依然是那麼莊嚴。她告訴他，這所宅子的大鐵門過去永遠是關上的，自從去年秋末他離開的那個上午之後，大門卻一直敞開著。她明白這其中的威脅意味，但她不怕。她知道，秘密員警在她離家出門的時候，闖進來安裝了竊聽器，因為他們連掉在地上的石灰牆皮都懶得收拾。這次見面，阿赫瑪托娃送給了伯林幾部她的詩作，每本都有她親手題寫的獻詞。其中一本的題詞是：「用漠然的手將黑色的蝰蛇放到她暗黑的胸膛上」。《沒有主人公的敘事詩》的題詞是：「沒有人敲我的門，只有鏡子夢見鏡子，寧靜護持寧靜——啊，一九四六年一月四日。」

這次分手他們沒有擁抱，甚至連碰也沒碰一下對方。伯林走了，在蘇芬邊境上，蘇聯女邊防檢查官仔細查看了這些書籍，向他鞠了一躬，就讓他通過了象徵邊境線的玻璃門。伯林神情恍惚，六神無主。阿赫瑪托娃在家中寫道：

他不會成為我親愛的丈夫，
但是他和我，我們所成就的，
將讓二十世紀騷動不安。

典型的女王口吻。評論家說，這樣說未免有些自以為是，但並不全是錯誤的。

伯林始終堅信他對阿赫瑪托娃的訪問是他一生當中最重要的一件事情。他在離開俄國的時候，心中充滿著對蘇聯專制的憎惡之情，這種憎惡幾乎在他後來為捍衛西方自由主義和政治自由而寫的每一篇文章的字裏行間都可以看到。他對於歷史決定論的猛烈攻擊，是阿赫瑪托娃給予他的高傲而不屈的啟發。那就是：對個人良知絕對的堅守可以讓歷史在它面前屈服。

以賽亞・伯林最終的夫人愛琳，是他牛津大學同事的妻子。他是以第三者的身分，在人家婚姻還未破裂的時候，生生拆散了這對夫妻，鳩占鵲巢，堂而皇之地登堂入室了。

一九四九年六月，伯林度過了四十歲生日之後，極度鬱悶。他不知道他是否該找一個女人，成家過日子。他不喜歡孩子，不會做飯，不會理家，對家庭生活這一套毫無興趣。他在牛津湊合著每一天的日子，一有機會，便跑去倫敦雙親那兒貪圖享受。難怪伯林會戀上阿赫瑪托娃，他的骨子裏有戀母情結，喜歡比他大的女人，喜歡成熟的女人。他一直覺得自己還未長大成人，一直對生活中的屑瑣之事有一種隱隱的恐懼。

一年的夏天，伯林病了，在家臥床休息。同事的太太來照顧他。他很早就認識她。這是一個活潑迷人、才智超群的女人，結婚多年，拖著幾個孩子，婚姻算不上幸福，也談不上不幸，平淡、平凡的日子而已。她的丈夫是一位富有才華、心不在焉的專注於精神世界的大學教授。這位夫人來到伯林的住處後，伯林突然之間把她拉到了床上。她先是大吃一驚，繼而便因為他表現出這樣的情感而感動。對伯林來說，這好像是積蓄已久的洪水決堤而出。他徹底改變了自己。他已經四十一歲了，年過不惑才剛剛開始成年人的性生活。他們開始了熱烈而不能停歇的私通。在學院他的住處，在她家裏，在牛津周圍的田地上和教堂墓地裏，甚至趁二老不在家時，跑到倫敦父母的家中偷情。這種私通的冒險和刺激也讓伯林樂此不疲。有好幾次，同事、朋友、孩子們甚至走到了距他倆幾英寸的地方，再邁一步就看見他們了。這位太太萬萬想不到，在伯林高談闊論的哲學外表之下，隱藏著這麼一顆慾火熾熱之心。

伯林的良心備受煎熬。他覺得有必要向她的丈夫坦白。那男人是以賽亞的好朋友，又幾乎是體面的化身，可總是要面對現實呀。伯林向他招供了：「我愛上了你妻子。」那個丈夫斷然回答：「那不可能。」於是兩人繼續幽會、私通下去。又過了一段時間，伯林覺得必須再承認一次了，他又找到了那個丈夫正式談了一次。這一回，妻子記得丈夫回家的時候搖著頭說：「以賽亞一直在發神經。今天他又跟我說他愛上你了。」這讓以賽亞・伯林徹底沒轍了。他移情別戀了。

新的戀愛對象是愛琳・哈爾本，猶太人，一名快四十歲的苗條、好動的法國貴婦人。在第一個丈夫去世之後，愛琳與核子物理學家哈爾本結婚，一九四六年搬來牛津。一九五三年年中，愛琳差不多每天都到伯林在萬靈學院的住處，與他一起進行《刺蝟與狐狸》的法文翻譯工作。正是這段交往，讓他們擦出了感情的火花。

哈爾本是一個可惡的小男人。他偷聽他們的電話，偷拆他們的信件，甚至跟蹤他們的約會。有一天，伯林和愛琳說好在萬靈學院對面的街上見面。伯林過馬路時，看見哈爾本已經站在那兒準備跟他對質了。伯林只好佯裝散步，走進對面的一個小藥店，買了一包並不需要的東西回到家中。他形容這真是「九死一生」，他開始討厭這個無聊的男人，這更讓他下定決心把愛琳奪過來。

兩個男人總要面對現實的。哈爾本說：「這種局面很麻煩，讓我們來談一談。」伯林去了，說話的主要是他自己，他對哈爾本說：「瞧，你絕對是對的，正義完全站在你的一邊，你娶了她，你愛她。我無話可說。我完全理解你的處境，你不需要跟我解釋。我只想說一件事，讓我給你提個建議，你會發現這個建議並不是完全無私的。如果你把一個人關在監獄裏的話，囚犯急於出去的程度是會超過獄卒想要讓她待在裏面的程度的。這不會有什麼好結果。如果你不讓她來看我的話，這種狀況也不會永遠持續下去。遲早它都註定會被打破，即使我什麼也不做。」

哈爾本想不到伯林會給他來一通關於自由心理的演講，不過他承認以賽亞說得有道理，他說他會考慮考慮，並讓以賽亞去花園裏看望愛琳。在玫瑰花叢中，愛琳手裏絞著手絹，足不停歇地走來走去，焦慮萬分。這讓哈爾本痛苦不堪。他立即回到客廳寫了一張紙條，返身衝進花園交到了伯林手中，上面寫道：「我接受你的建議，你可以每星期見她一次。」

天助伯林。一九五四年底，法國政府跟哈爾本交涉，讓他去巴黎領導一個新成立的核子物理實驗室，生活與科研條件都十分優厚，哈爾本動心了，愛琳卻更堅定了。她說，她不能和他一起去法國。他們的婚姻到此為止。以賽亞正在萬靈學院的傳達室裏跟朋友聊天的時候，愛琳在第一時間打電話告訴了以賽亞這一激動人心的消息。伯林自然喜不自勝。兩周後，在牛津城東南那剪裁別致的植物園裏，伯林正式向愛琳求婚。

伯林把這場戀愛比喻為「遲來的覺醒」。一九五六年二月七日，他和愛琳在漢普斯特德的猶太教堂舉行了婚禮。三天後，他搬進了海丁頓宅，這是愛琳多年以前買下的一幢三層高的喬治王時代風格的豪華住宅。那寬大敞亮的書房的窗外，就是綠樹成蔭、鮮花盛開的花園。

明智的婚姻讓伯林收穫頗豐。這對半路夫妻，從此恩愛生活了四十年，直到一九九七年以賽亞・伯林在海丁頓宅去世。

甘陽指出，伯林將狐狸和刺蝟這個西方諺語發揮成關於兩類思想家的絕妙比喻：一類是追求一元論的思想家，他們力圖找出一個唯一性的絕對真理，並將之貫穿於萬事萬物，恰如刺蝟，凡事均以一招應對；另一類則是承認多元論的思想家，他們體察世間事之複雜微妙，萬難以不變應萬變，因此寧可自己思想矛盾，亦不強求圓融統一之理，恰如狐狸遇事之花巧多變。以此分類觀西方思想史，伯林認為但丁可作為刺蝟的樣板，而莎士比亞就是狐狸的典型。進一步言之，柏拉圖、黑格爾、陀思妥耶夫斯基、尼采和普魯斯特等都是程度不同的刺蝟；而亞里斯多德、蒙田、歌德、普希金、巴爾扎克和喬伊絲則是狐狸。

伯林的格言是：「無所損失的世界是不存在的，人類註定要選擇；而任何一種選擇，都有可能帶來一種不可挽回的損失。」

在選擇愛琳作太太這件事上，伯林只有收穫，沒有損失。這是他一生中做出的最正確的決定之一。

主要參考文獻

【英】以賽亞・伯林著，趙國新譯，《自由及其背叛》，譯林出版社，二〇〇五年九月第一版。

【英】以賽亞・伯林著，胡傳勝譯，《自由論》，譯林出版社，二〇〇四年三月第一版。
【美】馬克・里拉等編，劉擎、殷瑩譯，《以賽亞・伯林的遺產》，新星出版社，二〇〇六年五月第一版。
【加】伊格納季耶夫著，羅妍莉譯，《伯林傳》，譯林出版社，二〇〇一年九月第一版。
北島著，《時間的玫瑰》，中國文史出版社，二〇〇五年八月第一版。

Do人物02　PC0347

世界的啟蒙者

作　　者／蔡曉濱
責任編輯／林泰宏
圖文排版／楊家齊
封面設計／秦禎翊

出版策劃／獨立作家
發 行 人／宋政坤
法律顧問／毛國樑　律師
製作發行／秀威資訊科技股份有限公司
地址：114 台北市內湖區瑞光路76巷65號1樓
電話：+886-2-2796-3638　傳真：+886-2-2796-1377
服務信箱：service@showwe.com.tw
展售門市／國家書店【松江門市】
地址：104 台北市中山區松江路209號1樓
電話：+886-2-2518-0207　傳真：+886-2-2518-0778
網路訂購／秀威網路書店：https://store.showwe.tw
國家網路書店：https://www.govbooks.com.tw

出版日期／2013年10月　BOD一版　**定價**／500元

|獨立|作家|
Independent Author
寫自己的故事，唱自己的歌

世界的啟蒙者 / 蔡曉濱著. -- 一版. -- 臺北市 : 獨立作家, 2013.10
面； 公分. -- (Do人物；PC0347)
BOD版
ISBN 978-986-89946-1-4(平裝)

1. 世界傳記

781 102018972

國家圖書館出版品預行編目

讀者回函卡

感謝您購買本書，為提升服務品質，請填妥以下資料，將讀者回函卡直接寄回或傳真本公司，收到您的寶貴意見後，我們會收藏記錄及檢討，謝謝！
如您需要了解本公司最新出版書目、購書優惠或企劃活動，歡迎您上網查詢或下載相關資料：http:// www.showwe.com.tw

您購買的書名：________________________________

出生日期：________年________月________日

學歷：□高中（含）以下　□大專　□研究所（含）以上

職業：□製造業　□金融業　□資訊業　□軍警　□傳播業　□自由業
□服務業　□公務員　□教職　□學生　□家管　□其它______

購書地點：□網路書店　□實體書店　□書展　□郵購　□贈閱　□其他

您從何得知本書的消息？

□網路書店　□實體書店　□網路搜尋　□電子報　□書訊　□雜誌
□傳播媒體　□親友推薦　□網站推薦　□部落格　□其他__________

您對本書的評價：（請填代號　1.非常滿意　2.滿意　3.尚可　4.再改進）

封面設計____　版面編排____　內容____　文／譯筆____　價格____

讀完書後您覺得：

□很有收穫　□有收穫　□收穫不多　□沒收穫

對我們的建議：________________________________

____

____

____

請貼
郵票

11466
台北市內湖區瑞光路 76 巷 65 號 1 樓
獨立作家讀者服務部 收

（請沿線對折寄回，謝謝！）

姓　　名：＿＿＿＿＿＿＿＿　年齡：＿＿＿＿　性別：□女　□男

郵遞區號：□□□□□

地　　址：＿＿＿＿＿＿＿＿＿＿＿＿＿＿＿＿＿＿＿＿

聯絡電話：(日) ＿＿＿＿＿＿＿＿＿＿ (夜) ＿＿＿＿＿＿＿＿＿＿

E-mail：＿＿＿＿＿＿＿＿＿＿＿＿＿＿＿＿＿＿＿＿